攻略！新大学入試

　入試制度が大きく変わり，どのような対策を，いつから始めればよいのか，皆さんの不安も大きいのではないかと思います。

　しかし，今までに公開されてきた情報や，問題分析からは，「基本的な内容を深く正確に理解すること」「実際の場面と知識のつながりを重視した，応用の利く学習をしておくこと」といった，これまでのセンター試験でも求められてきた基礎学力は，変わらず求められていることがわかります。

　まずは，こうした教科書レベルの知識を正確に習得した上で，傾向の変化にあわせた，アウトプット学習の工夫をすることが必要になるでしょう。

　大学入試・共通テストで変わること，変わらないことを見据えて，これからの学習で注意してほしい点について，Ｚ会からいくつかアドバイスをお伝えしたいと思います。

CONTENTS　Next

Point 1　どう変わる？新大学入試　……………………… P2

Point 2　大学入試で問われる「思考力」　……………… P4

Point 3　地歴・公民の共通テストはどう変わる？　…… P8

Point 4　Ｚ会おすすめ！　共通テスト攻略法 [地歴・公民] … P10

Point 1 どう変わる？新大学入試

大学入試改革により，
これまで以上に多面的・総合的に
能力を評価する新大学入試。
変化のポイントを見極め，
早め早めの対策で合格を勝ち取りましょう。

※本項は2019年12月17日時点で発表されている情報をもとに記載しています。これ以降も新大学入試についての情報は更新・変更されていく可能性がありますので最新の情報をご確認ください。

◆大学入試改革の背景

激動の時代に即した人材を育成するために，教育改革が推進されています。そのうちの1つである大学入学者選抜の改革によって，「知識」はもちろんのこと，より高度な「思考力・判断力・表現力」に加えて「主体性・多様性・協調性」までもが問われるようになります。

| これからの社会で求められる人材 | ● グローバルな社会で活躍できる
● 知識を活用できるリーダーとなれる
● 正解のない問いを解決できる |

| 大学入試で選抜される人物像 | ● 英語4技能
　（読む・書く・聞く・話す）が使える
● 知識は「多さ」より「使い方」
● 他者の意見・資料をふまえ，論理的に伝えられる |

◆これからのスケジュール

| 2020年1月 | センター試験の実施 | 2019年4月時点の高3生 |
| 2021年1月 | 共通テストの実施 | 2020年4月時点の高3生 |

Point 1　センター試験から共通テストへ

すべて客観式（マーク式）であることはセンター試験と同様ですが、「問題解決のプロセスを選択しながら解答」「複数の資料から情報を組み合わせて判断」など、思考力・判断力を問う出題が多くなります。

これまで	センター試験 ● 全教科マークシート

2021年から	共通テスト ● 全教科マークシート（センター試験と同様） ● 資料提示型問題の増加

Point 2　英語における共通テストでの変更点

センター試験では【筆記】が200点、【リスニング】が50点という比率でしたが、共通テストでは【筆記（リーディング）】100点、【リスニング】100点という、均等な配点になります。これまで以上にリスニング力が重視されるという傾向の表れでしょう。

また、2020年度に予定されていた、大学入学共通テストでの民間の英語資格・検定試験の導入は延期となりましたが、民間試験の受験結果として表示されるCEFR*のレベルを出願条件に用いる大学は増加傾向にあり、今後ますます「読む」「書く」「聞く」「話す」の英語4技能が重視されていくと推測されます。自身の志望大学のアドミッションポリシーを早めに確認しておくことが大切です。

*CEFR（Common European Framework of Reference for Languages/ ヨーロッパ言語共通参照枠）とは、「その言語を使って何ができるか」を記述して言語能力の達成度を示す国際的な尺度のこと。

Point 3　推薦・AO入試での入学者の拡大

すでに実施されている国公立大学の推薦・AO入試は「学校推薦型選抜」「総合型選抜」として拡大される見込み（入学定員の30%とすることが目標）です。各大学が明示する選抜方針に基づき、調査書や提出書類、小論文、面接試験などによって、多面的に評価されます。

Point 2

大学入試で問われる「思考力」

近年の教育改革では，これからの社会で必要な学力を次の3つの柱で定義しています。

①知識・技能
②思考力・判断力・表現力
③多様な人々と協働して学ぶ態度

高校までの教育課程と大学を接続する大学入試のあり方も，こうした観点で見直しが進んでいます。

その一環として，より深い思考力・判断力・表現力を問うための出題の工夫や，主体的に学ぶ力を適切に評価する入試制度のあり方の検討が進められています。

なお，大学入学共通テストの導入は2021年1月からですが，すでに一部の大学で，これまでよりもさらに深い思考力や表現力を問う設問が出題されています。

出題例をいくつか見てみましょう。

より深い思考力・表現力が問われる例（2018年度一橋大）

2018年度の一橋大国語では，問題文に続く内容を「論理的に推定」して60字で説明することが求められました。従来の読解問題よりも，もう一歩踏み込んだ思考力・表現力を求める出題です。

問い一　傍線A・B……Eのカタカナで書かれた語句を漢字で書きなさい。

問い二　傍線一「それは確かに単純な近代化と同じではないにしても，それとまったく異なった種類のものであるわけでもない」とあるが，これはどういうことか，文章全体をふまえて答えなさい（一八〇字以内）。

問い三　傍線二「外部化」とはどういうことか，答えなさい（二五字以内）。

問い四　筆者はこの文章の後で科学が，ある種の政治的な力を持つことに言及している。科学が「政治的な力」を持つのはなぜか，文章の内容から論理的に推定しなさい（六〇字以内）。

多数の資料を関連付けて思考する力が問われる例
（2018年度九州大）

2018年度の九州大共創学部前期小論文試験では、文章だけでなく、グラフや図表を含む多くの資料から情報を抽出し、比較や関連付けを行って考えを組み立てることが求められました。

［設問1］
　資料のスライド（1）〜（8）は、経済産業省次官・若手プロジェクトの報告書「不安な個人、立ちすくむ国家　〜モデル無き時代をどう前向きに生き抜くか〜」（2017年5月）からの抜粋である（作題にあたり一部改変）。これを読んで、以下の問いに答えなさい。

問1 ［75点］
　このプロジェクトチームは、日本社会のあり方及びこれに対する政府の関与の仕方に問題意識を持っている。「昭和」の時代と比較した時に、チームは現在、どのような問題が深まっていると認識しているのか。スライド全体を読み取り、彼らの問題意識を推測し、それをあなたの言葉でまとめなさい。論述を補強するため、文章と合わせて概念図や表を付記してもよい。

問2 ［75点］
　ひとりひとりの構成員がより充実した生活を送ることができ、また持続的でもある社会を実現するために、あなた自身はどのような貢献ができるのか。自分の知識や経験を踏まえながら、自由かつ論理的に議論を展開しなさい。論述を補強するため、スライドのデータを用いたり、文章と合わせて概念図や表を付記してもよい。

（設問1資料（一部を抜粋））

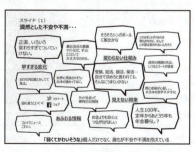 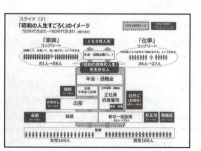

課題を発見し，解決の力が問われる例
（2018 年度長崎大経済学部後期）

2018 年度の長崎大経済学部後期小論文試験では，問 2 のように「課題」を自ら発見し，それを「解決」する力が求められました。日ごろからニュースに目を通し，現実の問題に対する見聞も重要なポイントとなっています。

わが国の地域間人口移動に関する以下の図表に基づき、問 1 および問 2 に答えなさい。

問 1　表 1 と図 1 から読み取れるわが国の地域間人口移動の特徴を、200 字以内で述べなさい。

問 2　わが国の地域間人口移動にはどのような課題があると考えられるか、また、その解決にどのような対策が考えられるか、400 字以内で述べなさい。

表 1　転入超過数の上位・下位 10 都道府県（2015 年、単位：人）

	転入超過数上位 10 都道府県			転入超過数下位 10 都道府県	
	都道府県名	転入超過数		都道府県名	転入超過数
1	東京都	84,231	1	北海道	−8,416
2	埼玉県	18,077	2	茨城県	−7,927
3	神奈川県	17,276	3	兵庫県	−7,366
4	愛知県	10,518	4	青森県	−6,593
5	千葉県	8,039	5	岐阜県	−6,573
6	福岡県	1,013	6	新潟県	−6,487
7	大阪府	906	7	静岡県	−6,389
8	宮城県	211	8	長崎県	−6,266
9	沖縄県	−92	9	鹿児島県	−4,709
10	石川県	−370	10	三重県	−4,576

（出所：総務省『住民基本台帳人口移動報告』（2015 年）より作成）

注
1）転入超過数＝他都道府県からの転入者数−他都道府県への転出者数
2）転入超過数がマイナス（−）の場合は転出超過を示す。

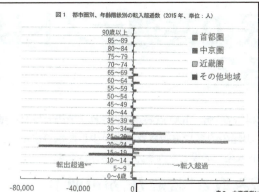

図1 都市圏別、年齢階級別の転入超過数（2015年、単位：人）

(出所：総務省『住民基本台帳人口移動報告』(2015)

注
1) 転入超過数＝他の都市圏からの転入者数－他の都市圏への転出者数
2) 転入超過数がマイナス（－）の場合は転出超過を示す。
3) 都市圏はそれぞれ次のように定義している。
　首都圏：東京都、埼玉県、千葉県、神奈川県
　中京圏：愛知県、岐阜県、三重県
　近畿圏：大阪府、京都府、兵庫県、滋賀県、奈良県
　その他地域：上記以外の道県

表2　大学進学に伴う移動（2015年、単位：人）

	純流入
首都圏	64,671
中京圏	−6,519
近畿圏	13,822
その他地域	−71,974

(出所：文部科学省『学校基本調査』(2015年)「出身高校の所在地県別入学者数」より作成)

注：
1) 純流入＝他の都市圏からの進学－他の都市圏への進学
2) 各都市圏の定義は図1と同様

表3　各都市圏の有効求人倍率（2015年平均）

	有効求人倍率	有効求人数（件）	有効求職者数（人）
首都圏	1.27	590,603	464,594
中京圏	1.49	224,938	150,490
近畿圏	1.11	381,723	343,743
その他地域	1.15	1,176,474	1,020,651

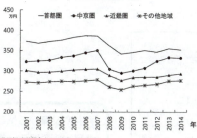

図2　1人当たり県民所得の推移

(出所：内閣府『県民経済計算』(2014年)より作成)

注
1) 各都市圏の都道府県の県民所得の合計を各都市圏の総人口で除したもの。
2) 各都市圏の定義は図1と同様。

7

Point 3
地歴・公民の共通テストはどう変わる?

　共通テストの地歴・公民は1科目60分，100点満点と，これまでのセンター試験からの変更はありませんが，**出題の内容や重視される力が少し異なります**。ここでは，地歴・公民の共通テスト攻略に必要とされる力をご紹介します。

◆特徴1　資料を読み取る「読解力」が重要!

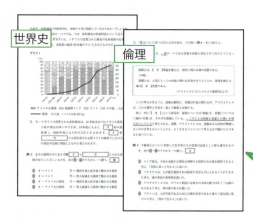

　共通テストでは，教科書や資料集では扱われていない資料を使った問題が多く出題されます。資料の特徴を把握し，**内容や意味を読み取る力**を鍛えましょう。

> 初見の資料や，複数の資料を読み込む問題が多いため，より高い「情報処理能力」が必要とされる。

◆特徴2　情報を整理する「思考力」，答えを導く「判断力」が重要!

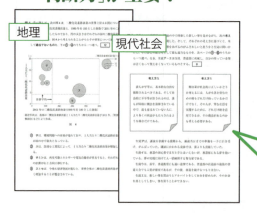

> 資料や文章から情報を分析し，背景や因果関係，現実や歴史事象との関連を考える思考力と，正解を特定する判断力が必要とされる。

共通テストでは，資料を読解した上で，背景や因果関係などを考えたり，物事を大局的に捉える**「思考力」**が重要視されています。また，分量や問題を解く手間が増えたため，制限時間内で確実に正解を導く**「判断力」**が必要になります。共通テスト型の問題に多く取り組み，的確な**「思考力」**や**「判断力」**をつけるようにしましょう。

◆特徴3　「読解力・思考力・判断力」の土台となる知識が重要！

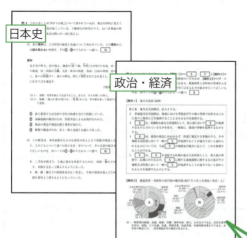

　知識をそのまま確認する問題が減少し，「読解力」や「思考力」「判断力」が重要になったとはいえ，大前提となるのは，科目の基礎的な**知識**です。たとえ初見の資料が提示されたとしても確実な知識が備わっていれば，その知識をつなぎ合わせて考察することで，資料読解や正誤の判断をすることができます。

初見資料を用いた問題であっても，基本的な知識を活用することによって解答できる。

共通テスト地歴・公民科目の攻略には
　　　　読解力　　思考力　　判断力　＋　知識
が必要であることがおわかりいただけかと思います。
次ページからは，これらの力をつけるにはどのように対策を行ったらよいか，科目ごとに説明します！

Point 4
Z会おすすめ！ 共通テスト攻略法
世界史B

　世界史では，センター試験で重視された個々の事象に関する知識を問う問題に加え，時代・地域をまたいだ事象相互のつながりの理解が必要な問題が出題されます。さらに，史料文や統計資料，地図，絵画など多様な資料を用いた問題が出題され，資料から読み取った情報と知識を組み合わせて考察することが求められるのもポイントです。

STEP 1
基礎知識を早めに習得しよう！
どんな問題を解くためにも，まずは正確な知識の積み重ねが必要です。教科書や基礎的な問題集を用いて，早めに通史の知識を一通り習得しましょう。

STEP 2
事象相互のつながりを押さえよう！
各歴史事象について，その背景・原因・結果・影響や，同時代に起こった出来事との共通点・相違点といった，事象相互のつながりを意識して知識を整理しましょう。教科書や資料集・地図を活用して俯瞰的に捉えましょう。

STEP 3
資料の読取りに慣れよう！
共通テストでは様々な資料が用いられます。教科書や資料集に掲載されている資料には必ず目を通し，どんな情報が読み取れるのか，どういった歴史事象と関連しているのかを考える習慣をつけましょう。多くの資料に当たることで，初見の資料が出題されても読取りのポイントを見つけやすくなります。

Z会おすすめ！ 共通テスト攻略法
日本史B

　日本史では，知識の定着をはかるだけでなく，基礎知識を活用して，歴史的事象の展開や因果関係への理解，多面的・多角的な考察を問う問題が出題されます。さらに，史料やグラフ，絵画など多様な資料が用いられ，初見の資料から読み取った情報と知識を総合して判断することが求められるのも共通テストのポイントです。

STEP 1

基礎知識を確実に習得する！
読解力・思考力・判断力が求められるようになるとはいえ，まずは日本史の基礎知識を磐石にすることが大切です。教科書を精読し，各時代・各分野の知識を一通り押さえましょう。

STEP 2

資料から情報を読み取る力をつける！
教科書や資料集に掲載されている資料には必ず目を通し，資料を読むことに慣れましょう。また，史料の注記や現代語訳なども参考にして，史料に書かれている内容を把握する練習を積み，文献史料を読む力を養いましょう。

STEP 3

歴史的事象を考察する力をつける！
共通テストでは，問題から読み取った情報や知識を踏まえて考察することが求められます。歴史を大局的に捉え，事象相互のつながりや，時代による変化と，その要因を考えましょう。一問一答式に知識を詰めこむのではなく，歴史的事象の背景・原因・結果・影響を意識した学習を心掛けましょう。

Z会おすすめ！ 共通テスト攻略法
地理B

　地理は，これまでのセンター試験と同様，図表の読み取りを中心とする問題が多く出題されています。しかし，災害の被害が予想される場所を考えたり，図表をもとに仮説を立て，さらにそれを実証するための資料を考えたりするなど，より実生活に近いテーマからの出題が多くなっています。

基礎事項は早めに習得する！
図表の読み取りの土台となるのは，基礎的な知識の積み重ねです。より幅広い方面から図表を読み取るために，教科書や基礎的な問題集，地図帳を用いて，早めに全範囲の基礎知識や地名，分布を押さえておきましょう。

STEP 2 図表を「理由をつけて」読み取る！
図表を読み取る際には，なぜそう読み取ったか，理由をつけて判別するようにしましょう。図表の数値の大小や，急に数値が上がった，下がったなど，特徴的な部分には特に注意して読み取りましょう。

様々な図表問題に取り組む！
共通テストでは多くの図表が提示されているため，効率的に判断したいものです。そのためにも，多くの図表問題に取り組み，図表の「目のつけどころ」を養うようにしましょう。

Z会おすすめ！　共通テスト攻略法
現代社会

　現代社会は，表・グラフなど多くの資料を用いた問題が出題されます。単に資料が読めるかにとどまらず，資料から読み取れる情報をもとに，現代社会の課題やその考察が求められます。また，資料を読み取った上で，複数の立場・意見を踏まえて，問題を解くことも共通テストの重要なポイントとなっています。

STEP 1

現代社会の基本知識を確実に習得する！

資料読解の問題ばかりではなく，正確な知識をもとにして解く問題も数多く出題されます。教科書や用語集・図説集を用いて，早めに全範囲の原理・概念といった基礎知識を押さえておきましょう。

STEP 2

原典資料の読み取りに慣れる！　「世の中」に関心を持つ！

法律・判例・経済学・政治学の文献資料などの資料文が出題されることがあります。こうした文章は読みにくく感じますが，教科書や資料集の巻末資料を用いて，言い回しに慣れておきましょう。また，「現代社会」の科目の特性上，今，世の中で起きている事柄と関連した出題も多く見られます。ニュースや新聞の見出しを確認して，時事的な事項にも関心を払っておきましょう。

STEP 3

問題に取り組み実戦トレーニング！

基本事項を身につけ，資料判読にも慣れたあとは，実戦的な問題に当たり，解説を読んで解き方のポイントをつかむ学習がお勧めです。

Ｚ会おすすめ！　共通テスト攻略法
倫理

　共通テストの倫理は，問題文や選択肢1つ1つが長く，読む量が膨大なのが特徴です。さらに，グラフや絵，模式図など多様な資料が用いられ，これらの読み取りも必須です。試験時間に比べて問題分量が非常に多いので，知識を磐石にした上で，効率よく解答するコツを身につける必要があります。

倫理の基礎知識を確実に習得する！
資料の読み取り・考察の土台となるのは，基本的な倫理の知識です。教科書やノート，資料集などを用いて，重要な人物とその思想・考え方のキーワードを結びつけながら，確実に押さえていきましょう。

STEP 2

難解な思想を具体化・抽象化して捉える！
難解な用語で示された思想はなかなか理解しにくいものですが，「現代の社会だったら？」と実例を考えてみたり，模式図に表して抽象化したりすることで，わかりやすくなります。教科書や資料集の図・コラムなどが役に立ちます。

出題形式別に解き方のポイントを押さえる！
様々な出題形式が予想される共通テスト。磐石な知識力に加え，形式ごとに「どこに注目すればよいのか」といった解き方のポイントを身につければ，どんな問題が出題されても怖くありません！ ポイントを押さえて効率よく解き進むコツを身につけましょう。

Ｚ会おすすめ！　共通テスト攻略法
政治・経済

　政治・経済は，表・グラフ・模式図・文献資料など様々な資料を用いた問題が多く出題されます。社会的事象に関する情報をそれらから読み取り，現代社会の課題や課題解決を考察することが求められています。複数の立場・意見を踏まえて，資料を読み取ることも，共通テストの重要なポイントとなっています。

STEP 1

政治・経済の基本知識を確実に習得する！
資料の読み取り・考察の土台となるのは，基本的な政治・経済の知識です。教科書や用語集・図説集を用いて，早めに全範囲の原理・概念といった基本知識を押さえておきましょう。参考書の「要点」を利用するのも一方法です。

STEP 2

図表の読み取りに慣れる！
資料から正確に情報を読み取るために，様々な種類の資料に数多く触れましょう。その際に，数値の大小や，数値が急激に上がった・下がったなど，特徴的な部分に注意して読み取ることが大切です。資料が表す社会的背景・意味を考えるとともに，時事テーマにも関心を持つようにしましょう。

STEP 3

問題に取り組み実戦トレーニング！
基本知識を習得できているかは，正誤問題の演習で確認するのが効果的！　資料問題は，実戦的な問題に当たり，つまずいたら解説を読んで解き方のポイントをつかむ学習がお勧めです。

ハイスコア！
共通テスト攻略
日本史B

本間朋弘 著

はじめに

　「大学入学共通テスト（共通テスト）」は，大学入学を志願する多くの受験生にとって最初の関門といえる存在である。共通テストの地歴・公民科目における特徴は，資料や図表を多用し，考察を重視した問題が見られる点にある。これらは，教科書を中心とする基礎的な知識を土台とした上で，思考力・判断力を用いてより総合的な力を試そうというねらいがある。だが，必要以上に心配することはない。共通テストには科目ごとに「出題のツボ」がある。

　「ハイスコア！共通テスト攻略シリーズ」では，この「出題のツボ」や受験生の陥りやすい弱点を踏まえて，科目ごとの“最強の攻略法”として，正解を導くために必要な知識や考え方をわかりやすく示している。

　共通テストの日本史Bでは，従来のセンター試験の中心であった歴史知識の定着度合いを測る問題に加えて，思考力・判断力を求める問題が出題される。「思考力・判断力を求める問題」は，一見すると高校日本史の教科書のレベルを超えた高度な理解が求められるように思うかもしれない。しかし，共通テストはあくまでも大学入試を目的としたものであり，高校教科書を中心とする基礎的な学習の到達度を判定する試験である。つまり，共通テストで求められるのは，高校日本史で学ぶ知識を習得・理解し，その知識を活用して考える力を発揮することである。

　但し，「歴史的思考力」は一問一答的な暗記の学習では養うことはできない。大事なのは，「理解を深めること」と「自分で考えること」である。本書では，思考・判断の前提となる知識を整理し，思考力・判断力を身につけるために必要なポイント・着目点を教授する。また，本書に掲載した事項は，共通テスト対策として押さえておくべきものであり，「やるべきことだけ」を効率的に，かつ「必要十分に」学習したいという受験生の普遍的なニーズに応えたつもりである。

　本書を十分活用して，共通テストでの8割突破はもちろん，9割得点をぜひともねらってほしい。

本間朋弘

目次

共通テスト日本史Bの"最強の攻略法" ………………………………… 7

本書の構成と利用法 ………………………………………………………… 8

第1章　原始・古代

1　縄文時代の人々のくらし …………………………………… 12

2　弥生時代の社会と遺物 ……………………………………… 16

3　中国史書から見た日本 ……………………………………… 20

4　古墳時代の遺物とヤマト政権 …………………………… 24

5　推古朝の政治と大化改新 ………………………………… 28

6　天智～持統朝の改革 ……………………………………… 32

7　律令国家による支配領域拡大 …………………………… 36

8　律令制下の貴族と農民 …………………………………… 40

9　平城京と奈良時代の政治 ………………………………… 44

10　桓武・嵯峨天皇の律令再建策 ………………………… 48

11　摂関政治期の中央と地方 ……………………………… 52

12　荘園制度の移り変わり ………………………………… 56

13　古代の仏教と貴族文化 ………………………………… 60

14　古代の建築・美術作品 ………………………………… 64

年代を"まとめて"チェック　～原始・古代～ …………… 68

図版を"まとめて"チェック　～原始・古代～ …………… 72

第2章　中世

1　院政と武士の台頭 ………………………………………… 76

2　執権政治の確立 …………………………………………… 80

3　鎌倉幕府の衰退 …………………………………………… 84

4　中世の守護と地頭 ………………………………………… 88

5　建武の新政と室町幕府の確立 …………………………… 92

6　中世の農業と商業 ………………………………………… 96

7　惣村の形成と一揆 ……………………………………… 100

8　中世の東アジア交流 …………………………………… 104

9　室町幕府の動揺と応仁の乱 …………………………… 108

10　戦国大名の出現 ……………………………………… 112

11　中世の文化 …………………………………………… 116

4

| 12 | 中世の仏教 | 120 |

年代を"まとめて"チェック　～中世～ …… 124

図版を"まとめて"チェック　～中世～ …… 128

第3章　近世

1	豊臣政権の内外政策	132
2	江戸幕府の機構と統制策	136
3	江戸時代の村のしくみ	140
4	江戸時代初期の外交	144
5	文治政治の展開	148
6	諸産業の生産力向上	152
7	都市と交通の発展	156
8	享保の改革と田沼時代	160
9	寛政・天保の改革と諸藩の政治改革	164
10	近世民衆の成長	168
11	近世学問の発達	172
12	近世の文芸と教育	176
13	近世の美術	180

年代を"まとめて"チェック　～近世～ …… 184

図版を"まとめて"チェック　～近世～ …… 188

第4章　近・現代

1	開国と幕末の動乱	192
2	明治新政府の諸政策	196
3	明治初期の琉球と北海道	200
4	士族の反乱と自由民権運動	204
5	明治政府と政党の対立・接近	208
6	条約改正交渉と日清戦争	212
7	日露戦争と戦後の対外関係	216
8	資本主義の発展	220
9	明治・大正期の社会運動	224
10	大正期の政治	228
11	第一次世界大戦と国際関係	232

12	恐慌の到来	236
13	大正末〜昭和初期の内閣	240
14	ファシズムの進展	244
15	太平洋戦争への道	248
16	戦後占領期の改革	252
17	戦後の政治	256
18	戦後日本の国際関係	260
19	高度経済成長と現代日本	264
20	近・現代の思想・学問・教育	268
21	近・現代の文芸・美術・生活	272

年代を"まとめて"チェック　〜近・現代〜 ⋯⋯⋯⋯⋯ 276

図版を"まとめて"チェック　〜近・現代〜 ⋯⋯⋯⋯⋯ 280

第5章　能力別特訓

1	資料読解	284
2	歴史的事象の推移・変化	292
3	歴史的事象の比較	298
4	歴史的事象のつながり	306
5	多面的・多角的考察	312

共通テスト日本史Bの "最強の攻略法"

攻略のカギは「知識の定着」と「知識の活用」

　共通テストでは，歴史的事象を多面的・多角的に考察する過程が重視される。つまり，その歴史的事象が日本の歴史上でどのような意味・意義をもつか，他の事象とどのような関連があるか，を総合的に捉えることが求められる。適切に考察するに当たっては，その歴史的事象に対する知識・理解や，考察の過程で得た情報ともっている知識を関連付けて理解する力が重要になる。

　したがって，一問一答的に知識を詰め込む学習に終始しては，共通テストには対応しきれない。「日本史は暗記科目」という考えは捨て，「知識の定着」と「知識の活用」の２つの要素を鍛えていこう。

共通テスト攻略に必要な "力"

　「知識の定着」と「知識の活用」を鍛えるためには，日頃の学習において以下を意識してほしい。これらをバランスよく総合的に身につけることで，共通テストへの対策は万全になる。

---

① 知識力

② 資料読解力

③ 歴史の展開への理解力―歴史の流れを捉える―

④ 歴史的事象の因果関係への理解力

⑤ ①～④を総合的に活用した思考力・判断力

　本書では，第１章～第４章を通して，①～④の習得をはかる。そして最後に，第５章で実戦的なオリジナル問題に取り組み，⑤の思考力・判断力を身につける。

　以下に，「本書の構成と利用法」について，具体的に述べていく。

本書の構成と利用法

構成

▼ 重要事項の整理

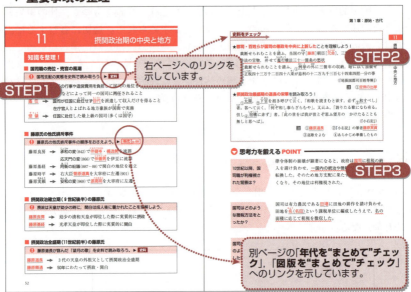

▼ 演習問題

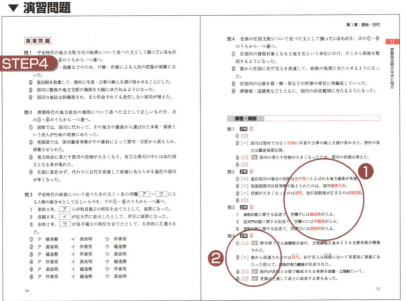

学習例

STEP1 「知識」を整理する

まず，「 知識を整理！ 」を活用して，項目ごとの重要語句（赤太字）を，シートを利用して覚えてしまおう。重要語句の知識が定着したら，今度は黒太字にラインマーカーを引いてその知識の定着をはかろう。共通テストで求められる思考力・判断力は，**基本的な知識を習得していることを前提としている。**

各項目上の **!** では，理解を深めるためのポイントやアドバイスを示したので，大いに活用して，共通テストへの対応力を磨いてほしい。

STEP2 資料・図版にふれる

共通テストでは，文献史料・グラフ・統計資料・風刺画・図など，多種多様な資料から情報を読み取る力が求められる。「 **史料をチェック** ➡ 」，「 **図版をチェック** ➡ 」などでは，着眼点を示すコメントを付している。これらにしっかり目を通し，"資料を見る目"を養ってほしい。

STEP3 「理解」への発展

「 ◆ **思考力を鍛えるPOINT** 」では，各時代を大きく見渡し，個別の歴史的事象にとどまらない，各時代・パターンにおける歴史の流れや背景・意義をつかめるよう，Q&A形式でPOINTをまとめている。まずは自分で答を考え，次に答部分をじっくり読んでほしい。下線部分は確実に覚えること。

なお，共通テストにとどまらず2次・私大受験を控えた諸君には，「論述のツボ」としても活用してほしい。

STEP4 「知識」を定着させる

いよいよ問題にチャレンジする。「 演習問題 」では，過去のセンター試験から，知識・理解の確認に適した良問を用意した。知識と理解が定着していれば，全問正解できるはずだ。問題を終えたら，解説を読み，選択肢が誤りである理由や着眼点を理解しよう。正誤のひっかかりポイントは赤太字（**❶**）にした。さらに， **UP** （**❷**）ではさらなる知識の補充ができるようにした。

本書の構成と利用法

STEP5 オリジナル問題に取り組む

本書では，最終章の第5章を「能力別特訓」とし，共通テストでとくに特徴的である以下の5つの"能力"を取り上げて，オリジナル問題を出題している。実際に問題に取り組んで，各"能力"の攻略法を身につけよう。

▼第5章の構成
1 資料読解
2 歴史的事象の推移・変化
3 歴史的事象の比較
4 歴史的事象のつながり
5 多面的・多角的考察

▼攻略法　　　　　　▼オリジナル問題

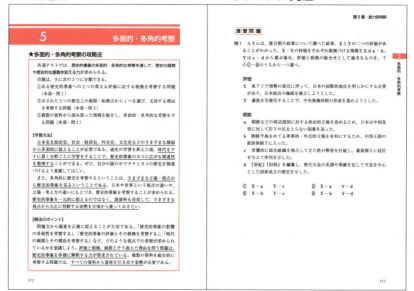

各能力の「攻略法」は，「能力の説明と出題パターン」，「学習方法」，「解法のポイント」の3つの要素に分けて解説している。問題に取り組んだあとは，解説を丁寧に読み理解を深めるとともに，もう1度「攻略法」を読み返すことで，共通テスト攻略のコツを身につけてほしい。とくに「学習方法」はこれからの学習の指針とし，「解法のポイント」は応用力の養成に役立ててほしい。

第1章　原始・古代

原始については，道具の変化や遺跡の様子などに着目して，各時代の人々の生活や社会の様子を捉えよう。古代については，政治史をベースにしながら，社会や文化と関連づけて，歴史を理解することを心がけよう。仏像や建築物など，文化史関連の図版もチェックしておこう。

1　縄文時代の人々のくらし

知識を整理！

■ 磨製石器の名称と用途

> ❗ 主に打製石器を用いた旧石器時代と混同しないようにしよう。

石鏃 ➡ 弓矢の先端につけた石器
石匙 ➡ 動物の皮はぎなどに用いた石器
石皿 ➡ 植物性食料の粉化に用いた石器
石斧 ➡ 木材の伐採や加工に用いた石器

■ 縄文土器と弥生土器の特徴

> ❗ 縄文土器と弥生土器の特徴的な形態を図版で確認しよう。▶ 図版

縄文土器 ➡ 低温で焼かれ，厚手でもろく黒褐色
弥生土器 ➡ 高温で焼かれ，薄手で硬く赤褐色

■ 縄文時代の生活

> ❗ 狩猟・漁労中心の縄文時代から農耕が広まる弥生時代への変化をおさえよう。

漁労 ➡ 釣針・銛・やすなどの骨角器が出現
住居 ➡ 竪穴住居。三内丸山遺跡（青森県）では大型の建物跡が出土
交易 ➡ 原産地の限られる黒曜石（和田峠），サヌカイト（二上山），
　　　　ひすい（姫川）を用いた石器が，広い範囲に分布

■ 縄文時代の風習

> ❗ 古墳時代の太占の法や盟神探湯などの風習と混同しないようにしよう。

アニミズム ➡ 自然物や自然現象に霊威を認めて崇拝する原始信仰
屈葬 ➡ 死者の四肢を折り曲げる埋葬法
抜歯 ➡ 通過儀礼と推定される風習
土偶 ➡ 生殖や収穫を祈る呪術に用いた土製品（主に女性像）

第1章：原始・古代

1 縄文時代の人々のくらし

| 図版をチェック | 縄文土器と弥生土器 |

縄文土器（装飾的）

火焔型土器（かえん）

弥生土器（簡素な文様で実用的）

壺（つぼ）（貯蔵用）

高杯（たかつき）（供膳用）

▼ 思考力を鍛える POINT

縄文時代と世界史的な新石器時代との特色の違いは？

縄文時代は考古学段階では新石器時代（地質学では完新世（かんしんせい））にあたる。ただし，西アジアや中国が農耕・牧畜の食料生産段階に入ったのに対して，縄文時代は狩猟・漁労（ぎょろう）の食料採集段階にとどまっていた点で特殊である。

縄文時代に新たな狩猟具が出現した背景は？

狩猟具として新たに弓矢が出現した。自然環境の変化に伴って大型獣が絶滅し，動きの素早いイノシシやシカなどの中小動物が増えた動物相の変化に対応するためであった。

旧石器時代と縄文時代の住居の違いは？

旧石器時代の人々は獲物や植物性食料を求めて移住し，岩陰（いわかげ）などを一時的な住居に利用した。縄文時代に入ると食生活が安定し，人々は竪穴住居をいとなんで定住生活をはじめた。

縄文時代晩期に水稲農耕は開始されていたか？

西日本の各地で開始されていた。福岡県板付（いたづけ）遺跡など縄文時代晩期の遺跡から水田跡や炭化米が発見されていることからわかる。

13

演習問題

問1 縄文～弥生時代の土器について述べた文として正しいものを，次の①～④のうちから一つ選べ。

① 縄文土器は，薄手で赤褐色のものが多く，その名称は土器が発見された地名にちなんでつけられた。

② 縄文時代の晩期になると，従来の土器のほかに，弥生土器の源流となる土師器もつくられるようになった。

③ 弥生土器は，厚手で黒褐色のものが多く，その名称は土器の文様からつけられた。

④ 弥生時代には，貯蔵用の壺，食物を盛る高坏（高杯）など，さまざまなかたちの土器がつくられた。

問2 縄文時代の社会および文化の特色を述べた文として誤っているものを，次の①～④のうちから一つ選べ。

① 手足を折り曲げて埋葬する屈葬が広く行われた。

② 抜歯の風習が広く存在した。

③ 海岸近くの集落では，貝塚が形成された。

④ 畿内では支石墓が盛んにつくられた。

問3 縄文時代について述べた文として正しいものを，次の①～④のうちから一つ選べ。

① 『魏志』倭人伝には，当時の倭人の風俗や社会，統治組織などについての記述がみられる。

② オオツノジカやナウマンゾウなどの大型動物が生息し，人々は獲物を求めて移動したため，簡単な住居や岩陰などに住んでいた。

③ 狩猟具として石鏃をつけた弓矢が使われるようになった。また食生活も豊かになり，しだいに定住化が進んだ。

④ 灌漑用の水路を整えた水田がつくられ，穀物をたくわえる高床倉庫もつくられるようになった。

問4 縄文時代について述べた文として誤っているものを，次の①～④のうちから一つ選べ。

第1章：原始・古代

1 縄文時代の人々のくらし

① この時代は，西アジアや中国の場合と異なり，農耕・牧畜を生産の基本
としないが，同じ新石器時代に属していた。

② この時代には，磨製石斧が使われはじめ，木材の伐採や加工が容易にな
った。

③ この時代の後半には西日本で，戦時の見張所・避難所として丘陵や山頂
に集落がつくられた。

④ この時代の終わりごろの西日本を中心とする遺跡からは，水稲耕作がは
じまったことを示す水田跡や炭化米が発見されている。

解答・解説

問1　**正解** ④

① ［×］この説明は弥生土器のこと。

② ［×］土師器は弥生土器の製法を継承した古墳時代の土器。

③ ［×］この説明は縄文土器のこと。

④ ［○］**Up** 壺は貯蔵用，高杯は盛りつけ用，甕は煮炊き用。

問2　**正解** ④

① ［○］**Up** 縄文時代は屈葬，弥生時代は伸展葬が一般的。

② ［○］**Up** 抜歯は成年式の意味をもつと推定される。

③ ［○］**Up** 貝塚に残る骨角器や石錘から縄文時代の漁労の様子がわかる。

④ ［×］支石墓は，縄文晩期～弥生中期の墓制で，九州北部に分布。

問3　**正解** ③

① ［×］『魏志』倭人伝は弥生後期（3世紀）の邪馬台国について記述している。

② ［×］大型動物を求めて移住生活をいとなんでいたのは旧石器時代。

③ ［○］**Up** 縄文文化を特徴づけるのは，弓矢・土器・磨製石器の出現。

④ ［×］本格的に水稲耕作による食料生産が開始されたのは弥生時代。

問4　**正解** ③

① ［○］**Up** 縄文時代は，考古学では新石器時代，地質学では完新世の時代に相
当。

② ［○］**Up** 石斧には打製と磨製があり，縄文・弥生時代を通じて広く普及。

③ ［×］防御的性格をもつ高地性集落が出現するのは弥生中期～後期。

④ ［○］**Up** 水田跡が発見された縄文晩期の遺跡としては，板付遺跡（福岡県），
菜畑遺跡（佐賀県）が有名。

2 弥生時代の社会と遺物

知識を整理！

■ 弥生時代の農具の名称と用途

> ❗ 農具の形態を図版で確認しよう。▶ 図版

木鍬・木鋤	→	水田の耕作に用いる木製農具
石包丁	→	稲の穂首を刈る収穫具
田下駄	→	湿田の作業の際，めり込みを防止する木製農具
大足	→	肥料を田に踏み込む木製農具

■ 弥生時代の墓制の名称

> ❗ 埋葬法が縄文時代の屈葬から伸展葬に変化したことをおさえよう。

甕棺墓	→	土器の甕を棺にして埋葬，多量の副葬品（九州北部）
支石墓	→	支柱石の上に大きな平石 （九州北部，朝鮮半島の影響）
方形周溝墓	→	方形の低い墳丘の周囲に溝（近畿中心に東西で広く分布）

図版をチェック ▶ 農具

石包丁　　　大足　　　田下駄　　　田下駄使用例

第1章：原始・古代

2 弥生時代の社会と遺物

> 地図をチェック　縄文時代と弥生時代の遺跡

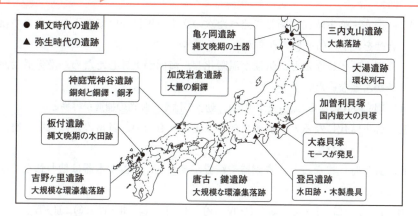

🔻 思考力を鍛える POINT

弥生時代の水稲耕作は東北地方まで広がった？	弥生時代前期にすでに東北地方まで広がった。しかし，稲作は北海道と南西諸島には及ばず，これらの地域では狩猟と漁労を基礎とした文化がその後も長く続いた。
弥生時代には集団の中に貧富差や階級が発生したか？	農業生産による余剰生産物の蓄積によって，貧富差や階級が発生した。それは，大型の墳丘墓や多量の副葬品を伴う墓が各地で発見されていることからわかる。
弥生時代に戦争が発生したことを示す遺跡は？	弥生時代に余剰生産物をめぐって戦争が本格化したことは，この時代に高地性集落や吉野ヶ里遺跡（佐賀県）に代表される環濠集落など，防御的性格をもつ集落が形成されたことからわかる。
青銅器と鉄器の用途の違いは？	弥生時代は，鉄器と青銅器と石器が同時に用いられた時代。銅剣・銅矛（鉾）・銅鐸などの青銅器は主に祭器に用いられた。鉄器は実用品としての性格が強く，弥生時代後期には鉄鎌や鉄製の刃先をつけた鍬・鋤も登場した。

演習問題

問1 縄文～弥生時代に関して述べた次の文Ⅰ～Ⅳについて，正しいものの組合せを，下の①～⑥のうちから一つ選べ。

Ⅰ　縄文時代になると，気候が温暖化し，海面が上昇したため，漁労活動がさかんとなった。

Ⅱ　縄文時代になると，弓矢が出現し，動きのはやい動物の捕獲が容易となった。

Ⅲ　弥生時代になると，農業生産の発達にともない，貧富の差は次第に解消されていった。

Ⅳ　弥生時代になると，青銅器や鉄器が普及し，石器や木器は使われなくなった。

① Ⅰ・Ⅱ　② Ⅰ・Ⅲ　③ Ⅰ・Ⅳ　④ Ⅱ・Ⅲ　⑤ Ⅱ・Ⅳ　⑥ Ⅲ・Ⅳ

問2 弥生時代について述べた文として正しいものを，次の①～④のうちから一つ選べ。

①　この時期の主要な武器としては銅剣・銅矛・銅鐸などが使われた。

②　この時期には食生活が多様化し，各地に貝塚が出現した。

③　この時期には西日本を中心に稲作が広まったが，それが本州北端まで伝わったのは古墳時代である。

④　この時期には有力な支配者が出現したことを反映して，大型の墳丘墓や多量の副葬品を伴う墓が各地に作られた。

問3 弥生時代について述べた文として誤っているものを，次の①～④のうちから一つ選べ。

①　弥生時代前期には，中国から平形銅剣・広鋒銅鉾・広鋒銅戈が伝えられ，武器として使用された。

②　弥生時代後期には，鉄鎌や鉄の刃先をつけた鍬・鋤が用いられるようになった。

③　北九州の甕棺墓には，青銅器の鏡や剣などの多数の副葬品をともなっているものもある。

④　銅鐸の中には脱穀などの様子が描かれたものもあり，それにより当時の生活を知ることができる。

第1章：原始・古代

2

弥生時代の社会と遺物

問4　弥生時代の集落やそこでの生活に関して述べた次の文a〜dについて，正しいものの組み合わせを，下の①〜④のうちから一つ選べ。

a　青銅製の刃先をもつ農具が，全国的に普及した。

b　日常の生活に不便な山頂や丘陵上にも，集落が造られた。

c　鉄器・青銅器が海外からもたらされるとともに，日本列島内でも作られるようになった。

d　乗馬の風習や硬質の土器が朝鮮半島から伝わった。

① a・c　　② a・d　　③ b・c　　④ b・d

解答・解説

問1　**正解** ①

Ⅰ〔○〕 **UP** 完新世に，気候の温暖化によって海面が上昇して日本列島が形成。

Ⅱ〔○〕

Ⅲ〔×〕農業生産による余剰生産物の蓄積によって，貧富差や階級が発生した。

Ⅳ〔×〕弥生時代には石包丁などの石器や木製農具も使用。

問2　**正解** ④

①〔×〕銅剣・銅矛・銅鐸などの青銅器は宗教的な祭器として使用された。

②〔×〕この説明は縄文時代のこと。

③〔×〕稲作が東北地方まで広がったのは弥生時代前期。

④〔○〕 **UP** 弥生時代後期の大墳丘墓としては，楯築墳丘墓(岡山県)が有名。

問3　**正解** ①

①〔×〕平形銅剣や広鋒の銅鉾・銅戈は主に祭器として使用された。

②〔○〕 **UP** 木製農具の製作には，斧・鉇・刀子などの鉄製工具も使用。

③〔○〕 **UP** 甕棺墓の副葬品には中国製の青銅器が多くみられる。

④〔○〕 **UP** 農耕祭祀に用いられた銅鐸には農耕に関連した場面が描かれた。

問4　**正解** ③

a〔×〕農具や工具などの実用品には鉄器を使用。

b〔○〕 **UP** 軍事・防衛を目的とした高地性集落についての記述。

c〔○〕 **UP** 鉄器や青銅器は日本国内でも鋳造された。

d〔×〕乗馬の風習や硬質の土器である須恵器が朝鮮半島から伝来したのは古墳時代のこと。

3　中国史書から見た日本

知識を整理！

■『漢書』と『後漢書』の記述内容

❗　『漢書』と『後漢書』の記述内容を史料で読み取ろう。 ▶ 史料

『漢書』地理志 　➡　紀元前後，倭は百余国に分かれ，楽浪郡（前漢の直轄地）に定期的に遣使

『後漢書』東夷伝 　➡　57年，倭の奴国の王が後漢の都洛陽に遣使し，光武帝から印綬を賜わる

■『魏志』倭人伝にある邪馬台国の記事

❗　卑弥呼がどのようにして政治を行ったかを，史料で読み取ろう。 ▶ 史料

外　　交 　➡　239年，卑弥呼が魏の皇帝から親魏倭王の称号を賜わる

統　　治 　➡　卑弥呼が呪術（鬼道）による宗教的権威を背景に政治

制　　度 　➡　租税・刑罰制度が整備，市も開かれていた

諸国検察 　➡　一大率を派遣して諸国を検察

身　　分 　➡　大人（支配者）と下戸（庶民）

卑弥呼死後 　➡　男王では国内は治まらず，宗女の壱与が女王就任

■ 倭の朝鮮半島進出

❗　倭が高句麗と交戦した時期を正確におさえよう。

倭の進出 　➡　朝鮮半島南端の加耶（加羅）諸国を朝鮮半島経営の拠点

倭の交戦 　➡　「好太王碑文」に，4世紀後半に倭が新羅・百済の領有をめぐって高句麗と交戦したと記述

■ 倭の五王の朝貢についての記事

❗　倭王武の上表文を史料で読み取ろう。 ▶ 史料

朝貢についての記事 　➡　『宋書』倭国伝に，5世紀初めから約1世紀間，讃・珍・済・興・武の五王が中国南朝に朝貢したとの記事

第1章：原始・古代

3
中国史書から見た日本

史料をチェック

★**紀元前1世紀頃の倭の様子**をおさえよう！

　夫れ楽浪海中に［倭人］有り，分れて［百］余国を為す。　（『漢書』地理志）

★**1世紀の倭の小国による朝貢の様子**を読み取ろう！

　建武中元二年，倭の［奴国］，貢を奉じて朝賀す。使人自ら大夫と称す。倭国の極南界なり。［光武］，賜ふに印綬を以てす。　（『後漢書』東夷伝）

★**卑弥呼の呪術による統治の様子**を読み取ろう！

　その国，本また男子を以て王となし，住まること七，八十年。倭国乱れ，相攻伐して，年を歴たり。乃ち共に一女子を立てて王となす。名づけて［卑弥呼］といふ。［鬼道］を事とし，能く衆を惑わす。年己に長大なるも，夫婿なく，男弟あり，佐けて国を治む。　（『魏志』倭人伝）

★**雄略天皇による中国南朝への朝貢の様子**を読み取ろう！

　興死して弟①武立つ。自ら使持節都督倭・百済・新羅・任那・加羅・秦韓・慕韓七国諸軍事安東大将軍倭国王と称す。②順帝の昇明二年，使を遣して上表をして曰く，「③封国は偏遠にして，藩を外に作す。昔より④祖禰躬ら甲冑を擐き，山川を跋渉して寧処に遑あらず。東は毛人を征すること五十五国，西は衆夷を服すること六十六国，渡りて海北を平ぐること九十五国。…」

（『宋書』倭国伝）

注　①雄略天皇　　②478年　　③冊封を受ける国。ここでは倭国　　④祖先

▼ 思考力を鍛えるPOINT ━━━━━━━━

| 4世紀後半に倭が朝鮮に進出した目的は？ | 倭は朝鮮の先進技術や鉄資源を求めて加耶（加羅）諸国に進出したが，4世紀後半に高句麗が南下策を進めると，両者は衝突した。 |

| 倭の五王が中国南朝へ朝貢した目的は？ | 中国南朝に高い称号を求めて，朝鮮半島南部における政治的・軍事的立場を有利にしようとする目的があった。 |

21

演習問題

問1 弥生時代の中国史書について述べた文として正しいものを，次の①〜④のうちから一つ選べ。

① 『宋書』倭国伝には，この時代に，倭王武が宋王朝に上表文を送り，高い称号を得ようとしたと記している。

② 『後漢書』東夷伝には，この時代に，倭の奴国が中国に使いを送り，印綬を授けられたと記している。

③ 『漢書』地理志には，この時代に，倭の王として邪馬台国の卑弥呼が支配していたと記している。

④ 『魏志』倭人伝には，この時代に，倭の五王が次々と中国に使いを送り，倭国王などに任命されたと記している。

問2 女王卑弥呼に関連して述べた文として**誤っているもの**を，次の①〜④のうちから一つ選べ。

① 呪術にすぐれ，司祭者的な首長であった。

② 夫の補佐を得て国の統治を行った。

③ 魏に使いを送り，皇帝から「親魏倭王」の称号を与えられた。

④ 宗女壹与(壱与)も邪馬台国の女王になった。

問3 3世紀半ばから5世紀初めまでのおよそ一世紀半の間の出来事について述べた文として正しいものを，次の①〜④のうちから一つ選べ。

① 九州北部の豪族磐井が新羅とむすんで反乱を起こしたが，ヤマト政権によって鎮圧された。

② 好太王(広開土王)碑文によると，倭が新羅・百済の領有をめぐって高句麗と戦った。

③ ヤマト政権は，新羅にほろぼされた百済に援軍を派遣したが，白村江で唐・新羅の連合軍に敗れた。

④ 新羅が伽耶諸国(加羅)を征服したため，ヤマト政権は朝鮮半島における拠点を失った。

第1章：原始・古代

3

中国史書から見た日本

問4　5世紀の倭王について述べた文として正しいものを，次の①～④のうちから一つ選べ。

①　倭王は「日出る処の天子」と自称し，中国皇帝と対等の関係を築こうとした。

②　倭王の名は出土した遺物の銘文によると，讃・珍・済・興・武である。

③　倭王は朝鮮諸国に対抗するため，中国南朝に朝貢して国際的地位の向上をめざした。

④　倭王の系譜や伝承などを記した『天皇記』や『国記』が，このころまとめられた。

解答・解説

問1　**正解** ②

① [×] 倭王武の上表文は弥生時代ではなく，5世紀末の古墳時代のこと。

② [〇] **UP** 奴国王に授けられた金印は，福岡県志賀島から発見された「漢委奴国王」印と推定。

③ [×] 邪馬台国についての記述は『魏志』倭人伝にある。

④ [×] 倭の五王についての記述は『宋書』倭国伝にある。

問2　**正解** ②

① [〇]

② [×] 『魏志』倭人伝には「夫婿なく，男弟あり」とある。

③ [〇]

④ [〇] **UP** 宗女とは，同族の女性の意。

問3　**正解** ②

① [×] 筑紫国造磐井の乱は527年で，6世紀。

② [〇] **UP** 高句麗との戦いで倭人は乗馬技術を吸収した。

③ [×] 白村江の戦いは663年で，7世紀。

④ [×] 伽(加)耶諸国の滅亡は562年で，6世紀。

問4　**正解** ③

① [×] 中国と対等の立場を主張したのは，7世紀推古朝の遣隋使。

② [×] 讃・珍・済・興・武の名は出土した遺物ではなく『宋書』に掲載。

③ [〇]

④ [×] 『天皇記』『国記』などの歴史書が編纂されたのは推古朝のこと。

4 古墳時代の遺物とヤマト政権

知識を整理！

■ 古墳の構造

❗ 前・中期の竪穴式石室から後期の横穴式石室に変化したことをおさえよう。

形　態 ➡ 中期（5世紀中心）に前方後円墳が巨大化
　　　　　後期（6世紀中心）に群集墳が出現

内　部 ➡ 後期に横穴式石室が普及（追葬が可能な家族墓的性格）
　　　　　構造＝遺体を安置する玄室とそれへの通路の羨道

埴　輪 ➡ 前期（4世紀中心）は円筒埴輪
　　　　　中期以降に家形・人物などをかたどった形象埴輪が出現

■ 古墳時代の人々の生活

❗ とくに土師器と須恵器の製法・特徴を混同しないようにしよう。

土器製作 ➡ 弥生土器の系譜を引く赤褐色・素焼きの土師器
　　　　　　朝鮮伝来の技術（ろくろと窯）でつくられた硬質・灰色の須恵器

農耕祭祀 ➡ 豊作を祈る春の祈年祭と収穫を感謝する秋の新嘗祭

呪術風習 ➡ 鹿の骨を焼いて吉凶を占う太占の法
　　　　　　熱湯に手を入れ火傷の有無で真偽を調べる盟神探湯
　　　　　　穢れや罪悪をはらいのけるための禊と祓

■ 大王と豪族の私有地と私有民の名称

❗ 大王と豪族の私有地と私有民を混同しないようにしよう。

大王の直轄地 ➡ 屯倉（耕作民は田部）

大王の直轄民 ➡ 名代・子代（大王家に物資や労役を奉仕）

豪族の私有地 ➡ 田荘

豪族の私有民 ➡ 部曲

第1章：原始・古代

■ 氏姓制度に定められた姓の称号

> ❗ 臣・連の最有力者である大臣・大連が政治の中枢を担ったことも理解しよう。

臣（おみ）
連（むらじ）　➡　蘇我氏などの主に大和地方に基盤をもつ有力豪族
　　　　　　　➡　大伴・物部氏などの特定の職能でヤマト政権に仕えた有力豪族
君（きみ）・直（あたえ）　➡　ヤマト政権に服属した地方豪族

🔻 思考力を鍛える **POINT**

ヤマト政権の形成と古墳の関係は？

4世紀中頃までにみられる東日本への古墳の波及は，この地域がヤマト政権の支配に組み込まれたことを示している。また，5世紀の大仙陵古墳（だいせんりょう）や誉田御廟山古墳（こんだごびょうやま）など，近畿地方を中心にみられる前方後円墳の巨大化は，ヤマト政権の大王の権力が強大化したことと関係している。

「大王」銘文が大和政権の支配範囲についてもつ意味は？

熊本県江田船山古墳（えた）出土鉄刀と埼玉県稲荷山古墳（いなりやま）出土鉄剣に，「獲加多支鹵大王（ワカタケルおおきみ）」の名がみられる。それは，5世紀後半の雄略天皇の時代に，ヤマト政権による国土統一が広い範囲で進展したことを示している。

古墳の副葬品から推定される被葬者の性格の違いは？

前期古墳には呪術的な副葬品が多かったが，巨大前方後円墳に代表される中期古墳には鉄製の武器・武具の占める割合が高くなった。それは，前期古墳の被葬者が司祭者的な性格をもっていたのに対して，中期に入ると被葬者の武人的性格が強まってきたことを示している。

群集墳が出現した背景は？

古墳時代後期には，農業生産力の向上に伴って，それまで古墳をいとなむ階層ではなかった有力農民の間でも古墳の築造が可能になった。

4

古墳時代の遺物とヤマト政権

演習問題

問1　5世紀頃の墓や副葬品について述べた文として正しいものを，次の①
　　　〜④のうちから一つ選べ。

① このころの王墓の多くは，大型の方形周溝墓であった。

② このころの王墓の多くは，大型の円墳であった。

③ このころの大規模な墓の副葬品として，大量の鉄製武器や武具があげら
　れる。

④ このころの大規模な墓の副葬品は，剣などの青銅製武器が中心である。

問2　群集墳が現れた背景について述べた文として最も適当なものを，次の①
　　　〜④のうちから一つ選べ。

① 国司・郡司が各地に派遣され，その一族が葬られていたこと。

② 屈葬が民間に普及し，古墳が小型化したこと。

③ 豪族のみでなく有力農民も古墳を築造しうるようになったこと。

④ 耕地には班田収授法が施行されたので，平地に古墳を造れなくなったこ
　と。

問3　ヤマト政権の政治組織について述べた文として正しいものを，次の①
　　　〜④のうちから一つ選べ。

① ヤマト政権の最高首長が5世紀に天皇の称号を用いていたことは，江田
　船山古墳出土大刀の銘文などによって知られる。

② ヤマト政権の政治は，中央豪族の有力者である大臣・大連を中心として
　進められたが，大臣は蘇我氏などから，大連は大伴氏などから任用された。

③ ヤマト政権は，服属した地方豪族に対して忌寸や真人の姓を与え，国造
　に任命して地方の支配をゆだねた。

④ ヤマト政権下の豪族は，それぞれの私有地である部曲や私有民である食
　封を領有して，それらを経済的な基盤としていた。

第1章：原始・古代

4

古墳時代の遺物とヤマト政権

問4 ヤマト政権の政治組織について述べた文として誤っているものを，次の①〜④のうちから一つ選べ。

① ヤマト政権は，大王やその一族へ奉仕をしたり貢物をおさめたりする者を，名代・子代とした。

② ヤマト政権は，各地に直轄地である屯倉を配置し，地方豪族への支配を強めた。

③ ヤマト政権に服属した地方豪族には，直や君などの姓を与えた。

④ ヤマト政権は部曲を遣わして，地方の屯倉を耕作させた。

解答・解説

問1 正解 ③

① ［×］ 方形周溝墓が出現するのは弥生時代のこと。

② ［×］ 5世紀の王墓の多くは前方後円墳の形態。

③ ［○］ **UP** 古墳時代中期（5世紀頃）の大規模な前方後円墳としては，大仙陵古墳（大阪府），誉田御廟山古墳（大阪府）が有名。

④ ［×］ 青銅製武器は弥生時代の甕棺墓などに納められた副葬品。

問2 正解 ③

① ［×］ 全体が誤文。国司・郡司は律令制度下の地方官。

② ［×］ 全体が誤文。屈葬は縄文時代の埋葬法。

③ ［○］ **UP** 群集墳としては，岩橋千塚（和歌山県），新沢千塚（奈良県）が有名。

④ ［×］ 全体が誤文。班田収授法は律令制度下で施行。

問3 正解 ②

① ［×］ ヤマト政権の首長の称号は大王。天皇号は天武朝の頃から。

② ［○］ **UP** 6世紀後半，大臣蘇我馬子が大連物部守屋を滅ぼした。

③ ［×］ 忌寸や真人は，氏姓制度の姓でなく天武天皇が定めた八色の姓。

④ ［×］ ヤマト政権下の豪族の私有地は田荘，私有民は部曲。

問4 正解 ④

① ［○］

② ［○］

③ ［○］ **UP** 君は筑紫・毛野などの地方有力豪族，直は服属した国造に与えられた。

④ ［×］ ヤマト政権の直轄地である屯倉の耕作にあたったのは田部。

27

5　推古朝の政治と大化改新

知識を整理！

■ 推古朝の政治と外交

> ❗ 倭の五王の朝貢と遣隋使の外交姿勢の変化をおさえよう。▶ **史料**

共同政務 **➡** 摂政厩戸王(聖徳太子)，大臣蘇我馬子

内政改革 **➡** 冠位十二階の制(豪族を官吏として編成)

　　　　　　 憲法十七条(官僚である豪族に対する心得)

外交政策 **➡** 小野妹子を遣隋使として派遣(隋の冊封体制に属さない立場)

■ 飛鳥文化と大陸文化

> ❗ 中国南北朝文化や朝鮮文化の影響を受けていることを理解しよう。

寺院の建立 **➡** 厩戸王は法隆寺，蘇我氏は飛鳥寺を建立

仏教の興隆 **➡** 三経義疏(法華経・維摩経・勝鬘経の注釈書)成立

建築の技法 **➡** 礎石と瓦を用いた技法が大陸から伝わる

大陸文化の導入 **➡** 百済僧観勒が暦法，高句麗僧曇徴が紙・墨・絵の具
　　　　　　　　 の製法を伝える

■ 大化改新の背景と経過

> ❗ 改新政府が王権中心の中央集権をめざしたことを理解しよう。

背　景 **➡** 山背大兄王を滅ぼすなどした蘇我氏の専横を排除

　　　　　 律令にもとづく中央集権国家体制を築いた唐への接近

乙巳の変 **➡** 中大兄皇子と中臣鎌足が，蘇我蝦夷・入鹿父子を滅ぼす

人　事 **➡** 皇極天皇→孝徳天皇即位

　　　　　 中大兄皇子は皇太子，中臣鎌足は内臣に就任

　　　　　 国博士に高向玄理・旻を任命

遷　都 **➡** 飛鳥→難波へ

第1章：原始・古代

■ 改新の 詔 の内容

> ❗ 「私地私民」制から公地公民制への移行がめざされたことをおさえよう。

第一条 ➡ 皇族や豪族の私有地・私有民を廃止，公地公民制へ移行

第二条 ➡ 京・畿内や国・郡・里の地方行政組織を規定

　　　　　中央集権的な交通・軍事制度を導入

第三条 ➡ 戸籍・計帳を作成し，班田収授法を実施

第四条 ➡ 統一的な租税制度を施行

5

推古朝の政治と大化改新

史料をチェック ➡

★倭が，隋に臣属しない姿勢を示していることを読み取ろう！

　①大業三年，其の王②多利思比孤，③使を遣わして朝貢す。（中略）其の国書に曰く，「日出づる処の天子，書を日没する処の天子に致す，恙無きや，云々」と。④帝，之を覧て悦ばず，⑤鴻臚卿に謂ひて曰く，「蛮夷の書、無礼なる者有り，復た以て聞する勿れ」と。明年，④上，⑥文林郎裴清を遣して倭国に使せしむ。

『隋書』倭国伝

　　　　　　注　①607年　　②天皇　　③小野妹子　　④隋の煬帝
　　　　　　　　⑤隋の外交担当官　　⑥裴世清

▼ 思考力を鍛えるPOINT

若草伽藍跡の発掘が法隆寺再建論争に与えた影響は？

『日本書紀』に670年法隆寺焼失の記事があるため，再建・非再建をめぐる論争が起こった。若草伽藍跡の発掘により，これが最初に創建された法隆寺の建物で，その焼失後に現存の建物が再建されたとする説が有力となった。

木簡の発見によって明らかになった2つの史実は？

木簡は，木の札に墨書したもので，古代では文書・伝達手段として用いられた。①藤原京跡出土の木簡によって，大宝令が施行されるまでの地方行政単位は，「郡」ではなく「評」の文字が用いられていたことが確認された。②長屋王邸跡出土の木簡によって，当時の貴族の豊かな生活実態が明らかになった。

29

|演|習|問|題|

問1　推古朝の政策に関して述べた文として正しいものを，次の①～④のうち
　　　から一つ選べ。

①　5世紀以来とだえていた中国との交渉が，遣唐使の派遣により再開され
　　た。

②　豪族を官僚として編成するために，官位相当の制が定められた。

③　官僚としての心構えなどを説いた憲法十七条が制定された。

④　天皇の地位や由来，国家の歴史を明らかにするものとして『日本書紀』
　　が編纂された。

問2　改新の詔について述べた文として誤っているものを，次の①～④のうち
　　　から一つ選べ。

①　仏教を尊重し，各国に国分寺を建立することを定めている。

②　京・畿内や地方の行政制度を定めている。

③　中央集権的な交通・軍事の制度を定めている。

④　新しい租税制度を整備することを定めている。

問3　大化改新に関連して述べた文として正しいものを，次の①～④のうちか
　　　ら一つ選べ。

①　王権を強化するため直轄民として名代・子代が設置された。

②　評が廃止され，屯倉が設置された。

③　唐から帰国した吉備真備と玄昉が国博士に登用された。

④　皇極天皇にかわって孝徳天皇が即位し，難波に都を移した。

第1章：原始・古代

問4 次の文章の空欄 ア ～ ウ に入る語句の組合せとして正しいものを，次の①～④のうちから一つ選べ。

『日本書紀』の改新の詔には全国に ア を置いたと記されている。しかし イ の跡から出土した木簡によって，実は大宝令が施行されるまでは ウ の文字が用いられていたことがわかった。

① ア　評　　イ　平城京　　ウ　郡
② ア　評　　イ　藤原京　　ウ　郡
③ ア　郡　　イ　平城京　　ウ　評
④ ア　郡　　イ　藤原京　　ウ　評

解答・解説

問1 **正解** ③

① [×] 中国との交渉は遣隋使の派遣によって再開された。
② [×] 官位相当の制は位階と官職が相当して定められた律令制の規定。
③ [○] **UP** 憲法十七条は，仏教を新しい政治理念として尊重した。
④ [×] 『日本書紀』編纂は奈良時代。推古朝での編纂は『天皇記』『国記』。

問2 **正解** ①

① [×] 国分寺の建立は，741年に聖武天皇により命じられた。
② [○]
③ [○]
④ [○] **UP** 改新の詔には「田の調を行へ」とあり，田への課税が示された。

問3 **正解** ④

① [×] 改新の詔で皇族・豪族の私有地・私有民は廃止。
② [×] 地方行政単位は大宝律令以後に「評」から「郡」に代わった。また，改新の詔で屯倉の廃止が示された。
③ [×] 国博士に登用されたのは高向玄理と僧旻。
④ [○] **UP** 皇極天皇は孝徳天皇死後に重祚して斉明天皇となる。

問4 **正解** ④

『日本書紀』に記載されている改新の詔は，地方行政組織として，国・郡・里を定めたと述べている。しかし，藤原京跡から出土した木簡によって，大宝令施行以前は，「郡」でなく「評」の文字を用いていたことがわかった。

6 天智～持統朝の改革

知識を整理！

■ 律令国家形成時の遷都

❗ 天皇と都をセットにして，古い順に正しく配列できるようにしよう。

孝徳天皇の遷都 ➡ 難波長柄豊碕宮（645）

天智天皇の遷都 ➡ 近江大津宮（667）

天武天皇の遷都 ➡ 飛鳥浄御原宮（672）

持統天皇の遷都 ➡ 藤原京（694）

元明天皇の遷都 ➡ 平城京（710）

■ 天智天皇の政策

❗ 天智天皇と天武天皇の政策を混同しないようにしよう。 ▶ 年代 p.68

白村江の戦い（663） ➡ 唐・新羅の連合軍に敗退

戦後の防衛策 ➡ 大宰府に水城設置

九州北部に防人設置

近江令の制定（668） ➡ 日本最初の令

庚午年籍作成（670） ➡ 日本最初の全国的戸籍，氏姓の根本台帳

■ 天武天皇の政策

❗ 天武天皇が皇族を重用して皇親政治を行ったことを理解しよう。

壬申の乱（672） ➡ 天智天皇の弟である大海人皇子が，天智天皇の子の

大友皇子に勝利→天武天皇として即位

律令の編纂 ➡ 飛鳥浄御原令の編纂開始

八色の姓制定（684） ➡ 豪族を天皇中心の新しい身分秩序に編成

天皇の神格化 ➡ 『万葉集』に「大君は神にしませば」の表現

第1章：原始・古代

6 天智〜持統朝の改革

■ 持統天皇の政策

> ❗ 天武天皇の政策を継承して国家体制の充実をはかったことを理解しよう。

律令体制の形成 ➡ 飛鳥浄御原令の施行(689)
庚寅年籍作成(690) ➡ 6年ごとに戸籍をつくる体制が確立

■ 遣唐使の随行者と航路

> ❗ 遣唐使の航路を地図で確認しよう。 ▶ 地図

目　的 ➡ 中国を統一した唐の政治制度や先進文化の吸収
主な遣唐使 ➡ 7世紀初め　　最初の遣唐使　犬上御田鍬(630)
　　　　　　　8世紀初め　　玄昉・吉備真備・阿倍仲麻呂
　　　　　　　9世紀初め　　空海・最澄・橘逸勢
航路の変化 ➡ 7世紀　　　　安全な北路
　　　　　　　8〜9世紀　　危険な南路(新羅との関係悪化が原因)

地図をチェック　　遣唐使の航路

★初め北路をとったが，新羅との関係が悪化した8世紀以降，危険な南路をとった。

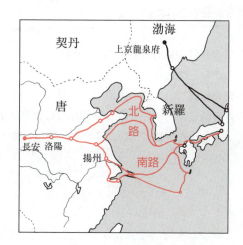

33

演習問題

問1 白村江の戦いの敗戦後，中大兄皇子（天智天皇）が行った施策について述べた文として正しいものを，次の①〜④のうちから一つ選べ。

① 防衛のために，九州に水城を築いた。

② 都を飛鳥から難波の地に遷した。

③ 都に防人を置いて防御に当たらせた。

④ 新羅と結んだ九州の豪族磐井の反乱を鎮圧した。

問2 天智天皇の時代の出来事を述べた文として正しいものを，次の①〜④のうちから一つ選べ。

① わが国最初の全国的戸籍として庚午年籍がつくられ，氏姓の根本台帳として重視された。

② 有力な皇位継承者と目されていた山背大兄王が，蘇我入鹿によって自殺に追いこまれた。

③ 豪族の新しい秩序を設けるため八色の姓が定められ，国史や律令の編纂がはじめられた。

④ 最初の本格的な銭貨として和同開珎が鋳造され，これを流通させるため蓄銭叙位令が発布された。

問3 天武天皇の在位中に行われたものの組合せとして正しいものを，下の①〜④のうちから一つ選べ。

Ⅰ　庚午年籍の作成　　　　Ⅱ　藤原京への遷都

Ⅲ　八色の姓の制定　　　　Ⅳ　飛鳥浄御原令の編纂開始

①　Ⅰ・Ⅱ　　②　Ⅱ・Ⅲ　　③　Ⅱ・Ⅳ　　④　Ⅲ・Ⅳ

第1章：原始・古代

6

天智〜持統朝の改革

問4 壬申の乱に関連して述べた文として**誤っている**ものを，次の①〜④のうちから一つ選べ。

① この内乱は，天智天皇の子の大友皇子を中心とする勢力と，天智天皇の弟の大海人皇子を中心とする勢力の間で戦われた。

② この内乱では，大海人皇子の軍が勝利し，大海人皇子は即位して天武天皇となった。

③ この内乱の終了後に，はじめて遣唐使が派遣され，国家制度の手本として唐の大宝律令が導入された。

④ この内乱の終了後に，八色の姓が定められ，諸豪族は新しい身分秩序に編成された。

解答・解説

問1 **正解** ①

① [○] **UP** 白村江の戦いの後，西日本各地には朝鮮式山城も設置。

② [×] 都を飛鳥から難波に移したのは，大化改新の時。

③ [×] 防人が設置されたのは，九州北部。

④ [×] 磐井の乱が起こったのは6世紀前半のこと。

問2 **正解** ①

① [○] **UP** 天智天皇は庚午年籍，持統天皇は庚寅年籍を作成。

② [×] 山背大兄王が自殺に追い込まれたのは大化改新以前。

③ [×] 八色の姓が制定されたのは天武天皇の時代。

④ [×] 和同開珎鋳造と蓄銭叙位令の発布は元明天皇の時代。

問3 **正解** ④

Ⅰ [×] 庚午年籍の作成は天智天皇。

Ⅱ [×] 藤原京への遷都は持統天皇。

Ⅲ [○] **UP** 八色の姓の最上位は皇室の子孫に与えられた真人。

Ⅳ [○] **UP** 飛鳥浄御原令を施行したのは持統天皇。

問4 **正解** ③

① [○] **UP** 壬申の乱の時，大海人皇子は東国から兵力を動員。

② [○] **UP** 大海人皇子は飛鳥浄御原宮で即位。

③ [×] 遣唐使が最初に派遣されたのは大化改新以前の630年のこと。

④ [○]

35

7　律令国家による支配領域拡大

知識を整理！

■ 律令で定められた地方行政区画

❗ 西海道は九州地方をさし，大宰府が統括したことも理解しよう。

全　国　➡　畿内＝大和・山城・摂津・河内・和泉
　　　　　　七道＝東海・東山・北陸・山陰・山陽・南海・西海道

行政組織　➡　国・郡・里（のち郷と改称）設置
　　　　　　それぞれに国司・郡司・里長を任命

■ 特別行政地区に置かれた管轄機関

❗ それぞれの要地に置かれた官庁を混同しないようにしよう。

左京職・右京職　➡　京の一般民政を管轄
摂津職　　　　　➡　政治・外交上の要地である難波を含む摂津国を管轄
大宰府　　　　　➡　外交・国防上の要地である九州を管轄

■ 律令国家の九州支配

❗ 律令国家が蝦夷だけでなく南九州も支配下に置いたことを理解しよう。

8世紀初め　➡　隼人の居住地に大隅国を設置してこれを服属させる
　　　　　　　種子島や屋久島などの薩南諸島も相次いで服属させる

■ 6〜7世紀の対朝鮮関係

❗ 6〜7世紀の日朝間の出来事の順序をおさえよう。▶ 年代 p.68

512年	大伴金村が「任那四県」を百済に割譲
527年	筑紫国造磐井が新羅と結んで反乱
562年	加耶（加羅）諸国が新羅によって滅亡
663年	白村江の戦いで唐・新羅の連合軍に大敗

第1章：原始・古代

■ 律令国家の蝦夷支配の進展

> ❗ 蝦夷支配の拠点の位置を地図で確認しよう。▶ 地図 ▶ 年代 p.68

7世紀中頃	日本海側に淳足柵・磐舟柵を設置
	（斉明天皇の時）阿倍比羅夫が秋田・津軽の蝦夷を服属
8世紀初め	日本海側に出羽国を設置
	太平洋側に多賀城を築いて陸奥国府と鎮守府を設置
9世紀初め	（桓武天皇の時）
	坂上田村麻呂が蝦夷の反乱を鎮定
	→胆沢城を築き鎮守府を移転，翌年志波城を設置

7 律令国家による支配領域拡大

▶ 地図をチェック　古代の東北地方要図

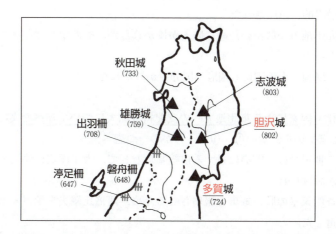

▼ 思考力を鍛える POINT

国司と郡司の性格の違いは？　国司は一国の民政・裁判を司るために中央貴族が一定の任期で派遣され，郡司は旧国造などの在地の豪族が終身官として任命されて国司の下で郡内の行政にあたった。

37

演習問題

問1 律令国家の地方制度について述べた文として正しいものを、次の①～④のうちから一つ選べ。

① 難波には特別行政機関として鎮守府が置かれた。
② 国司は無任期制であり、中央の貴族が派遣された。
③ 全国は大きく畿内と五道の行政区画に分かれていた。
④ 里には里長が置かれており、里はのちに郷と改名された。

問2 律令国家による九州地方服属について述べた文として誤っているものを、次の①～④のうちから一つ選べ。

① 種子島・屋久島なども律令国家に帰属した。
② 薩摩・大隅地方の隼人はしばしば中央政府に反抗したが、8世紀前半には最終的に鎮圧された。
③ 九州地方の防衛のために防人が置かれたが、その中心となったのは隼人であった。
④ 薩摩国・大隅国にも国府・国分寺が置かれた。

問3 律令国家による東北地方への支配領域拡大について述べた文として誤っているものを、次の①～④のうちから一つ選べ。

① 7世紀半ば、蝦夷に対する前線基地として、太平洋側に渟足・磐舟の2柵が設けられた。
② 斉明天皇の時、蝦夷を服属させるため、阿倍比羅夫を秋田・津軽方面に派遣した。
③ 奈良時代、蝦夷支配の拠点となった多賀城に鎮守府が置かれた。
④ 桓武天皇の時、征夷大将軍となった坂上田村麻呂は胆沢城を築いた。

問4 古代国家は、地域住民による抵抗に出会いながら支配の領域を広げていった。ア～ウの史料が示す事件はどこの地域で起こった出来事か。それぞれの出来事と地図上の記号との組合せとして正しいものを、下の①～⑤のうちから一つ選べ。

ア 「磐舟柵を治めて、以て蝦夷に備う。遂に越と信濃の民を選びて、始めて柵戸を置く。」〔『日本書紀』大化4年(648年)条〕

第1章：原始・古代

イ 「太宰府奏言す。隼人反して大隅国守陽侯 史麻呂を殺すと。」〔『続日本紀』養老4年（720年）2月29日条〕

ウ 「従三位坂上宿禰田村麿を遣わして，陸奥国胆沢城を造らしむ。」〔『日本紀略』延暦21年（802年）正月9日条〕

① アーa イーf ウーc
② アーd イーi ウーb
③ アーe イーh ウーd
④ アーd イーg ウーc
⑤ アーe イーi ウーb

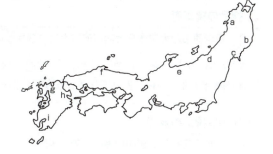

7 律令国家による支配領域拡大

解答・解説

問1 **正解** ④

① [×] 難波を管轄したのは摂津職。
② [×] 国司は任期制（6年，のち4年）。
③ [×] 全国は畿内と七道に区分された。
④ [○] **UP** 8世紀初め，里は郷に改められ，里長も郷長に改称。

問2 **正解** ③

① [○]
② [○]
③ [×] 防人は全国の兵士から3年交代で選ばれ，主に東国の農民を派遣。
④ [○] **UP** 国府とは国衙の所在地で，国分寺を設置するのが原則。

問3 **正解** ①

① [×] 淳足柵・磐舟柵の所在地は，現在の新潟県で日本海側。
② [○]
③ [○] **UP** 鎮守府は9世紀初めに胆沢城に移転。
④ [○]

問4 **正解** ②

ア 磐舟柵は大化改新後，日本海側の越後国に設置。
イ 大隅国は鹿児島県東半部。720年，隼人は大乱を起こしたが鎮圧された。
ウ 胆沢城は9世紀初め，陸奥国の北上川中流域に設置。

39

8 律令制下の貴族と農民

知識を整理！

■ 律令の編纂者

❗ 養老律令が大宝律令と内容的に大差がなかったこともおさえよう。

大宝律令（701） ➡ 刑部親王・藤原不比等が編纂

養老律令（718） ➡ 藤原不比等が編纂（大宝律令を改訂）

■ 班田収授法の要点

❗ 9世紀初めには班田収授の実施が困難になっていたことをおさえよう。

戸の編成 ➡ 50戸を1里に編成

班田の便宜 ➡ 国家が田地を整然と区画して条里制を施行

口分田の班給 ➡ 男性は2段（720歩）

女性は1段120歩（480歩）＝男性の3分の2

■ 律令支配下の農民の租税負担

❗ 農民の困窮した生活は山上憶良の「貧窮問答歌」に描写されている。

租 ➡ 田1段につき稲2束2把（収穫の約3％）→地方の財源

調 ➡ 絹・糸・綿など郷土の特産物を納める→中央の財源

庸 ➡ 都での労役（歳役）に代えて麻布を納める→中央の財源

雑徭 ➡ 地方での労役（正丁で年間60日以下）

出挙 ➡ 春に稲を貸しつけ，秋の収穫の際に利息とともに返還

兵役 ➡ 正丁3～4人に1人の割合で兵士を徴発

■ 八省のうち次の四省の政務

❗ 租税は大蔵省（出納や物価を司る）ではなく民部省が扱ったことをおさえよう。

中務省 ➡ 詔勅の作成などを司る

式部省 ➡ 文官人事や学校などを司る

治部省 ➡ 外交や陵墓・僧尼などを司る

民部省 ➡ 戸籍や租庸調などの民政を司る

第1章：原始・古代

■ 律令支配下の身分制度

!> 五色の賤に班給される口分田面積の違いをおさえよう。

身分制度 ➡ 人民を良民と賤民とに区別
五色の賤（ごしき せん） ➡ 陵戸（りょうこ）・官戸（かんこ）・公奴婢（くぬひ）

（官有で，口分田班給は良民と同額）

家人（けにん）・私奴婢（しぬひ）

（私有で，口分田班給は良民の3分の1）

賤民の租税 ➡ 調庸などの課役を納める義務なし

▼ 思考力を鍛える POINT ━━━━━━

律と令の性格の違いは？

律は現在の刑法に相当して刑罰を規定し，令は現在の民法・行政法などの一般法規に相当している。

戸籍と計帳の性格の違いは？

戸籍が班田収授を実施するための基本台帳として6年ごとに作成されたのに対して，計帳は調・庸を賦課するための台帳として毎年作成された。

諸官庁に勤務する官人（貴族）にはどのような特権があったか？

経済的特権としては，調・庸・雑徭の負担を免除され，位階や官職に応じて封戸・田地・禄（ろく）を支給された。また身分的特権には，位階に応じた官職に任命される官位相当の制，五位以上の貴族の子は父の位階に応じて一定の位階を与えられる蔭位の制（おんい）などがあった。

8

律令制下の貴族と農民

41

演習問題

問1 大宝律令に関して述べた文として正しいものを，次の①〜④のうちから一つ選べ。

① 八色の姓が，はじめて規定された。
② 刑部親王らによって編纂された。
③ 部民制が，はじめて規定された。
④ 養老律令の改訂法として編纂された。

問2 律令国家の人民支配に関して述べた文として誤っているものを，次の①〜④のうちから一つ選べ。

① 100戸を1里に編成し，里ごとに里司を置いた。
② 調庸を課す基本台帳として，毎年計帳を作成した。
③ 班田収授・氏姓確認の基本台帳として，6年ごとに戸籍を作成した。
④ すべての人民を，身分の上で良民と賤民に分けて支配した。

問3 律令制下の税制度について述べた文として正しいものを，次の①〜④のうちから一つ選べ。

① 調とは，麻布などの各地の特産物を，地方の役所に納めるものである。
② 庸とは，都での歳役の代わりに，麻布などを中央政府に納めるものである。
③ 雑徭は，京・畿内以外では麻布で代納する規定であった。
④ 調・庸・雑徭は，良民の一員である官人にも賦課された。

問4 古代の律令制に定められた刑罰に関連して述べた次の文Ⅰ〜Ⅳについて，正しいものの組合せを，下の①〜④のうちから一つ選べ。

Ⅰ 律は，犯罪とそれに対する刑罰について定めた法典である。
Ⅱ 令は，犯罪とそれに対する刑罰について定めた法典である。
Ⅲ 治部省は，刑罰に関する政務を担当した。
Ⅳ 刑部省は，刑罰に関する政務を担当した。

① Ⅰ・Ⅲ　　② Ⅰ・Ⅳ　　③ Ⅱ・Ⅲ　　④ Ⅱ・Ⅳ

第1章：原始・古代

8

律令制下の貴族と農民

問5　私奴婢について述べた文として誤っているものを，次の①〜④のうちから一つ選べ。

　① この奴婢には，良民と同じ面積の口分田が与えられた。

　② この奴婢は，馬牛・稲銭と等しく，財産とみなされた。

　③ この奴婢には，調庸は賦課されなかった。

　④ この奴婢は，陵戸・官戸・家人と同じく五色の賤の一つである。

解答・解説

問1　**正解** ②

　① ［×］八色の姓は天武天皇の政策。

　② ［○］

　③ ［×］部民は大王や豪族に隷属した労働集団で，ヤマト政権下で規定された。

　④ ［×］養老律令が大宝律令の改訂法。718年に制定。

問2　**正解** ①

　① ［×］人民は50戸ずつの里に組織され，正丁の中から里長を選出。

　② ［○］

　③ ［○］

　④ ［○］**UP** 良民には貴族や公民のほか，特殊技術者の品部・雑戸も含まれる。

問3　**正解** ②

　① ［×］調は中央政府に納入した。

　② ［○］**UP** 正丁の場合，歳役10日に代えて麻布2丈6尺を納めた。

　③ ［×］雑徭は年間60日以内の地方での労役。

　④ ［×］諸官庁に勤務する官人は，調・庸・雑徭の負担を免除。

問4　**正解** ②

　Ⅰ ［○］**UP** 律は刑罰法に相当。

　Ⅱ ［×］令は行政組織や租税などを定め，行政法・民法に相当。

　Ⅲ ［×］治部省は主に外交や仏事を司った。

　Ⅳ ［○］

問5　**正解** ①

　① ［×］私奴婢に班給される口分田面積は良民の3分の1。

　② ［○］**UP** 家人と私奴婢は民間の私有とされた。

　③ ［○］

　④ ［○］

9　平城京と奈良時代の政治

知識を整理！

■ 奈良時代の政権担当者と政策

> ❗ 奈良時代の天皇の政策の順序をおさえよう。

藤原不比等 ➡ 大宝律令（文武天皇の命）や養老律令を制定
　　　　　　　　元明天皇の平城京遷都に尽力

長屋王 ➡ 天武天皇の孫，左大臣として皇族勢力を代表
　　　　　　元正天皇の下で三世一身法を制定

藤原四子 ➡ 藤原不比等の4人の子，策謀により長屋王を自殺させる
　　　　　　　妹の光明子を聖武天皇の皇后とする

橘　諸兄 ➡ 玄昉と吉備真備を重用
　　　　　　　聖武天皇の下で墾田永年私財法を制定

藤原仲麻呂 ➡ 光明皇太后の信任，淳仁天皇から恵美押勝の名を賜わる

道　鏡 ➡ 仏教勢力を代表，孝謙太上天皇（重祚して称徳天皇）の信任

藤原百川 ➡ 天智天皇の孫の光仁天皇を擁立，律令政治再建に着手

■ 奈良時代の政変

> ❗ 政変の順序を正しく配列できるようにしよう。

長屋王の変（729）　➡　長屋王が光明子立后に反対，藤原四子の策謀で自殺

藤原広嗣の乱（740）　➡　橘諸兄政権の玄昉・吉備真備の排除を目的

橘奈良麻呂の変（757）　➡　藤原仲麻呂の勢力排除を策謀

藤原仲麻呂の乱（764）　➡　道鏡の勢力排除が目的

第1章：原始・古代

9 平城京と奈良時代の政治

■ 平城京と社会

> ❗ 平城京の構造を図版で確認しよう。▶ 図版

<u>朱雀大路</u>（すざくおおじ）	→	都の中央を南北にはしる大路
街区	→	大路の東側が<u>左京</u>，西側が<u>右京</u>
<u>大内裏</u>（だいだいり）	→	都の中央北に位置する内裏や各官庁を含む地域
東市と西市	→	<u>市司</u>（いちのつかさ）が監督して，物価などを管理（官設）
銭貨鋳造	→	<u>和同開珎</u>（わどうかいちん），政府は流通を目的に<u>蓄銭叙位令</u>施行（効果薄）
交通制度	→	都から地方への官道（駅制を整備）

図版をチェック　平城京

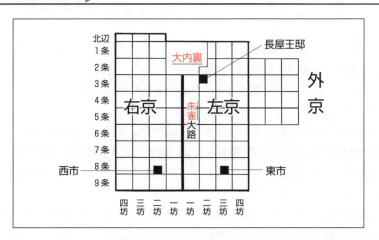

★縦に区切った区画が条，横に区切った区画が坊。長屋王邸は「左京の三条二坊」

◐ 思考力を鍛える POINT

藤原広嗣の乱によって動揺した聖武天皇の動向は？

藤原広嗣（ひろつぐ）の乱に動揺した聖武天皇は，<u>恭仁</u>（くに）・<u>難波</u>（なにわ）・<u>紫香楽宮</u>（しがらきのみや）と都を転々と移した。その一方で，仏教の鎮護国家思想によって国家の安定をはかろうと考え，<u>国分寺建立の詔</u>と<u>大仏造立の詔</u>を発した。

演習問題

問1 平城京の概略図について述べた文として誤っているものを，次の①〜④のうちから一つ選べ。

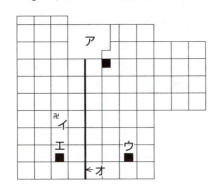

① アは平城宮（大内裏）で，内裏や諸官庁などが置かれた。
② イの寺院が位置するのは，左京の二条六坊である。
③ ウ・エは東西の市で，市司が管理にあたった。
④ オの道路は，京の中央部を南北に通る朱雀大路である。

問2 8世紀に藤原氏が関係した事件について述べた文として誤っているものを，次の①〜④のうちから一つ選べ。
① 橘奈良麻呂は，旧豪族の力を合わせて藤原仲麻呂の専権に対抗しようとしたが，逆に仲麻呂によって倒された。
② 藤原広嗣は，聖武天皇の信任厚い玄昉や吉備真備らの排除を求めて大宰府で反乱を起こし，失敗に終わったが，政界に大きな動揺を与えた。
③ 藤原不比等没後に政界を主導した橘諸兄を自殺に追い込んだ事件は，不比等の4子による策謀であった。
④ 藤原仲麻呂は，淳仁天皇を擁立して権勢をふるったが，光明皇太后が没すると孝謙太上天皇と道鏡の勢力に追いつめられた。

問3 奈良時代の貴族について述べた文として誤っているものを，次の①〜④のうちから一つ選べ。
① 貴族には，朝廷から封戸を得るなどの特権が与えられた。
② 藤原不比等の4人の男子が，長屋王を自殺させて政権を握った。
③ 藤原仲麻呂の政治に不満をもつ貴族が，橘諸兄を中心に反乱を起こした。
④ 貴族の子や孫には，蔭位の制によって一定の位階の授与が保証されていた。

第1章：原始・古代

9

平城京と奈良時代の政治

問4　長屋王に関して述べた次のa〜dについて，正しいものの組合せを，下の①〜④のうちから一つ選べ。

a　長屋王は親王（天皇の子や兄弟）と記されているが，天武天皇の孫である。

b　長屋王には，平城宮内に広大な邸宅が与えられた。

c　長屋王は，藤原不比等によって自殺させられた。

d　長屋王の死後，藤原不比等の娘の光明子が皇后になった。

①　a・c　　②　a・d　　③　b・c　　④　b・d

解答・解説

問1　**正解** ②

①　［○］

②　［×］イの寺院の位置は右京の六条二坊。

③　［○］**UP** ウが左京の東市，エが右京の西市。

④　［○］**UP** 朱雀大路によって東の左京と西の右京に区分。

問2　**正解** ③

①　［○］**UP** 橘奈良麻呂は諸兄の子。

②　［○］

③　［×］藤原四子の策謀により自殺に追い込まれたのは長屋王。

④　［○］**UP** 藤原仲麻呂の乱後，孝謙太上天皇が重祚して称徳天皇。

問3　**正解** ③

①　［○］**UP** 貴族には位階や官職に応じて封戸・田地・禄が支給された。

②　［○］**UP** 長屋王の変後，藤原四子は妹の光明子を皇后に立てた。

③　［×］藤原仲麻呂に対して反乱を起こしたのは橘奈良麻呂。

④　［○］

問4　**正解** ②

a　［○］**UP** 長屋王は天武天皇の孫で，壬申の乱で活躍した高市皇子の子。

b　［×］天皇以外の皇族，貴族の邸宅は平城宮の外にあった。

c　［×］長屋王を自殺に追い込んだのは，藤原不比等の子の藤原四子。

d　［○］**UP** 光明子は藤原四子の妹。

10 桓武・嵯峨天皇の律令再建策

知識を整理！

■ 桓武天皇の政策

> ❗ 勘解由使と健児の制は，設置の背景とあわせて理解しよう。

遷　都	➡	寺院勢力の強い奈良を離れて山背（城）の新京へ
		（長岡京→10年後の794年に平安京へ）
勘解由使設置	➡	解由状を審査して国司引継に対する監督を強化
健児の制発足	➡	軍団を廃止（東北・九州などを除く）
		郡司の子弟を採用して国府を守備
蝦夷対策	➡	征夷大将軍に坂上田村麻呂を任命して派遣

■ 嵯峨天皇の政策

> ❗ 桓武天皇と嵯峨天皇の政策を混同しないようにしよう。

政　争	➡	平城太上天皇の復位をはかった薬子の変を弾圧
蔵人頭設置	➡	天皇の側近として機密事項を扱う官の長官
		薬子の変の直前に北家の藤原冬嗣らを任命
検非違使設置	➡	京内の警察・裁判を職務
公営田設置	➡	大宰府管内に直営方式の田を設置
格式の編纂	➡	弘仁格式の編纂
		（その後編纂された清和天皇の貞観格式と醍醐天皇
		の延喜格式とをあわせて三代格式とよぶ）
蝦夷対策	➡	征夷将軍に文室綿麻呂を任命して平定完了

48

第1章：原始・古代

▼ 思考力を鍛える **POINT**

9世紀に成立した『令義解』と『令集解』の性格の違いは？	『令義解』は官撰の注釈書で，令の解釈を統一するために政府が編纂したものであるが，『令集解』は私撰の注釈書で，多くの解釈を集成したものである。
格と式の性格の違いは？	格は律令条文を補足修正する法令，式は律令を実際に運営するための施行細則である。
平安初期に設置された令外官の意味と目的は？	意味　令外官は，大宝律令制定以後に新設された令制にない官職をさし，勘解由使・蔵人頭・検非違使などがこれにあたる。 目的　令の政治機構を簡素で実質的にすることによって官司や役人の整理をはかり，財政を再建しようとする目的があった。
9世紀に調・庸などの租税の納入が減少した背景は？	租税が減少した背景は，調や庸などの負担から逃れようとする農民の浮浪・逃亡が増え，さらに戸籍に男子の数を少なく記載する偽籍が横行して，人民の把握が困難になったためである。
政府は租税減少を補うためにどのような田を設置したか？	政府は租税の減少を補うため，畿内に官田，大宰府管内に公営田といった直営方式の田を設けて財源確保に努めた。

10

桓武・嵯峨天皇の律令再建策

49

演習問題

問1 桓武天皇の時代の改革策に関して述べた文として正しいものを，次の①～④のうちから一つ選べ。

① 役人の監察をつかさどるため，新しく弾正台を設置した。

② 東北・九州などを除いて軍団・兵士を廃止し，郡司の子弟を健児とした。

③ 京内の治安維持をつかさどる検非違使を設置した。

④ 畿内に官田を，大宰府管内に公営田を置き，財源確保を図った。

問2 嵯峨天皇の政策に関して述べた文として正しいものを，次の①～④のうちから一つ選べ。

① 畿内に直営の公営田を設置して，租税を確保しようとした。

② 8世紀以来出されていた格と式を，延喜格式として編纂した。

③ 銭貨の流通を促すために，蓄銭叙位令を施行した。

④ 京内の治安維持を目的として，検非違使を設置した。

問3 律令格式について述べた文として正しいものを，次の①～④のうちから一つ選べ。

① 格は律令の施行細則であり，式は律令を補足・修正したものである。

② 令の解釈を統一するため，公式の注釈書である『令義解』が作られた。

③ 延暦・弘仁・貞観の各年間に集成・編纂された格式を，三代格式という。

④ 格や式が集成・編纂されたことにより，養老律令の効力は停止された。

問4 令外の官に関して述べた文として正しいものを，次の①～④のうちから一つ選べ。

① 平安時代初期には令に規定された官司や役人が整理され，財政の再建がはかられた。

② 聖徳太子が任じられたという推古朝の摂政は，令外の官の一つとして置かれた。

③ 嵯峨天皇の時に置かれた蔵人頭の主要な職務は，朝廷の蔵の管理であった。

④ 宮城の警備にあたった衛門府などの五衛府も，令外の官である。

第1章：原始・古代

解答・解説

問1 **正解** ②

① ［×］弾正台は大宝律令で定められた二官八省一台五衛府のうちの一つ。

② ［○］

③ ［×］検非違使の設置は嵯峨天皇の時。

④ ［×］公営田の設置は嵯峨天皇の弘仁年間，官田の設置は9世紀後半。

問2 **正解** ④

① ［×］公営田は畿内ではなく大宰府管内に設置。

② ［×］嵯峨天皇の時代に編纂されたのは弘仁格式。延喜格式の編纂は醍醐天皇。

③ ［×］蓄銭叙位令の施行は奈良時代の元明天皇の時。

④ ［○］**UP** 検非違使は令制の刑部省・弾正台などの機能を吸収した。

問3 **正解** ②

① ［×］律令を補足・修正したものが格，式は施行細則。

② ［○］**UP** 官撰の注釈書は『令義解』，私撰の注釈書は『令集解』。

③ ［×］三代格式の編纂は，弘仁・貞観・延喜の順。

④ ［×］格式の編纂によって養老律令の効力が停止されることはない。

問4 **正解** ①

① ［○］**UP** 平城天皇は，令で定められた官司や官人を整理し，財政を緊縮した。

② ［×］令外官は大宝令制定以後に新設されたものであるから，推古朝の摂政はこれに該当しない。

③ ［×］蔵人頭の職務内容に誤り。蔵人頭は天皇側近で機密文書を扱う。

④ ［×］五衛府は令制で定められた官職。

11　摂関政治期の中央と地方

知識を整理！

■ 国司職の売位・売官の風潮

⚠ 国司支配の実態を史料で読み取ろう。▶ 史料

成功（じょうごう）→ 朝廷の行事や造営費用を負担して国司の地位を得ること

重任（ちょうにん）→ 成功などによって同一の国司に再任されること

遙任（ようにん）→ 国司が任国に赴任せず目代（もくだい）を派遣して収入だけを得ること
　　　　　　　　在庁官人とよばれる地方豪族が国衙（こくが）で実務

受領（ずりょう）→ 任国に赴任した最上級の国司（多くは国守（こくしゅ））

■ 藤原氏の他氏排斥事件

⚠ 藤原氏の他氏排斥事件の順序をおさえよう。▶ 年代 p.69

藤原良房　→　承和の変（じょうわ）（842）で伴健岑（とものこわみね）・橘逸勢を流罪

　　　　　　　応天門の変（866）で伴善男（とものよしお）を伊豆に流罪

藤原基経　→　阿衡の紛議（あこう）（887〜88）で関白の地位を確立

藤原時平　→　右大臣菅原道真を大宰府に左遷（901）

藤原実頼（さねより）→　安和の変（あんな）（969）で源高明（たかあきら）を大宰府に左遷

■ 摂関政治確立期（9世紀後半）の藤原氏

⚠ 摂政は天皇が幼少の時に，関白は成人後に置かれたことを理解しよう。

藤原良房　→　幼少の清和天皇が即位した際に実質的に摂政

藤原基経　→　光孝天皇が即位した際に実質的に関白

■ 摂関政治全盛期（11世紀前半）の藤原氏

⚠ 藤原道長が詠んだ「望月の歌」を史料で読み取ろう。▶ 史料

藤原道長　→　3代の天皇の外祖父として摂関政治全盛期

藤原頼通　→　50年にわたって摂政・関白

52

第1章：原始・古代

11

摂関政治期の中央と地方

史料をチェック

★郡司・百姓らが国司の悪政を中央に上訴したことを理解しよう！

裁断せられむことを請ふ，当国の守[藤原]朝臣[元命]，三箇年の内に責め取る非法の官物，幷せて濫行横法三十一箇条の愁状

一，裁断せられむことを請ふ，①例挙の外に三箇年の収納，暗に以て加徴せる正税四十三万千二百四十八束が息利の十二万九千三百七十四束四把一分の事

（『尾張国郡司百姓等解』）

注　①定例の出挙

★摂関政治最盛期の道長の栄華を読み取ろう！

①太閤，②下官を招き呼びて云く，「和歌を読まむと欲す，必ず③和すべし」者。答へて云く，「何ぞ和し奉らざらむや」。又云ふ，「誇りたる歌になむ有る。但し④宿構に非ず」者。「此の世をば我が世とぞ思ふ望月の　かけたることも無しと思へば」。

（『小右記』）

注　①藤原道長　②『小右記』の筆者藤原実資
　　③返歌をよむ　④あらかじめ準備したもの

🔻 思考力を鍛える POINT

10世紀以降，国司職が利権視された背景は？

律令体制の崩壊が顕著になると，政府は国司に租税の納入を請け負わせ，一国内の統治や徴税を委任する方針に転換した。そのため地方支配に果たす国司の役割は大きくなり，その地位は利権視された。

国司はどのような徴税方法をとったか？

国司は有力農民である田堵に田地の耕作を請け負わせ，田地を名（名田）という課税単位に編成したうえで，名の面積に応じて租税を徴収した。

国司は公領をどのように再編成したか？

郡・郷・保などの新しい単位に再編成し，在地領主や開発領主を郡司・郷司・保司に任命して徴税を請け負わせた。

53

演習問題

問1 平安時代の地方支配方式の転換について述べた文として**誤っているもの**を，次の①〜④のうちから一つ選べ。

① 浮浪・逃亡・偽籍などのため，戸籍・計帳による人民の把握が困難になった。

② 班田制を放棄して，惣村に年貢・公事の納入を請け負わせることにした。

③ 国司に徴税や地方支配の権限を大幅にゆだねるようになった。

④ 国司の地位は利権視され，また任命されても赴任しない国司が増えた。

問2 摂関時代の地方政治の様相について述べた文として**正しいもの**を，次の①〜④のうちから一つ選べ。

① 国衙では，国司に代わって，その地方の豪族から選ばれた本家・領家という役人が行政の実務にあたった。

② 尾張国では，国司藤原秀衡がその暴政によって郡司・百姓から訴えられ，停職させられた。

③ 地方政治に果たす郡司の役割が大きくなり，有力な郡司の中には知行国主となる者が現れた。

④ 任国に赴任せず，代わりに目代を派遣して政務にあたらせる遙任の国司が多くなった。

問3 平安時代の政変について述べた次の文Ⅰ〜Ⅲの空欄　**ア**　〜　**ウ**　に入る人物の組合せとして正しいものを，下の①〜⑥のうちから一つ選べ。

Ⅰ　承和9年，　**ア**　らが恒貞親王の即位を企てたとして，流罪になった。

Ⅱ　貞観8年，　**イ**　が応天門に放火したとして，伊豆に流罪になった。

Ⅲ　安和2年，　**ウ**　が為平親王の即位を企てたとして，大宰府に左遷された。

①	ア	橘逸勢	イ	源高明	ウ	伴善男
②	ア	源高明	イ	伴善男	ウ	橘逸勢
③	ア	橘逸勢	イ	伴善男	ウ	源高明
④	ア	伴善男	イ	源高明	ウ	橘逸勢
⑤	ア	源高明	イ	橘逸勢	ウ	伴善男
⑥	ア	伴善男	イ	橘逸勢	ウ	源高明

第1章：原始・古代

11

摂関政治期の中央と地方

問4 受領の任国支配について述べた文として誤っているものを，次の①～④のうちから一つ選べ。

① 任国内の課税対象となる土地を名という単位にわけ，そこから租税を徴収するようになった。

② 都から任国に在庁官人を派遣して，政務の処理に当たらせるようになった。

③ 任国内の公領を郡・郷・保などの所領の単位に再編成していった。

④ 押領使・追捕使などとともに，国内の治安維持に当たるようになった。

解答・解説

問1 **正解** ②

①［○］

②［×］国司は惣村ではなく田堵に年貢や公事の納入を請け負わせた。惣村の成立は鎌倉後期以降。

③［○］ **UP** 国司の果たす役割が大きくなったため，郡司の役割は衰えた。

④［○］

問2 **正解** ④

①［×］遙任国司の場合の国衙は在庁官人とよばれる地方豪族が実務。

②［×］尾張国郡司百姓等解で訴えられたのは，国司藤原元命。

③［×］役割が大きくなったのは国司，知行国制度が広まるのは院政期。

④［○］

問3 **正解** ③

Ⅰ 承和の変に関する記述で，空欄アには橘逸勢が入る。

Ⅱ 応天門の変に関する記述で，空欄イには伴善男が入る。

Ⅲ 安和の変に関する記述で，空欄ウには源高明が入る。

問4 **正解** ②

①［○］ **UP** 律令制下の人身課税は崩れ，土地課税を基本とする支配体制が構築された。

②［×］都から派遣されたのは目代。在庁官人は国衙において実質的に執務にあたった役人で，現地の有力豪族が任命された。

③［○］ **UP** 国内が荘園と公領で編成される体制を荘園・公領制という。

④［○］ **UP** 受領は土着して武士に成長する者もあった。

12 　荘園制度の移り変わり

知識を整理！

■ 初期荘園成立の契機になった法令

> ❗ 墾田永年私財法の内容を史料で読み取ろう。 ▶ 史料 ▶ 年代 p.68

三世一身法(723) ➡ 新たに灌漑施設をつくり開墾した者は三代，旧来の施設を利用した者は本人一代の私有を公認

墾田永年私財法(743) ➡ 開墾地は，面積を限って永久私有を公認

加墾禁止令(765) ➡ 道鏡政権下で発令，寺院以外の開墾禁止

■ 寄進地系荘園の構造

> ❗ 荘園の寄進の様子を史料で読み取ろう。 ▶ 史料

領　家 ➡ 開発領主から最初に寄進を受けた荘園領主

本　家 ➡ 領家から重ねて寄進を受けた場合の上級領主

荘　官 ➡ 開発領主が荘園の管理者(預所・下司・公文など)

■ 荘園の租税上の扱い

> ❗ 初期荘園と寄進地系荘園の租税上の扱いの違いをおさえよう。

初期荘園 ➡ 墾田は租を納めるべき輸租田

寄進地系荘園 ➡ 独立性を強め，租税を免除される不輸の権を獲得

検田使の立入りを拒否する不入の権も獲得

史料をチェック

★墾田の永久私有を認めた背景を読み取ろう！

　墾田は①養老七年の格に依るに，限満つるの後，例に依りて収授す。是に由りて，農夫怠り倦み，開地復た荒る。自今以後，任に私財と為し，三世一身を論ずること無く，咸悉く[永年]取ること莫れ。　　　　　（『続日本紀』）

注 ①三世一身法

56

第1章：原始・古代

★寄進地系荘園の構造を理解しよう！

鹿子木の事　一，当寺の相承は，[開発領主]沙弥寿妙嫡々相伝の次第なり。

一，寿妙の末流の高方の時，権威を借らんがために，実政卿を以て[領家]と号し，年貢四百石を以て割き分ち，高方は庄家領掌進退の[預所]職となる。

一，実政の末流の願西①微力の間，国衙の②乱妨を防がず。この故に願西，[領家]得分二百石を以て，高陽院内親王に寄進す。…その後，美福門院の御計として御室に進付せらる。これ則ち[本家]の始めなり。　（『東寺百合文書』）

注　①力が弱かったので　②不当な干渉

🔻 思考力を鍛える POINT

墾田永年私財法がもたらした結果は？

有力な貴族や大寺社は，国司や郡司の協力を得，付近の農民に土地を貸す賃租経営によって大規模な開墾を行い，初期荘園を成立させた。

11世紀以降，寄進地系荘園が成立した背景は？

班田収授が実施されなくなると，公領は田堵とよばれる有力農民によって請作された。大規模な開墾で土地の私有権を強めた有力田堵（大名田堵）は開発領主とよばれ，国司の圧力を排除するために中央の権力者に荘園を形式的に寄進し，自らは荘官となって実質的な領主権の確保をはかった。

寄進地系荘園内の耕作と徴税はどのようであったか？

荘園内の耕地は名田とよばれ，田堵から成長した名主とよばれる有力農民に割りあてられた。名主は，下人などの隷属農民に名田を耕作させながら，年貢（主に米）や公事（特産物など）を領主に納めた。

後三条天皇が発した延久の荘園整理令の内容と結果は？

内容　国司に整理をゆだねるのではなく，中央に設置された記録荘園券契所が証拠書類を審査し，基準に合わない荘園を停止する方法をとった。

結果　整理の対象は摂関家にも及ぶなど整理令は一定の成果をあげ，没収された荘園は公領に組み込まれた。

演習問題

問1 「今より以後は，任に私財と為し，三世一身を論ずること無く，咸悉く永年取ること莫かれ」という法令について述べた文として最も適当なものを，次の①～④のうちから一つ選べ。

① 開墾地の私有を一身に限って認めた三世一身の法である。

② 開墾地の私有を三世にわたって認めた墾田永年私財法である。

③ 開墾地の私有を永年にわたって認めた墾田永年私財法である。

④ 開墾地の私有が永年にわたることを否定した三世一身の法である。

問2 初期荘園について述べた文として誤っているものを，次の①～④のうちから一つ選べ。

① 墾田を集積した初期荘園の多くは，田租を免除された。

② 墾田を集積した初期荘園の多くは，賃租によって経営された。

③ 墾田を集積した初期荘園の経営には，国司や郡司の協力があった。

④ 墾田を集積した初期荘園の経営のために，荘が設置された。

問3 次の史料に関して述べた文として誤っているものを，下の①～④のうちから一つ選べ。

鹿子木の事

一，当寺の相承は，開発領主沙弥（注1）寿妙嫡々相伝の次第なり。

一，寿妙の末流高方（注2）の時，権威を借らんがために，実政卿（注3）を以て領家と号し，年貢四百石を以て割き分ち，高方は庄家領掌進退の預所職となる。

一，実政の末流願西（注4）微力の間，国衙の乱妨を防がず。この故に願西，領家得分二百石を以て，高陽院内親王に寄進す。……これ則ち本家の始めなり。

（注1）沙弥：在俗の僧。　　（注2）高方：中原高方。寿妙の孫。

（注3）実政卿：藤原実政（1019～1093年）。当時，大宰大弐であった。

（注4）願西：藤原隆通の法名。藤原実政の曽孫。

① 開発領主寿妙の寄進により，藤原実政が領家となった。

② 開発領主寿妙の孫中原高方は，現地を管理する預所となった。

③ 実政の曽孫願西は，国衙の干渉を防ぐため，収益の一部を寄進した。

④ 実政の曽孫願西の寄進により，高陽院内親王が本家となった。

第1章：原始・古代

12

荘園制度の移り変わり

問4　後三条天皇が断行した荘園整理について述べた文として正しいものを，次の①〜④のうちから一つ選べ。

① 延喜の荘園整理令と呼ばれる最初の整理令であり，以後の荘園整理令の規範となった。

② 荘園領主から書類を提出させ，国衙に設けられた記録荘園券契所で審査にあたった。

③ 朝廷から派遣された検田使が，荘園内に立ち入って測量し，荘園の範囲や面積を確定した。

④ 書類の不備な荘園や，正式な手続をふまずに設立された荘園を没収して公領とした。

解答・解説

問1　**正解** ③

① ［×］全体が誤文。ただし，三世一身法では一代私有の規定がある。

② ［×］開墾地の私有を三代にわたって認めたのは三世一身法。

③ ［○］**UP** 「三世一身を論ずること無く」に着目。

④ ［×］全体が誤文。

問2　**正解** ①

① ［×］初期荘園成立の頃の墾田は，租を納めるべき輸租田。

② ［○］

③ ［○］

④ ［○］**UP** 荘とは，貴族や大寺社が開墾地に設けた別宅や倉庫をさす。

問3　**正解** ①

① ［×］藤原実政に寄進を行ったのは寿妙ではなく，孫の中原高方。

② ［○］

③ ［○］

④ ［○］

問4　**正解** ④

① ［×］延喜の荘園整理令は，醍醐天皇が902年に発した最初の整理令。後三条天皇は1069年，延久の荘園整理令を発した。

② ［×］記録荘園券契所が設置されたのは，国衙ではなく中央の太政官。

③ ［×］荘園整理令のねらいは，不輸・不入の権をもつ荘園の整理（収公）。

④ ［○］**UP** 石清水八幡宮領では，34カ所のうち13カ所の荘園が整理された。

59

13　古代の仏教と貴族文化

知識を整理！

■ 古代仏教の特徴

❗ それぞれの文化における仏教の特徴をおさえよう。 ▶ 年代 p.69

天平文化　特徴：鎮護国家思想にもとづく国家仏教的性格

聖武天皇の事業 ➡ 国分寺建立の詔（741，国分寺・国分尼寺建立）

　　　　　　　　　大仏造立の詔（743，盧舎那仏造立）

仏教教理の研究 ➡ 南都六宗（三論・成実・法相・倶舎・華厳・律宗）

民間布教を弾圧 ➡ 行基の活動を国家が弾圧

弘仁・貞観文化　特徴：密教の流行

最澄（伝教大師） ➡ 比叡山延暦寺を布教の拠点
　の天台宗　　　　　円仁と円珍が密教化して台密とよばれる

空海（弘法大師） ➡ 高野山金剛峰寺・教王護国寺を布教の拠点
　の真言宗　　　　　即身成仏を説く密教（東密）で加持祈禱

国風文化　特徴：浄土教の流行

教　義 ➡ 阿弥陀仏を信仰し，来世で極楽往生を願う

発展の背景 ➡ 社会不安と末法思想の流行

布教者 ➡ 空也（市聖，京都で布教）・源信（『往生要集』を著す）

■ 古代の教育施設

❗ それぞれの教育施設の性格を理解しよう。

奈良時代 ➡ 貴族の官吏養成機関（儒学主義）

　　　　　　　｛ 中央に大学（貴族の子弟を対象）
　　　　　　　　地方に国学（郡司の子弟を対象）

　　　　　　石上宅嗣が私邸に開いた芸亭（最初の公開図書館）

平安時代 ➡ 貴族の寄宿施設（大学別曹）

　　　　　　＝藤原氏の勧学院，和気氏の弘文院，橘氏の学館院
　　　　　　空海が開いた綜芸種智院（庶民教育を目的）

第1章：原始・古代

13

古代の仏教と貴族文化

■ 国史の編纂

❗ 国史が編纂された時期を正確におさえよう。

6世紀中頃 ➡ 『帝紀』『旧辞』編纂

7世紀前半 ➡ 『天皇記』『国記』編纂　←厩戸王と蘇我馬子

8世紀前半 ➡ 『古事記』（稗田阿礼が誦習，太安万侶が編纂）

『日本書紀』（舎人親王を中心に編纂，漢文の編年体）

10世紀中頃 ➡ 『日本三代実録』（最後の六国史，醍醐天皇の命）

■ 古代の漢詩集と和歌集

❗ それぞれが編纂された時代を正確におさえよう。

天平文化 ➡ 最古の漢詩集『懐風藻』

和歌集『万葉集』（東歌は東国の農民の心情を詠んだ歌）

弘仁・
貞観文化 ➡ 最初の勅撰漢詩文集『凌雲集』（嵯峨天皇の命）

私撰漢詩文集『性霊集』（空海の詩を弟子が編纂）

国風文化 ➡ 和歌漢詩文集『和漢朗詠集』（藤原公任の撰）

最初の勅撰和歌集『古今和歌集』（醍醐天皇の命）

■ 国風文化の時代の貴族生活

❗ 大陸文化を消化・吸収した日本風の生活様式が形成されたことを理解しよう。

住宅建築 ➡ 日本風の寝殿造

服　装 ➡ 男子正装＝束帯と衣冠，通常服＝直衣

女子正装＝女房装束（十二単）

迷　信 ➡ 陰陽道による物忌・方違

61

演習問題

問1 白鳳文化～天平文化期における仏教の国家仏教的性格を表す文として適当でないものを，次の①～④のうちから一つ選べ。

① 京のなかに大官大寺や薬師寺などの大寺が造られた。

② 僧行基が，橋や道を作り仏教の布教をすすめた。

③ 各国に国分寺・国分尼寺が造られた。

④ 鎮護国家のための法会がしばしば催された。

問2 伝教大師に関連して述べた文として正しいものを，次の①～④のうちから一つ選べ。

① 彼の開いた宗派は，円仁・円珍の時に密教を取り入れ，真言宗の台密に対し東密と称された。

② 彼は遣唐使に従って入唐し，帰国後，延暦寺を拠点に奈良仏教を批判し激しく対立した。

③ 彼は，京都を中心に念仏をすすめて市聖と称され，その念仏行脚の木像が六波羅蜜寺に所蔵されている。

④ 彼は，金剛峰寺とともに京都の教王護国寺を，布教などのための拠点とした。

問3 大学・国学について述べた文として正しいものを，次の①～④のうちから一つ選べ。

① 皇族の子弟のために，大学の機関として綜芸種智院が設けられた。

② 大学や国学では，仏教の経典を中心とする教育を行った。

③ 大学に付属した図書館として，淡海三船によって芸亭が開かれた。

④ 諸国には国学が置かれ，郡司などの地方豪族の子弟を教育した。

第1章：原始・古代

13

古代の仏教と貴族文化

問4 『古事記』について述べた文として正しいものを，次の①～④のうちから一つ選べ。

① 稗田阿礼に誦みならわせていたものをもとに，太安麻呂（安万侶）が完成させた歴史書である。

② 舎人親王らによって編纂され，中国の歴史書にならって，正式の漢文で編年体に記述されている。

③ 太安麻呂（安万侶）が編纂したもので，中国の歴史書にならって，正式の漢文で編年体に記述されている。

④ 稗田阿礼が編纂したもので，日本語の歌謡などは漢詩文に直すなどの工夫をこらした歴史書である。

解答・解説

問1 **正解** ②

① [○] **UP** 白鳳文化の時代には大官大寺などの官立寺院が建立された。

② [×] 行基の社会事業や民間布教は，国家によって弾圧された。

③ [○]

④ [○]

問2 **正解** ②

① [×] 天台宗で取り入れられた密教は台密とよばれた。

② [○] **UP** 最澄と空海はともに9世紀初めに遣唐使に従って入唐した。

③ [×] 浄土教の布教をはじめた空也に関する記述。

④ [×] 真言宗を開いた空海に関する記述。

問3 **正解** ④

① [×] 空海が開いた綜芸種智院は庶民教育が目的。

② [×] 大学や国学では儒教にもとづいた官吏養成教育を実施。

③ [×] 石上宅嗣が私邸に設けた芸亭は好学の人々に開放された。

④ [○] **UP** 大学は貴族の子弟，国学は郡司の子弟が優先的に入学。

問4 **正解** ①

① [○] **UP** 『古事記』は口頭の日本語を漢字の音・訓を用いて文章表記。

② [×] 『日本書紀』に関する記述。

③ [×] 編年体による記述は『日本書紀』。

④ [×] 『古事記』は稗田阿礼に誦習させたものを太安万侶が筆録。

63

14 古代の建築・美術作品

知識を整理！

■ 飛鳥文化の建築・美術作品

❗ 飛鳥・白鳳・天平文化が中国のどの時代の影響を受けていたかをおさえよう。

[特色] 中国南北朝文化の影響，推古天皇の時代中心

[建築] 法隆寺←厩戸王の発願

飛鳥寺(法興寺)←蘇我氏の発願

[彫刻] 法隆寺金堂釈迦三尊像(北魏様式)←鞍作鳥の作品

[絵画] 法隆寺玉虫厨子須弥座絵・扉絵

[工芸] 法隆寺玉虫厨子，中宮寺天寿国繍帳

■ 白鳳文化の建築・美術作品

❗ 飛鳥・白鳳・天平の各時期の文化財が多く残されている寺院をおさえよう。

[特色] 初唐文化の影響，天武・持統天皇の時代中心(7世紀後半)

[建築] 大官大寺・薬師寺などの官立寺院

[彫刻] 興福寺仏頭

[絵画] 法隆寺金堂壁画，高松塚古墳壁画

■ 天平文化の建築・美術作品

❗ 天平，弘仁・貞観，国風文化の彫刻技法を混同しないようにしよう。

[特色] 盛唐文化の影響，聖武天皇の時代中心

[建築] 東大寺法華堂，唐招提寺金堂

正倉院宝庫(光明皇太后により献納された聖武天皇の遺愛品収納)

[彫刻] (塑像)東大寺法華堂日光・月光菩薩像
(乾漆像)東大寺法華堂不空羂索観音像，
唐招提寺鑑真和上像，興福寺八部衆像(阿修羅像)

[絵画] 正倉院鳥毛立女屏風，薬師寺吉祥天像

[工芸] 正倉院螺鈿紫檀五絃琵琶

64

第1章：原始・古代

■ 弘仁・貞観文化の建築・美術作品

> ❗ 曼荼羅は密教に結びつくことをおさえよう。▶ 図版

[特色]	唐文化の消化，平安遷都から9世紀末頃の時代
[建築]	室生寺（むろうじ）などの密教寺院
[彫刻]	観心寺如意輪観音像←一木造（いちぼくづくり）・翻波式（ほんぱしき）の様式
[絵画]	神護寺両界曼荼羅（まんだら），園城寺（おんじょうじ）不動明王像
[書道]	唐様（からよう）が発達，三筆＝嵯峨天皇・橘逸勢・空海（「風信帖（ふうしんじょう）」）

■ 国風文化の建築・美術作品

> ❗ 来迎図は浄土信仰に結びつくことをおさえよう。▶ 図版

[特色]	日本風の文化，摂関時代が中心
[建築]	法成寺（ほうじょうじ）阿弥陀堂←藤原道長，平等院鳳凰堂←藤原頼通
[彫刻]	平等院鳳凰堂阿弥陀如来像←定朝（じょうちょう）による寄木造の様式
[絵画]	高野山聖衆（しょうじゅ）来迎図，平等院鳳凰堂扉絵
[書道]	和様が発達 三跡（蹟）＝小野道風（みちかぜ）・藤原行成（ゆきなり）・藤原佐理（すけまさ）（「離洛帖（りらくじょう）」）

図版をチェック 　曼荼羅と来迎図

《弘仁・貞観文化》
教王護国寺両界曼荼羅

《国風文化》
平等院鳳凰堂扉絵

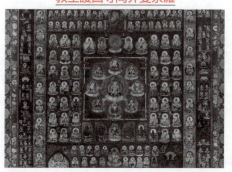
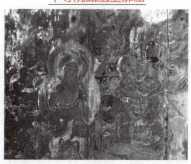

演習問題

問1 古代の仏教について述べた次の文ア〜エについて，正しいものの組合せを，下の①〜⑥のうちから一つ選べ。

ア　法隆寺金堂の釈迦三尊像は，隋の文化の影響を強く受けている。

イ　大官大寺は，7世紀後半に建立された代表的な官立の寺院である。

ウ　8世紀には仏教と在来の神々に対する信仰が厳格に区別され，そのための施設も別々の場所に設けられた。

エ　平安時代には，在来の神々は仏の仮の姿であるとする本地垂迹説が唱えられた。

① ア・イ　　　② ア・ウ　　　③ ア・エ

④ イ・ウ　　　⑤ イ・エ　　　⑥ ウ・エ

問2 法隆寺金堂壁画について述べた文として最も適当なものを，次の①〜④のうちから一つ選べ。

① この壁画は，中国南北朝文化の影響がおよんだころの作品で，正倉院の鳥毛立女屏風(樹下美人図)とともに天平文化を代表する作品の一つである。

② この壁画は，中国盛唐文化の影響がおよんだころの作品で，中宮寺の天寿国繡帳とともに白鳳文化を代表する作品の一つである。

③ この壁画は，中国南北朝文化の影響がおよんだころの作品で，薬師寺吉祥天画像とともに飛鳥文化を代表する作品の一つである。

④ この壁画は，中国初唐文化の影響がおよんだころの作品で，高松塚古墳壁画とともに白鳳文化を代表する作品の一つである。

問3 天平文化の時代の美術工芸品として誤っているものを，次の①〜④のうちから一つ選べ。

① 観心寺如意輪観音像　　　② 興福寺八部衆像

③ 薬師寺吉祥天画像　　　　④ 唐招提寺鑑真和上像

問4 伝教・慈覚(円仁)・智証(円珍)・弘法大師が活躍した時期の文化について述べた文として誤っているものを，次の①〜④のうちから一つ選べ。

① 『性霊集』は，最澄の詩や書簡などを編集したものである。

② 絵画では，諸仏の世界を図像で描いた曼荼羅が発達した。

第1章：原始・古代

③ 仏像では，翻波式の衣文などに特色をもつ一木造が発達した。

④ 空海は，嵯峨天皇や橘逸勢とともに三筆と称されている。

問5 摂関期の作品や建築物として正しいものを，次の①〜④のうちから一つ選べ。

① 室生寺金堂 ② 風信帖 ③ 東大寺法華堂(三月堂) ④ 離洛帖

14

古代の建築・美術作品

解答・解説

問1 **正解** ⑤

ア［×］飛鳥文化の仏像で，南北朝文化(北魏様式)の影響。

イ［○］**UP** 大官大寺・薬師寺は白鳳文化の時代の代表的な官立寺院。

ウ［×］8世紀頃から神宮寺が建立されるなど神仏習合の動きが促進。

エ［○］**UP** 神仏習合の進展とともに本地垂迹説がとなえられた。

問2 **正解** ④

①［×］法隆寺金堂壁画は白鳳文化の絵画で初唐文化の影響，正倉院鳥毛立女屛風は天平文化の絵画。

②［×］白鳳文化は初唐文化の影響，中宮寺天寿国繡帳は飛鳥文化の工芸。

③［×］薬師寺吉祥天画像は天平文化の絵画。

④［○］**UP** 法隆寺金堂壁画にはインドや中国敦煌の影響がみられる。

問3 **正解** ①

①［×］観心寺如意輪観音像は弘仁・貞観文化の仏像。

問4 **正解** ①

①［×］『性霊集』は空海の詩文集。

②［○］**UP** 曼荼羅は密教絵画として平安初期の弘仁・貞観文化で発達。

③［○］**UP** 弘仁・貞観文化は一木造，国風文化は寄木造が主流。

④［○］**UP** 三筆は平安初期の唐様，三蹟は平安後期の和様の名手。

問5 **正解** ④

①［×］室生寺金堂は弘仁・貞観文化の建築。

②［×］『風信帖』は空海の書状で弘仁・貞観文化の作品。

③［×］東大寺法華堂は天平文化の建築。

④［○］**UP** 『離洛帖』は三蹟の一人である藤原佐理の書状。

年代を"まとめて"チェック　　→　～原始・古代～

✅ 変遷を意識して年代を整理しよう

■ 6世紀の日朝関係

①「任那四県」割譲
↓　512年
②筑紫国造磐井の乱
↓　527年
③加耶（加羅）諸国滅亡
　　562年

★6世紀の朝鮮半島では，高句麗の圧迫を受けた百済と新羅が南下策をとった。百済は加耶諸国の「任那四県」の割譲を大伴金村に認めさせ，また，新羅は筑紫国造磐井と結んで日本の加耶救援軍を阻止した。加耶諸国は562年までに百済や新羅の支配下に入った。

■ 律令国家形成期の政策

①近江令制定，庚午年籍作成
↓　天智天皇の時代
②飛鳥浄御原令編纂，八色の姓制定
↓　天武天皇の時代
③飛鳥浄御原令施行，庚寅年籍作成
　　持統天皇の時代

★天智天皇は近江令を制定したほか，最初の全国的戸籍である庚午年籍を作成した。壬申の乱後に即位した天武天皇は，八色の姓を制定して天皇中心の新しい身分秩序を編成した。その政策は持統天皇に継承され，天皇を中心とする律令体制の完成へと向かっていった。

■ 朝廷の蝦夷支配

①渟足柵の設置
↓　大化改新中の647年
②多賀城の設置
↓　724年（奈良時代）
③胆沢城の設置
　　802年（平安時代）

★改新政府は支配領域の拡大をめざし，日本海側に渟足柵・磐舟柵を設け，蝦夷支配の拠点とした。奈良時代には太平洋側に多賀城を築き，陸奥国府と鎮守府を置いて，支配領域を広げた。平安時代には坂上田村麻呂が北上して胆沢城を築き，ここに鎮守府が移された。

■ 古代の土地制度

①三世一身法制定
↓　723年，元正天皇が発令
②墾田永年私財法制定
↓　743年，聖武天皇が発令
③寺院以外の加墾禁止令制定
　　765年，道鏡政権下のこと

★口分田不足を補って税収を増やすため，長屋王政権は三世一身法により開墾地の期限つき私有を認めた。さらに橘諸兄政権は墾田永年私財法を発して開墾地の永年私有を認めた。道鏡政権下では寺院以外の開墾が禁止されたが，道鏡の失脚により再び認められた。

68

第1章：原始・古代

年代を"まとめて"チェック〜原始・古代〜

■藤原氏の他氏排斥事件

①応天門の変
↓ 866年
②阿衡の紛議
↓ 887〜888年
③安和の変
  969年

★藤原良房は応天門の変で伴氏・紀氏を没落させ正式に摂政に就き，藤原基経は阿衡の紛議で関白の政治的地位を確立した。安和の変で左大臣源高明が左遷されると藤原実頼が摂政に就任し，藤原北家の地位は不動のものとなり，以後摂政または関白がほぼ常置された。

■ 武士の反乱

①承平・天慶の乱
↓ 939〜41年
②平忠常の乱
↓ 1028〜31年
③後三年の役（合戦）
  1083〜87年

★承平・天慶の乱の前後から，朝廷や貴族による武士の登用が顕著となった。源頼信が鎮圧した平忠常の乱は，源氏の東国進出の契機となった。また，前九年の役（1051〜62）と後三年の役を通じて，源氏は東国の武士団との主従関係を強め，武家の棟梁としての地位を確立した。

■ 飛鳥〜奈良時代の文化

①百済・高句麗や中国南北朝の影響
↓ 飛鳥文化（推古天皇の時代）
②初唐文化の影響
↓ 白鳳文化（天武・持統天皇の時代中心）
③盛唐文化の影響
  天平文化（聖武天皇の時代）

★飛鳥文化では，朝鮮半島に加えて，中国南北朝の文化の影響もみられた。白鳳文化では，遣唐使により伝えられた初唐文化の影響がみられた。天平文化では，最盛期の唐の先進文化の影響を強く受けた国際色豊かな文化が形成された。

■ 古代の仏教

①鎮護国家思想
↓ 天平文化
②密教の隆盛
↓ 弘仁・貞観文化
③浄土教の流行
  国風文化

★聖武天皇は鎮護国家思想にもとづいて政治を行い，国分寺建立の詔（741）や大仏造立の詔（743）を発した。平安時代初期には，皇族・貴族を中心に天台宗・真言宗が広まって密教が盛んとなり，国風文化期には，末法思想の影響を受けて，浄土教が庶民にまで広まった。

演 習 問 題

問1　次の事柄を年代の古い順に並べた組合せとして正しいものを，下の①
　　　〜⑧のうちから一つ選べ。

　　ア　庚午年籍の作成　　　　イ　飛鳥浄御原令の施行
　　ウ　近江大津への遷都　　　エ　藤原京への遷都

　　① アーウーイーエ　　　　② アーウーエーイ
　　③ イーアーウーエ　　　　④ イーウーアーエ
　　⑤ ウーアーイーエ　　　　⑥ ウーアーエーイ
　　⑦ エーイーアーウ　　　　⑧ エーウーイーア

問2　次の文のⅠ〜Ⅳについて，古いものから年代順に正しく配列したものを，
　　　下の①〜⑥のうちから一つ選べ。

　　Ⅰ　墾田永年私財法を発布した男性の天皇が，皇位を娘に譲った。
　　Ⅱ　蓄銭叙位令を出した女性の天皇が，皇位を娘に譲った。
　　Ⅲ　東大寺大仏の開眼供養を行った女性の天皇が譲位し，上皇となった。
　　Ⅳ　大宝律令を施行した男性の天皇の死後，その母親が皇位についた。

　　① Ⅳ－Ⅱ－Ⅰ－Ⅲ　　② Ⅳ－Ⅱ－Ⅲ－Ⅰ　　③ Ⅳ－Ⅰ－Ⅱ－Ⅲ
　　④ Ⅱ－Ⅳ－Ⅰ－Ⅲ　　⑤ Ⅰ－Ⅳ－Ⅲ－Ⅱ　　⑥ Ⅰ－Ⅳ－Ⅱ－Ⅲ

問3　9〜10世紀の事件に関して述べた次の文ア〜エについて，古いものから
　　　年代順に正しく配列したものを，下の①〜④のうちから一つ選べ。

　　ア　宇多天皇即位の際の勅書が撤回させられ，関白の政治的地位が高まった。
　　イ　伴健岑・橘逸勢らが謀反をはかったとされ，流罪になった。
　　ウ　醍醐天皇皇子の左大臣源高明が，密告によって大宰府に左遷された。
　　エ　平安宮応天門の炎上は大納言伴善男の陰謀とされ，善男らが配流された。

　　① イーアーエーウ　　　　② エーイーウーア
　　③ アーウーエーイ　　　　④ イーエーアーウ

第1章：原始・古代

問4 幹線道路の一つである東山道を通行した人々に関して述べた次の文Ⅰ〜
Ⅲについて，古いものから年代順に正しく配列したものを，下の①〜⑥の
うちから一つ選べ。

Ⅰ 信濃国知行国主となった藤原定家の日記には，東山道が改修され，人馬
の往来が容易になったという使者の報告が記されている。

Ⅱ 信濃守藤原陳忠は，難所の神坂峠で馬ごと谷底に転落しても，「受領は
倒るるところに土をつかめ」と言い放った貪欲な受領として知られる。

Ⅲ 信濃国埴科郡の防人は，神坂峠において峠の神に祈りつつ，故郷の父母
をしのぶ歌を詠んだ。

① Ⅰ—Ⅱ—Ⅲ　　② Ⅰ—Ⅲ—Ⅱ　　③ Ⅱ—Ⅰ—Ⅲ
④ Ⅱ—Ⅲ—Ⅰ　　⑤ Ⅲ—Ⅰ—Ⅱ　　⑥ Ⅲ—Ⅱ—Ⅰ

解答・解説

問1 　正解 ⑤
ア 天智天皇の時代で，庚午年籍作成は670年。
イ 持統天皇の時代で，飛鳥浄御原令施行は689年。
ウ 遷都は667年で，翌年中大兄皇子がこの地で天智天皇として即位。
エ 持統天皇の時代で，藤原京遷都は694年。

問2 　正解 ①
Ⅰ 墾田永年私財法を発布した聖武天皇から娘孝謙天皇への譲位。
Ⅱ 蓄銭叙位令を出した元明天皇から娘元正天皇への譲位。
Ⅲ 大仏開眼供養を行った孝謙天皇から淳仁天皇への譲位。
Ⅳ 大宝律令を施行した文武天皇から母親元明天皇への譲位。

問3 　正解 ④
ア 887〜88年の阿衡の紛議。　イ 842年の承和の変。
ウ 969年の安和の変。　　　　エ 866年の応天門の変。

問4 　正解 ⑥
Ⅰ 日記『明月記』を残した藤原定家は鎌倉時代前期の歌人で，『新古今和歌集』
の撰者としても知られる。
Ⅱ 藤原陳忠は10世紀末の信濃守で，『今昔物語集』にみられるこの逸話は平安
時代の受領の貪欲さを示したものとして知られる。
Ⅲ 防人の歌は奈良時代に成立した『万葉集』に掲載されている。

図版を"まとめて"チェック ～原始・古代～

■ 若草伽藍

★法隆寺創建当初の若草伽藍跡が発掘されたことで，法隆寺の西院に現存する金堂・五重塔が670年以降に再建されたとする説が有力となった。

■ 偽籍

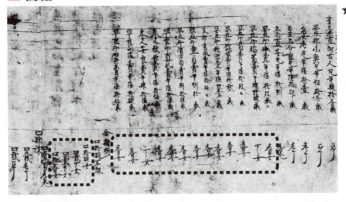

★この戸籍は女性が著しく多い。8世紀末以降，租税負担の軽減をはかるために，調・庸などが課税されない女性の数を多く申告する偽籍が横行した。

■ 荘園絵図

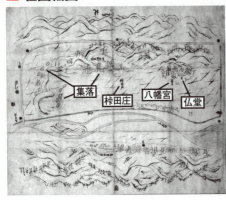

★紀伊国桛田荘は12世紀末に神護寺に寄進された。この絵図は，境目を黒点で表して荘園の領域が示されているほか，田地や山林，集落，寺社の配置も読み取ることができる。

■仏像

法隆寺金堂釈迦三尊像＜飛鳥文化＞　　**中宮寺半跏思惟像**＜飛鳥文化＞

★法隆寺金堂釈迦三尊像には，北魏様式の特徴である力強さが，中宮寺半跏思惟像には百済・中国南朝(梁)様式の特徴である優美な柔らかさがみられる。

興福寺仏頭＜白鳳文化＞　　**興福寺阿修羅像**＜天平文化＞

★興福寺仏頭は金銅像で頭部のみ残されている。興福寺阿修羅像は乾漆像である。

観心寺如意輪観音像＜弘仁・貞観文化＞　　**平等院鳳凰堂阿弥陀如来像**＜国風文化＞

★観心寺如意輪観音像は一木造，平等院鳳凰堂阿弥陀如来像は寄木造の仏像である。

第2章　中世

政治史以外に，日明貿易を中心とする東アジア外交の様子や，鎌倉・室町時代の社会・経済の様子，文化史についてもおさえよう。惣村や一揆，鎌倉仏教の浸透や室町後期の庶民文芸など，社会・経済史，文化史については，とくに民衆の視点に立った歴史観が必要である。基本史料もチェックしておこう。

1 院政と武士の台頭

知識を整理！

■ 武士の台頭を示す出来事

> ❗ それぞれの出来事に関与した人物を正確におさえよう。

承平・天慶の乱
(939～41)
→ 平将門が関東を占領←平貞盛と藤原秀郷鎮圧
藤原純友が海賊を率い西国で反乱←源経基鎮圧

刀伊の入寇(1019) → 大宰権帥藤原隆家が沿海州の女真族を撃退

前九年の役(1051～62) → 源頼義・義家が陸奥の俘囚安倍氏の反乱を鎮圧

後三年の役(1083～87) → 源義家が藤原清衡を助けて清原氏の内紛を平定

■ 院政期の政治・社会動向

> ❗ 摂関政治とは異なる院政の特色をおさえよう。 ▶ 図版 p.128

開　始　→ 白河上皇が子の堀河天皇に譲位したのちも実権

構　造　→ 院庁を開き，上皇として政治の実権を行使

側　近　→ 院の近臣とよばれる富裕な受領層や中下級貴族を重用

命令文書 → 院宣と院庁下文が大きな権限

軍事力　→ 白河上皇が北面の武士を設置

仏教信仰 → 六勝寺など大寺院造営→費用調達のため売位・売官の風潮

三大不如意 → 「賀茂川の水，双六のさいの目，山法師（延暦寺の僧兵）」

僧　兵　→ 興福寺の僧兵は春日神社の神木，延暦寺の僧兵は日吉神社の神輿をかついで強訴

■ 保元の乱と平治の乱の対立関係

> ❗ 保元の乱と平治の乱の関係者を混同しないようにしよう。

保元の乱	[勝利]	後白河天皇	忠通	清盛	義朝
(1156)		（天皇家）	（藤原氏）	（平氏）	（源氏）
	[敗北]	崇徳上皇	頼長	忠正	為義・為朝
平治の乱	[勝利]	平清盛＋藤原通憲（信西） ※通憲は自害			
(1159)	[敗北]	源義朝＋藤原信頼→敗れて斬罪			

第2章：中世

■ **平氏政権の政治・経済基盤**

❗ 平氏の繁栄の様子を史料で読み取ろう。 ▶ 史料

外戚関係 ➡ 清盛は娘徳子を入内させ，その子安徳天皇の外祖父になる

経済基盤 ➡ 知行国30余国と荘園500余カ所
日宋貿易を推進→摂津の大輪田泊を修築

■ **院政期の文化**

❗ 貴族が武士・庶民の文化や地方文化を取り入れたことを理解しよう。

[歌謡集]　『梁塵秘抄』（後白河法皇が流行歌謡である今様を編纂）

[軍記物語]　『陸奥話記』（前九年の役を題材）

[絵巻物]　『伴大納言絵巻』（応天門の変を題材）
　　　　　『信貴山縁起絵巻』（庶民の生活・風俗を描写）
　　　　　『鳥獣戯画』（当時の貴族社会を風刺）

[装飾経]　『平家納経』（平氏が厳島神社に奉納）
　　　　　『扇面古写経』（大和絵で民衆の生活を描写）

[建　築]　平泉中尊寺金色堂(陸奥)，白水阿弥陀堂(陸奥)，
　　　　　富貴寺大堂(豊後)などの阿弥陀堂

史料をチェック ▶

★**平氏一族が中央で権力を握った様子**を読み取ろう！
　①六波羅殿の御一家の君達といひてしかば，花族も英雄も面をむかへ肩をならぶる人なし。されば①入道相国のこじうと平大納言時忠卿ののたまひけるは，「此一門にあらざらむ人は皆人非人なるべし」とぞのたまひける。（『平家物語』）
　　　　　　　　　　　　　　　　　　　　　　　　　　　注　①平清盛

🔻 **思考力を鍛える POINT** ━━━━━━━━

院政をささえた
経済基盤は？

院政期には，摂関家に代わって院に荘園の寄進が集中したほか，知行国制度が広がりをみせた。知行国制度とは，院や貴族らを知行国主として一国の支配を任せ，その国からの収益を取得させる制度で，院が知行国の分配権を掌握した。

1

院政と武士の台頭

77

演習問題

問1 紀貫之の帰京の翌年(939年)から941年にかけて，海賊が蜂起する事件が起きた。その事件でa追討した人物と，b追討された人物の組合せとして正しいものを，次の①〜⑥のうちから一つ選べ。

① a 源頼義 ── b 平忠常　　② a 源頼信 ── b 平忠常

③ a 源義朝 ── b 藤原純友　　④ a 源経基 ── b 藤原純友

⑤ a 藤原秀郷 ─ b 平将門　　⑥ a 平貞盛 ── b 平将門

問2 院政期の政治動向について述べた文として誤っているものを，次の①〜④のうちから一つ選べ。

① 上皇の命令を伝える院宣や院庁下文が強い権威をもつようになった。

② 成功や重任を禁止し，摂関家の経済的基盤であった知行国制を廃止した。

③ 荘園寄進が院に集中するようになり，摂関家をしのぐ勢いを示した。

④ 摂関家におさえられていた中下級貴族や受領らが院の近臣を形成した。

問3 藤原通憲(信西)について述べた文として正しいものを，次の①〜④のうちから一つ選べ。

① 後白河上皇に重用されたが，平治の乱で源義朝が指揮する軍勢に攻められ敗死した。

② 後白河上皇を動かして平家を打倒しようとはかったが，発覚して流罪となり，のちに殺された。

③ 源頼朝の後援を得て，後白河院政下の京都の政界で重きをなした。その曾孫頼経は鎌倉に迎えられ，最初の摂家将軍となった。

④ 弟の頼長と対立，保元の乱では後白河天皇側について崇徳上皇側と戦った。

問4 平清盛が行った施策について述べた文として正しいものを，次の①〜④のうちから一つ選べ。

① 六波羅探題を設置して，朝廷を監視した。

② 日宋貿易に力を注ぎ，瀬戸内海航路の安全をはかった。

③ 西面の武士をおいて，権力を強化した。

④ 六勝寺を建立して，仏教を深く崇拝した。

第2章：中世

解答・解説

問1 正解 ④

- ② [×] これは平忠常の乱（1028〜31）の組合せ。
- ④ [○] **UP** 瀬戸内海の海賊を率いて反乱を起こしたのは藤原純友，追討したのは清和源氏の祖源経基。
- ⑤・⑥ [×] これは平将門の乱の組合せ。

問2 正解 ②

- ① [○]
- ② [×] 院政期には売位・売官の風が盛ん，知行国制は院政を支える基盤。
- ③ [○] **UP** 鳥羽上皇の時代にとくに院への荘園寄進が増加。
- ④ [○]

問3 正解 ①

- ① [○] **UP** 平治の乱で源義朝と結んだのは藤原信頼。
- ② [×] 鹿ヶ谷の陰謀に関与して捕らえられた藤原成親に関する記述。
- ③ [×] 日記『玉葉』などで知られる九条兼実に関する記述。
- ④ [×] 保元の乱で後白河天皇側についた藤原忠通に関する記述。

問4 正解 ②

- ① [×] 承久の乱後に六波羅探題を設置したのは鎌倉幕府。
- ② [○] **UP** 日宋貿易で輸入された宋銭は，鎌倉時代の貨幣経済進展に大きな役割を果たした。
- ③ [×] 西面の武士を設置したのは後鳥羽上皇。
- ④ [×] 六勝寺を建立したのは白河天皇・鳥羽天皇など院政期の皇室。

2 執権政治の確立

知識を整理！

■ 源平の争乱の経過

❗ 後白河法皇幽閉後の反平氏の動きを理解しよう。

鹿ヶ谷の陰謀 ➡ 藤原成親・俊寛が平氏打倒を計画，失敗(1177)

→平清盛，後白河法皇を幽閉して権力独占(1179)

源氏の挙兵 ➡ 以仁王の令旨に応じ，源頼朝・源義仲ら挙兵(1180)

→平清盛，都を福原京(摂津)へ遷都(1180)

平氏の滅亡 ➡ 源範頼・義経，壇の浦で平氏を滅ぼす(1185)

源氏の平定 ➡ 源頼朝，奥州の藤原泰衡を滅ぼして全国平定(1189)

■ 鎌倉幕府の中央機構

❗ それぞれの職制の仕事内容を混同しないようにしよう。 ▶ 年代 p.124

侍所 ➡ 御家人統率と軍事・警察，長官職(別当)は和田義盛

公文所 ➡ 一般政務→のち政所，長官職(別当)は大江広元

問注所 ➡ 訴訟・裁判，長官職(執事)は三善康信

■ 執権政治確立期の政策

❗ 北条義時・泰時・時頼の政策を混同しないようにしよう。 ▶ 年代 p.124

北条義時 ➡ 後鳥羽上皇が西面の武士を設置して軍事力強化

→承久の乱で後鳥羽上皇側に勝利(1221)

北条泰時 ➡ 評定衆を設置して執権・連署との合議制を確立(1225)

藤原頼経を摂家将軍に擁立(1226)

御成敗式目を制定(1232)

北条時頼 ➡ 宝治合戦で三浦泰村を滅ぼす(1247)

引付衆を設置して裁判の公平・迅速化をはかる(1249)

摂家将軍を廃し，宗尊親王を皇族将軍に擁立(1252)

80

第2章：中世

■ 御成敗式目の性格

> ❗ 御成敗式目を制定した趣旨を史料で読み取ろう。 ▶ 史料

制定者	➡	執権北条泰時が制定
目　的	➡	御家人同士や御家人・荘園領主間の紛争を公平に裁く基準確立
基　準	➡	頼朝以来の先例と道理とよばれる武家社会の慣習
性　格	➡	最初の武家成文法，後代の武家法の手本
		（追加法は式目追加）

史料をチェック ➡

［北条泰時］書状　★御成敗式目を制定した目的を読み取ろう！

　　さてこの式目をつくられ候事は，…たゞ［どうり］のおすところをしるされ候者也。…かねて御成敗の躰をさだめて，人の高下を論ぜず，偏頗なく裁定せられ候はんために，子細記録しをかれ候者也。…この式目は…あまねく人に心えやすからせんために，武家の人へのはからひのためばかりに候。これによりて京都の御沙汰，［律令］のおきて聊もあらたまるべきにあらず候也。

🔻 思考力を鍛える POINT

御成敗式目によって朝廷の法は否定されたか？	適用は幕府の勢力範囲に限定されていたため，否定されなかった。朝廷の支配下では律令の系統を引く公家法，荘園領主の支配下では本所法が有効性をもった。
承久の乱の3つの意義は？	①鎌倉幕府は後鳥羽・順徳・土御門の3上皇の配流と仲恭天皇の廃位を決め，朝廷に対する優位性を強めた。 ②京都に六波羅探題を設置して朝廷の監視や西国御家人の統括にあたらせ，西国への支配力を強めた。 ③戦功のあった御家人を上皇側から没収した所領の地頭に任命し，幕府の勢力を全国に拡大した。また，新補率法を定めて地頭の給与を保障し，この率法の適用を受けた新補地頭と従来の本補地頭とを区別した。

演習問題

問1 1177年の平氏打倒を企てた事件で俊寛とともに処罰された人物として正しいものを，次の①〜④のうちから一つ選べ。
① 藤原基衡　② 藤原信頼　③ 藤原成親　④ 藤原忠通

問2 後白河法皇を幽閉した後に平清盛がとった行動として正しいものを，次の①〜④のうちから一つ選べ。
① 清盛は，奥州の藤原泰衡を攻め滅ぼした。
② 清盛は，この事件で没収した所領に新補地頭を任命した。
③ 清盛は，自身の拠点である福原への遷都を計画した。
④ 清盛は，さかんに造寺・造仏を行い，法勝寺を造立した。

問3 承久の乱に関連して述べた文として正しいものを，次の①〜④のうちから一つ選べ。
① 後鳥羽上皇は，新たに北面の武士をおいて軍事力の増強をはかった。
② 乱後，守護の収入を保証するために，幕府は新補率法を定めた。
③ 乱の結果，後鳥羽・土御門・順徳の3上皇が配流され，仲恭天皇が廃された。
④ 白河上皇以来続いてきた院政という政治形態は，この乱によって終わりを告げた。

問4 御成敗式目およびその制定者たちに関連して述べた文として誤っているものを，次の①〜④のうちから一つ選べ。
① 泰時を中心とした幕政担当者は，道理によった裁判を行おうとする政治理念を持っていた。
② 御成敗式目は，承久の乱後，実力で朝廷側を圧倒した幕府が，律令にかわる全国法として制定したものであった。
③ 御成敗式目制定当時の幕政は，合議の理念にもとづいて運営されていた。
④ 御成敗式目は，後代の武家法制定にも大きな影響を与えた。

第2章：中世

問5　執権北条時頼が行った政策について述べた文として誤っているものを，次の①〜④のうちから一つ選べ。

①　有力御家人や政務にすぐれた人々を選んで，評定衆を創設した。

②　後嵯峨天皇の子宗尊親王を鎌倉幕府の将軍に迎えた。

③　前将軍藤原頼経を京都へ送還した。

④　裁判の迅速化をはかるため，新たに引付衆を設置した。

解答・解説

問1　**正解** ③

問2　**正解** ③

① [×] 奥州藤原氏を滅ぼして全国を平定したのは源頼朝。

② [×] 新補地頭が設置されたのは承久の乱後のこと。

③ [○] **UP** 源氏が各地で挙兵すると，平清盛は福原京(摂津国)へ遷都した。

④ [×] 法勝寺を建立したのは院政期の白河天皇。

問3　**正解** ③

① [×] 後鳥羽上皇が承久の乱の際に設置したのは西面の武士。

② [×] 新補率法が適用されたのは地頭。

③ [○] **UP** 後鳥羽上皇は隠岐，土御門上皇は土佐，順徳上皇は佐渡に流された。

④ [×] 院政は承久の乱後も行われ，断続的に江戸時代まで継続。

問4　**正解** ②

① [○]

② [×] 御成敗式目の適用は武家を対象。朝廷の支配下では律令が効力。

③ [○] **UP** 御成敗式目を制定した北条泰時は，執権・連署・評定衆による合議制を確立した。

④ [○] **UP** 室町幕府も基本法典として御成敗式目を用いた。

問5　**正解** ①

① [×] 評定衆を創設したのは3代執権北条泰時。

② [○] **UP** 1252年，摂家将軍藤原頼嗣に替えて皇族将軍を迎えた。

③ [○] **UP** 1244年，藤原頼経を京都に送還して頼嗣を将軍とした。

④ [○] **UP** 評定衆設置は泰時(1225)，引付衆設置は時頼(1249)。

3　鎌倉幕府の衰退

知識を整理！

■ 執権政治の展開

❗ 執権政治から得宗専制政治へ移行したことをおさえよう。 ▶ 年代 p.124

北条時政 ➡ 比企能員を謀殺し，2代将軍源頼家を幽閉(1203)

北条義時 ➡ 侍所別当和田義盛を滅ぼし，執権の地位を確立(1213)

承久の乱で後鳥羽上皇側に勝利(1221)

北条時頼 ➡ 宝治合戦で三浦泰村を滅ぼす(1247)

北条時宗 ➡ 文永の役(1274)と弘安の役(1281)

北条貞時 ➡ 霜月騒動で内管領平頼綱が安達泰盛を滅ぼす(1285)

➡得宗の勢力強大化

■ 元寇の経過とその後

❗ 元軍と戦う騎馬武者の様子を図版で確認しよう。 ▶ 図版 p.128

開戦の契機 ➡ 執権北条時宗がフビライの服属要求を拒否

元軍の構成 ➡ 文永の役：元と高麗の混成軍で襲来

弘安の役：滅亡させた南宋の勢力を含めて襲来

戦法の相違 ➡ 日本側は騎馬戦による一騎打ち，元軍は集団戦法

警戒態勢 ➡ 文永の役後，異国警固番役(九州沿岸を警備)制度化

弘安の役後，鎮西探題(九州の軍事・行政処理)設置

元寇後の関係 ➡ 日元の正式国交は開かれなかったが，民間商船が往来

■ 永仁の徳政令の内容

❗ とくに所領の無償返還の規定について理解しよう。 ▶ 史料

執　権 ➡ 1297年に北条貞時が発令

内　容 ➡ 御家人が所領を売買・質入することを禁止

御家人の間で売却した所領のうち，20年を経過しないものは

無償で返還(非御家人・庶民への売却地は年数に関係なく返還)

第2章：中世

史料をチェック ➡

★永仁の徳政令の内容を読み取ろう！

一，①質券売買地の事　永仁五年三月六日
　右，地頭御家人買得の地に於いては，本条を守り，廿箇年を過ぐるは，②本主取り返すに及ばず。非御家人弁びに③凡下の輩買得の地に至りては，④年紀の遠近を謂はず，本主これを取り返すべし。

（『東寺百合文書』）

注　①質に入れた証文，質入れしたこと　②土地を売却した元の所有者
　　　③一般庶民，ここでは借上をさす　④年数にかかわらず

🔻 思考力を鍛える POINT

元寇が幕府政治に与えた2つの影響は？

①元寇に際して，幕府は非御家人をも動員する権限を獲得し，西国への支配権を拡大させた。この結果，北条氏一門の支配権が拡大し，得宗専制政治につながる。
②戦功のあった武士に十分な恩賞を与えることができなかったために，御家人の不満を増大させ，幕府による御家人統制が崩壊しはじめた。

元寇後の執権政治はどのように変質したか？

北条氏の家督を継ぐ得宗の勢力が強大化して得宗専制政治が行われ，それにつれて得宗家の家来の御内人（代表内管領）と御家人との対立が深まった。

幕府が永仁の徳政令を発した背景は？

鎌倉後期の御家人は，分割相続のくりかえしによって所領が細分化されたうえ，元寇の恩賞が不十分であったことや，貨幣経済の進展に巻き込まれるなどして窮乏していたため，これを救済しようとした。

御家人の相続方法の変化が武家社会に与えた影響は？

分割相続から単独相続への移行によって，惣領一人が家督の地位と全所領を相続するようになると，本家と分家とのつながりを前提とした惣領制が崩壊し，武士は次第に血縁ではなく，地縁的な結合を強めるようになった。

85

演習問題

問1 元寇に関連して述べた文として正しいものを，次の①～④のうちから一つ選べ。

① 日蓮は，『興禅護国論』を書いて国難到来を予言したが，秩序を乱すとして弾圧を受けた。

② 『蒙古襲来絵詞（絵巻）』には，元軍に立ち向かう騎馬武者の姿が描かれている。

③ 執権北条時頼は，博多湾を襲った元軍を撃退することに成功した。

④ 元寇以後，日中間の交易は幕府滅亡に至るまで行われなかった。

問2 御家人と非御家人について述べた文として誤っているものを，次の①～④のうちから一つ選べ。

① 御家人は京都大番役や鎌倉番役を負担したが，非御家人はいずれも負担しなかった。

② 実朝の死後，執権の家来が御家人，執権の家来でない者が非御家人とよばれるようになった。

③ 蒙古襲来の際には，幕府は，御家人のみならず非御家人をも，防備に動員した。

④ 永仁の徳政令によれば，御家人が買得してから20年以上を経過した所領は，もとの持主に返却されないこととされた。

問3 永仁の徳政令に関連して述べた文として正しいものを，次の①～④のうちから一つ選べ。

① この法が出されたのは，幕府が得宗専制政治を行っていた時期である。

② この法の目的は，売却された御家人領を有償で買い戻させることにあった。

③ 御家人の所領相続形態は，この法を契機にして，次第に単独相続から分割相続へと移行していった。

④ 徳政令と民衆とのかかわりは室町時代に強まり，足利義満が将軍職を退いた直後に正長の土一揆が起こった。

第2章：中世

問4　御成敗式目制定以後の幕府政治の展開について述べた文として正しいものを，次の①〜④のうちから一つ選べ。

①　幕府政治は，将軍専制化の方向に傾き，北条氏一族さえも排除する方向へとすすんでいった。

②　幕府政治は，引付衆の設置など制度の整備を押し進め，将軍や北条氏権力を規制する方向へとすすんでいった。

③　幕府政治は，有力御家人を中心に合議制を維持したが，その結果，幕府権力は衰退した。

④　幕府政治は，蒙古襲来以降，恩賞の不満，所領の細分化による御家人の困窮化などによって，不安定となった。

解答・解説

問1　**正解** ②

①［×］日蓮が国難到来を予言したのは『立正安国論』。

②［○］**UP** 元寇に奮戦した肥後国の御家人竹崎季長が描かせた。

③［×］元寇の際の執権は北条時宗。

④［×］元寇以後，正式な国交は開かれなかったが，民間での交易は盛ん。

問2　**正解** ②

①［○］**UP** 非御家人は諸番役勤務などの奉公の義務はなかった。

②［×］非御家人は鎌倉幕府と主従関係のない西国武士が多かった。

③［○］

④［○］**UP** 非御家人，庶民への売却地は年数に関係なく返却された。

問3　**正解** ①

①［○］**UP** 得宗の権力は，元寇後により強化され，専制化した。

②［×］永仁の徳政令の目的は，売却された御家人領の無償返却。

③［×］分割相続による所領の細分化は，御家人が窮乏した背景。

④［×］正長の土一揆の発生は，足利義教が室町幕府6代将軍に就任する際。

問4　**正解** ④

①［×］幕府は，北条一族を中心に次第に勢力を全国に拡大した。

②［×］北条時頼は，執権体制を整備して北条氏独裁の性格を強めた。

③［×］北条泰時は，合議制を採用して執権政治の隆盛をもたらした。

④［○］

4 　中世の守護と地頭

知識を整理！

■ 鎌倉幕府を支えた惣領制のしくみ

❗ 鎌倉時代の女性は比較的高い地位にあったことを理解しよう。

一門の形成	➡	惣領（一門の本家の長）と庶子（分家の一族）
幕府への奉仕	➡	惣領は御家人として将軍と主従関係を結ぶ
		惣領は軍役・番役などの御家人役を庶子に割当て
所領の相続	➡	分割相続によって庶子にも分与
		（元寇後は単独相続へ移行）
		女性も相続の対象で，御家人・地頭になる例あり

■ 鎌倉時代の荘園領主と地頭の紛争

❗ 地頭の非法の実態を史料で読み取ろう。 ▶ 史料 ▶ 図版 p.128

地頭請	➡	荘園管理を地頭に一任，地頭は領主に年貢納入を確約
下地中分	➡	領主と地頭で荘園を分割，土地と住民を分割支配

■ 守護の権限強化の変遷

❗ 守護に与えられた権限の変化をおさえよう。

鎌倉時代 御成敗式目に規定
- 大犯三カ条（大番催促と謀叛人・殺害人の逮捕）

南北朝期 新たな権限の付与
- 刈田狼藉の検断権（田地の紛争を取り締まる権限）
- 使節遵行権（幕府裁判の判決を強制執行する権限）
- 半済令（守護が荘園・公領の年貢半分を軍費として徴発）

室町時代 守護の領国支配が進展（守護大名へ成長）
- 守護請（荘園・公領経営を守護に一任，年貢納入請負）
- 国衙の機能を吸収
- 独自に守護段銭を徴収

第2章：中世

■ 室町幕府と対立した守護大名

> ⚠ 室町時代の事件の順序をおさえよう。 ▶ 年代 p.125

3代将軍足利義満 ➡ 明徳の乱で山名氏清を討伐（1391）

応永の乱で大内義弘を討伐（1399）

→守護大名の勢力抑制

6代将軍足利義教 ➡ 嘉吉の変で赤松満祐が将軍を謀殺（1441）

→将軍の権威失墜

史料をチェック ➡

★農民が地頭の非法を訴えたことを読み取ろう！

阿テ河ノ上村百姓ラツ、シテ言上

一，…ヲレラカコノムキマカヌモノナラハ，メコトモヲイコメ，ミ、ヲキリ，ハナヲソキ，カミヲキリテ，アマニナシテ，ナワホタシヲウチテ，サエナマント候ウテ，セメセンカウセラレ候アイタ，ヲンサイモク，イヨイヨヲソナワリ候イヌ。
（「紀伊国阿氐河荘民訴状」）

🔻 思考力を鍛える POINT

| 半済令の内容はどう変化したか？ | 当初は1年限りで，戦乱の激しかった近江・美濃・尾張の特定の地域に限定されていたが，のちに全国化・永続化し，しかも年貢だけでなく，土地そのものを分割するようになった。 |

守護大名の領国支配が国人との関係に与えた影響は？

守護大名は，国人とよばれた在地領主層に対し，半済令で徴発した年貢を分け与えて，これを家臣に組み入れた。しかし，守護大名の勢力が弱い地域では，地縁的な結合を強めた国人が一揆を形成して抵抗する場合もあった。

4

中世の守護と地頭

演 習 問 題

問1 鎌倉時代の惣領制について述べた文として正しいものを，次の①～④の
うちから一つ選べ。
① 惣領は，一族内の家ごとに，長男がなるのが通常であった。
② 惣領は，一所懸命の地を守るために，親の所領を単独で相続した。
③ 庶子は，惣領の指揮にしたがって幕府の御家人役を勤めた。
④ 庶子とは，一族の中で，次に惣領の地位に就く者をいう。

問2 鎌倉時代の地頭と荘園領主との紛争に関連して述べた文として誤ってい
るものを，次の①～④のうちから一つ選べ。
① 地頭の所領は東国に限定されていたため，地頭と荘園領主の紛争が西国
の荘園で起こることはなかった。
② 地頭と荘園領主の紛争を解決するために，荘園の土地を分割する下地中
分が行われることもあった。
③ 荘園領主のなかには，地頭請によって一定額の収入を確保しようとする
ものもいた。
④ 百姓が地頭の非法を訴えた文書を，荘園領主に提出することもあった。

問3 半済令について述べた文として正しいものを，次の①～④のうちから一
つ選べ。
① 半済令は，荘園や国衙領に課せられた段銭の半分を，武士に与える権限
を守護に認めたものである。
② 半済令は，はじめは1年限りで，特定の地域に限定されていたが，やが
て永続的になり，全国を対象とするようになった。
③ 半済令は，百姓の負担の軽減を目的として，荘園や国衙領の年貢を半減
させようとしたものである。
④ 半済令は，全国の荘園の土地と住民を，国司と守護によって分割支配さ
せるようにしたものである。

第2章：中世

問4　守護領国制の形成について述べた文として正しいものを，次の①〜④のうちから一つ選べ。

① 幕府は必要に応じて段銭・棟別銭を課したが，守護が独自にこれを徴収することはなかった。

② 守護の領国支配においては，御成敗式目に規定されている使節遵行権や刈田狼藉の取締り権などが大きな役割を果たした。

③ 有力守護大名はやがて幕府の権威を脅かすようになったため，3代将軍足利義満は明徳の乱で大内氏を，嘉吉の変で赤松氏を討った。

④ 各地の武士たちは国人一揆を結んで地縁的な結びつきを強め，ときには守護と対立することもあった。

解答・解説

問1　**正解** ③

① ［×］惣領は本家の長をさし，一族内の家ごとにあるものではない。

② ［×］所領は一族に分割相続された。

③ ［○］**UP** 軍役を課された武士は，流鏑馬・笠懸・犬追物などの武芸をみがいた。

④ ［×］惣領の地位に就くのは，一族の本家の嫡男。庶子はそれ以外の子。

問2　**正解** ①

① ［×］承久の乱後に設置された新補地頭の所領の多くは西国。

② ［○］**UP** 当事者間の取決めによる場合は和与中分という。

③ ［○］

④ ［○］**UP** 紀伊国阿氏河荘民訴状は，農民が地頭の非法を訴えた文書。

問3　**正解** ②

① ［×］全体が誤文。半済令は守護が年貢半分を徴発できる権限。

② ［○］

③ ［×］全体が誤文。半済令の目的は守護の権限強化。

④ ［×］全体が誤文。

問4　**正解** ④

① ［×］守護は独自に段銭を徴収。

② ［×］使節遵行権と刈田狼藉検断権の規定は御成敗式目にはない。

③ ［×］明徳の乱で討たれたのは山名氏，嘉吉の変では赤松氏が将軍を謀殺。

④ ［○］

5 建武の新政と室町幕府の確立

知識を整理！

■ 建武政権と室町幕府の職制の比較

> ❗ 鎌倉幕府・建武政権・室町幕府の職制を混同しないようにしよう。

建武政権	[中央]	記録所（重要政務），雑訴決断所（所領訴訟）
	[地方]	鎌倉将軍府（関東統治），陸奥将軍府（陸奥・出羽統治）
		諸国に国司と守護を併置
室町幕府	[中央]	管領（将軍補佐，細川・斯波・畠山氏から任命）
		侍所（京中警備，山名・赤松・一色・京極氏から任命）
	[地方]	鎌倉府（関東統治，長官は鎌倉公方）
		奥州探題（陸奥），羽州探題（出羽），九州探題（九州）

■ 室町幕府の財政基盤

> ❗ 幕府が京都の警察権や商業課税権を朝廷から吸収したことをおさえよう。

幕府直轄地	➡	御料所からの年貢・公事
商工業者	➡	土倉・酒屋に課する倉役と酒屋役
庶　民	➡	田畑に段銭，家屋に棟別銭を臨時に賦課

■ 建武政権成立前後の出来事

> ❗ 建武政権の混迷した様子を史料で読み取ろう。▶ 史料

元弘の変（1331）	後醍醐天皇，倒幕計画に失敗し隠岐に配流
	→鎌倉幕府，持明院統の光厳天皇を擁立
討幕の挙兵（1331〜33）	後醍醐天皇皇子の護良親王や河内の楠木正成ら
鎌倉幕府滅亡（1333）	得宗北条高時と内管領長崎高資ら自刃
建武政権成立（1333〜36）	後醍醐天皇，大覚寺統から即位して天皇親政
中先代の乱（1335）	北条高時の子時行が幕府再興をはかって挙兵
	→足利尊氏，乱鎮圧後に建武政権に反旗

第2章：中世

■ **南北朝の動乱期の出来事**

❗ 南北朝動乱期の出来事の順序をおさえよう。 ▶ **年代** **p.124**

[開始] 足利尊氏，持明院統の光明天皇を擁立（1336）

→後醍醐天皇，吉野に脱出し南北朝分裂

[混乱] 観応の擾乱で足利尊氏・直義兄弟が対立（1350〜52）

[収拾] 足利義満，南北朝合体を実現（1392）

南朝の後亀山天皇が北朝の後小松天皇に譲位

史料をチェック

★建武政権下での世相の混乱を読み取ろう！

此比都ニハヤル物　夜討強盗謀[綸旨]　召人早馬虚騒動

生頸還俗自由出家　俄大名迷者　安堵恩賞虚軍

本領ハナル丶，訴訟人　文書入タル細葛…

（「二条河原の落書」）

🔻 **思考力を鍛えるPOINT** ━━━━━

建武の新政が崩壊した理由は？

恩賞が公家に厚かったことや，土地所有権の確認には天皇の綸旨を必要とする旨の法を定めて武家社会の慣習を無視したため，武士の反発をまねいた。

建武式目の内容は？

室町幕府の政治方針として制定され，幕府の所在地の検討と当面の基本政策を内容とした。鎌倉幕府の政治を先例とすることも示され，室町幕府は基本法としては御成敗式目を継承した。

5

建武の新政と室町幕府の確立

93

演習問題

問1 後醍醐天皇について述べた文として誤っているものを，次の①～④のうちから一つ選べ。

① 後醍醐天皇は，天皇親政を開始し，記録所を再興した。

② 後醍醐天皇は，幕府に捕らえられて隠岐に配流された。

③ 後醍醐天皇は，有職故実の書である『職原抄』を著した。

④ 後醍醐天皇は，綸旨によって土地所有権が確認されると定めた。

問2 建武の新政府の施策を述べた文として正しいものを，次の①～④のうちから一つ選べ。

① 新政府は，中央に，政務機関として記録所，所領の訴訟などを扱う機関として雑訴決断所などをおいた。

② 新政府は，地方に国司と守護とを併置し，さらに出羽に羽州探題，九州に九州探題をおいた。

③ 新政府は，公家と武家との両者によって構成され，その具体的な政治方針は建武式目として発布された。

④ 新政府は，鎌倉幕府のあった関東を重視し，護良親王を派遣して，鎌倉府をひらかせた。

問3 南北朝内乱期の政治的事件について述べた文として正しいものを，次の①～④のうちから一つ選べ。

① 足利尊氏は，持明院統の光厳天皇をたて，後醍醐天皇を吉野に退け，ここに北朝と南朝に分裂し相争う時代が始まった。

② 室町幕府は，発足して間もなく，足利尊氏・直義兄弟の両派に分裂し，南朝勢力や全国の武士を巻き込んで争った。

③ 室町幕府の将軍足利義持は，南北朝の合体を実現し，観応の擾乱に終止符を打った。

④ 室町幕府は朝廷が保持していた京都市中の市政権を吸収し，土倉や酒屋に対して段銭や棟別銭を賦課した。

第2章：中世

問4　室町幕府の侍所について述べた文として正しいものを，次の①〜④のうちから一つ選べ。

①　当時の侍所は京都以西の御家人の統制機関で，その長官には斯波氏らが任命された。

②　当時の侍所は京都以西の御家人の統制機関で，その長官には山名氏らが任命された。

③　当時の侍所は京都市中の警察業務を中心とし，その長官には斯波氏らが任命された。

④　当時の侍所は京都市中の警察業務を中心とし，その長官には山名氏らが任命された。

5
建武の新政と室町幕府の確立

解答・解説

問1　**正解** ③

① [○]

② [○] **UP** 鎌倉幕府は元弘の変後，持明院統の光厳天皇を擁立した。

③ [×] 後醍醐の有職故実書は『建武年中行事』，『職原抄』は北畠親房著。

④ [○]

問2　**正解** ①

① [○]

② [×] 羽州探題と九州探題を設置したのは室町幕府。

③ [×] 建武式目を発布したのは足利尊氏。

④ [×] 鎌倉府を設置したのは室町幕府。

問3　**正解** ②

① [×] 建武政権に反旗をひるがえした足利尊氏が擁立したのは持明院統の光明天皇。

② [○] **UP** 観応の擾乱では足利直義と尊氏の執事高師直との対立があった。

③ [×] 南北朝合体を実現したのは3代将軍足利義満。

④ [×] 室町幕府が土倉・酒屋に賦課したのは倉役と酒屋役。

問4　**正解** ④

① [×] 侍所の職務は京都市中の警備と刑事裁判，斯波氏は三管領の一つ。

② [×]

③ [×]

④ [○] **UP** 侍所の長官は山名・赤松・一色・京極氏(四職)。

95

6 中世の農業と商業

知識を整理！

■ 中世の農業技術の発展

❗ 絵巻に描かれている牛馬耕の様子を図版で確認しよう。 ▶ **図版**

農業形態 ➡ ［鎌倉］ 畿内や西日本で麦を裏作とする<u>二毛作</u>が増加

　　　　　　［室町］ 関東など後進地域でも二毛作が普及

肥　料 ➡ <u>刈敷・草木灰・下肥</u>などの自給肥料が普及

耕　作 ➡ <u>牛馬</u>を利用した深耕

■ 鎌倉時代と室町時代の商業発展の比較

❗ 定期市が荘園の中心地や寺社の門前で開かれたこともおさえよう。 ▶ **図版** **p.129**

	鎌倉時代	室町時代
［定期市］	三斎市(月に3度開催)	六斎市(月に6度開催)
［常設小売店］	見世棚(京都・奈良・鎌倉)	見世棚が都市に増加
［遠隔地取引］	為替(手形で決済)開始	為替が一般化
［金融業者］	借上	土倉・酒屋
［同業者団体］	座の結成(販売・製造の特権)	座の発展(大山崎油座など)
［運送業者］	問丸(商品中継ぎや委託販売)	問屋(専門の卸売業者) 馬借・車借(馬や車利用)

■ 中世の工芸品と特産品

❗ 工芸品は鎌倉時代，特産品は室町時代に発展したことをおさえよう。

工芸品 ➡ ［甲冑］ <u>明珍</u>

　　　　　［刀剣］ 藤四郎吉光・<u>正宗</u>・長光

　　　　　［陶器］ <u>瀬戸焼</u>(加藤景正が開祖)

　　　　　武士の成長による武具の製作が盛ん(鎌倉時代)

特産品 ➡ ［和紙］ 播磨(杉原紙)・美濃(美濃紙)・越前(鳥の子紙)

　　　　　農民の生活向上に支えられた地方の産業が盛ん(室町時代)

第2章：中世

6 中世の農業と商業

| 図版をチェック | 『松崎天神縁起絵巻』にみられる牛耕 |

★土を反転させる目的で長床犂(ちょうしょうすき)を用いている。牛耕は，鎌倉後期には西日本で広がった。

| 図版をチェック | 職人と行商人 |

鍛冶屋(かじ)

番匠(ばんじょう)(大工)

鎧師(よろいし)

連雀商人(れんじゃく)(行商人)

▼ 思考力を鍛える POINT

中世に国家による貨幣鋳造は行われたか？

平安中期の乾元大宝(けんげんたいほう)以来，国家の貨幣鋳造は行われなかった。中世に流通した貨幣は，鎌倉時代の宋銭や室町時代の永楽通宝に代表される明銭など，主に中国からの輸入銭であった。

室町時代に撰銭令が発せられた背景は？

需要の増大とともに粗悪な私鋳銭が流通するようになると，取引の際に良質の貨幣を選ぶ撰銭(えりぜに)の行為が横行して円滑な流通が阻害されたため，幕府や大名は正貨と悪銭の交換率などを定めた撰銭令を発した。

演習問題

問1 鎌倉時代の農業について述べた文として適当なものが，次のア〜エのうちに二つある。その組合せとして正しいものを，下の①〜⑥のうちから一つ選べ。

ア　畿内で二期作が普及し，米の生産高が倍増する

イ　西国の先進地域で米と麦の二毛作が広まる

ウ　水田の耕作に牛の力が広く利用されるようになる

エ　軽くて深耕が可能な備中鍬の利用が一般化する

① ア・イ　　　② ア・ウ　　　③ ア・エ

④ イ・ウ　　　⑤ イ・エ　　　⑥ ウ・エ

問2 中世のさまざまな職種や流通について述べた文として**誤っているもの**を，次の①〜④のうちから一つ選べ。

① 馬借・車借は，馬や車を利用した運送業者あるいは交通労働者のことである。

② 借上は，両替商人であり，荘園の年貢・公事を換金して荘園領主に送る業務をした。

③ 替銭（為替）は，遠隔地との取引で，銭貨の輸送に替えて，手形（割符）で決済を行うことである。

④ 問丸は，運送業・倉庫業者で，商品の中継ぎや委託販売をし，問屋へと発展した。

問3 鎌倉・南北朝時代の職人・芸人について述べた文として正しいものを，次の①〜④のうちから一つ選べ。

① 藤四郎吉光は，刀鍛冶として著名であった。

② 加藤景正は，鋳物師として全国を遍歴した。

③ 正宗は，船大工（番匠）として名声を博した。

④ 明珍は，陰陽師として幕府に出入りした。

第2章：中世

問4　室町時代の貨幣経済について述べた文として正しいものを，次の
　　①～④のうちから一つ選べ。

　①　室町時代には粗悪な私鋳銭が造られた。

　②　農民は分一銭の納入によって，室町幕府から年貢の一部を免除された。

　③　室町幕府が商人に賦課した営業税が棟別銭である。

　④　室町幕府は，国内での貨幣鋳造をめざして銅の輸出を禁じた。

6

中世の農業と商業

解答・解説

問1　**正解**　④

　ア［×］鎌倉時代には，畿内で麦との二毛作が普及。

　イ［○］🆙　室町時代に入ると，畿内では三毛作も行われた。

　ウ［○］

　エ［×］備中鍬の利用が一般化するのは江戸時代のこと。

問2　**正解**　②

　①［○］🆙　正長の徳政一揆は近江坂本の馬借の蜂起を契機に発生した。

　②［×］借上は鎌倉時代の高利貸業者。両替商の発生は江戸時代。

　③［○］

　④［○］🆙　鎌倉時代の問丸は，室町時代の問屋へ発展。

問3　**正解**　①

　①［○］🆙　藤四郎吉光は京都の刀鍛冶。

　②［×］加藤景正は瀬戸焼の祖とされる。

　③［×］正宗は鎌倉の刀鍛冶。

　④［×］明珍は京都の甲冑師。

問4　**正解**　①

　①［○］

　②［×］分一銭は，徳政令発布の際に幕府に納めさせた借金破棄の手数料。

　③［×］棟別銭は家屋一棟ごとに庶民に賦課した臨時税。

　④［×］国内での貨幣鋳造は律令国家による皇朝十二銭を最後に途絶。銅は日明貿
　　　　　易の主要輸出品。

99

7 　惣村の形成と一揆

知識を整理！

■ 惣村の自治組織

❗ おとななどの指導者を荘官の名称と混同しないようにしよう。

指導者	➡	地侍層からおとな(乙名)・沙汰人・番頭を選出
協議機関	➡	寄合で決定(宮座とよばれる氏子組織が運営)
規　約	➡	独自に規約を制定し，村民が警察権行使(地下検断)
年貢納入	➡	惣村が年貢を共同請負する百姓請(地下請)
自主活動	➡	入会地・用水の共同管理，灌漑施設の整備
活動範囲	➡	惣村が荘園・公領の領域をこえて周辺の村々と連帯

■ 正長の徳政一揆(1428)の経過

❗ 正長の徳政一揆の様子を史料で読み取ろう。 ▶ 史料 ▶ 年代 p.125

[契機] 近江坂本の馬借蜂起，徳政要求(足利義教が将軍就任の際)

[経過] 土民らが高利貸をいとなんでいた酒屋・土倉・寺院を襲撃

[結果] 私徳政を実施(大和国柳生の碑文に債務破棄の宣言文)

■ 嘉吉の徳政一揆(1441)の経過

❗ 嘉吉の徳政一揆の様子を史料で読み取ろう。 ▶ 史料

[契機] 嘉吉の変(将軍足利義教暗殺)後に代始めの徳政を要求

[経過] 数万の土民らが京都を占領

[結果] 幕府がはじめて徳政令を発布

■ 山城の国一揆(1485)の経過

❗ 山城の国一揆の様子を史料で読み取ろう。 ▶ 史料 ▶ 年代 p.125

[契機] 南山城の国人らが一揆を形成

[経過] 両畠山軍を国外退去

[結果] 国人らによる8年間の自治支配

第2章：中世

7

惣村の形成と一揆

■ 加賀の一向一揆（1488）の経過

⚠ 加賀の一向一揆の様子を史料で読み取ろう。 ▶ 史料 ▶ 年代 p.125

［契機］ 一向宗門徒が一揆形成←蓮如の活動（講という信者組織）
［経過］ 守護富樫政親を滅亡
［結果］ 一向宗門徒による約100年間の自治支配

史料をチェック ▶

★**土一揆が高利貸を襲撃して私徳政を行った様子**を読み取ろう！

　　正長元年九月日，一，天下の［土民］蜂起す。［徳政］と号し，［酒屋・土倉・寺院］等を破却せしめ，雑物等恣にこれを取り，借銭等悉くこれを破る。…日本開白以来，土民蜂起これ初めなり。　　　　　　　　　　　（『大乗院日記目録』）

★**代始めの徳政を要求したこと**を理解しよう！

　　嘉吉元年九月三日，…近日四辺の土民蜂起す。土一揆と号し御徳政と称して借物を破り，少分をもって押して質物を請く。ことは江州より起こる。…今土民等代始にこの沙汰先例と称すと云々。　　　　　　　　　　（『建内記』）

★**国人が畠山軍の撤退を求めたこと**を読み取ろう！

　　文明十七年十二月十一日，一，今日［山城］国人集会す。…同じく一国中の土民等群集す。今度①両陣の②時宜を申し定めんが為の故と云々。然るべきか，但し又［下極上］のいたり也。　　　　　　　　　　　　（『大乗院寺社雑事記』）

　　　　　　　　　　注　①畠山政長・義就の両軍　②対処

★**一向一揆が守護を滅ぼしたこと**を読み取ろう！

　　今月五日，越前府中に行く。其以前越前①合力勢，賀州に赴く。然りといえども，一揆衆二十万人，［富樫］城を取回る。故に以て同九日城を攻め落とさる，皆生害す。　　　　　　　　　　　　　　　　　　（『蔭凉軒日録』）

　　　　　　　　　　注　①朝倉氏の援軍　②加賀

101

演習問題

問1 惣村の様子を述べた文として誤っているものを，次の①〜④のうちから一つ選べ。

① 惣村に年貢などの徴収を請け負わせる百姓請(地下請)が行われることがあった。

② 惣村では預所・下司などの指導者が選出され，日常の村政にあたった。

③ 惣村は，寄合を開いて独自の様々なきまりを定め，これをもとに地下検断(自検断)を行うこともあった。

④ 惣村は荘園・公領の範囲を越えて広域的に結びつき，共同して行動することもあった。

問2 正長の徳政一揆について述べた文として誤っているものを，次の①〜④のうちから一つ選べ。

① 正長の徳政一揆は，土倉・酒屋などに押し入り，売買・貸借証文などを破り捨てた。

② 正長の徳政一揆は，初めての大規模な土民蜂起であり，幕府も徳政令を出した。

③ 大和国柳生の碑文は，地域での債務を破棄した徳政の宣言である。

④ 正長・嘉吉の徳政一揆は，将軍の代替わりを契機にして，蜂起した。

問3 嘉吉の徳政一揆に関連して述べた次の文ア〜エについて，正しいものの組合せを，下の①〜④のうちから一つ選べ。

ア この一揆は，将軍足利義教が殺害されたあとの混乱に乗じて蜂起したものである。

イ この一揆は，朝鮮軍が対馬に来襲する騒然とした社会状況に乗じて蜂起したものである。

ウ 奈良の柳生街道には，このときの一揆で負債破棄がなされたことを記した碑文が残されている。

エ 一揆側の攻勢のために，幕府はやむなく徳政令を発布した。

① ア・ウ ② ア・エ ③ イ・ウ ④ イ・エ

第2章：中世

問4 加賀の一向一揆に関連して述べた文として正しいものを，次の①〜④のうちから一つ選べ。

① この一揆では，蓮如の布教により広まった一向宗の門徒が中心になって蜂起した。

② 富樫政親を自殺に追い込んだのち，一揆衆は約8年間にわたって加賀国を支配した。

③ 越前から軍勢を派遣した朝倉氏は，春日山に城下町を建設した戦国大名である。

④ 一揆の中心となった門徒たちは，結とよばれる信者組織をつくって信仰を深めた。

7

惣村の形成と一揆

解答・解説

問1 **正解** ②

① [○]

② [×] 惣村の指導者はおとな(乙名)ら。預所・下司は荘官の名称。

③ [○] **UP** 地下検断(じげけんだん)とは，村民自身が警察権を行使すること。

④ [○] **UP** 惣村は，強訴・逃散・一揆などの共同行動をとった。

問2 **正解** ②

① [○] **UP** 当時，高利貸資本は農村にまで浸透していた。

② [×] 幕府がはじめて徳政令を発布したのは嘉吉の徳政一揆の時。

③ [○]

④ [○] **UP** 将軍足利義教の就任時(正長の徳政一揆)と暗殺時(嘉吉の徳政一揆)。

問3 **正解** ②

ア [○] **UP** 7代将軍足利義勝就任の「代始めの徳政」を求めた。

イ [×] 応永の外寇(1419)と嘉吉の徳政一揆発生に因果関係はない。

ウ [×] 柳生の碑文が建てられたのは正長の徳政一揆の時。

エ [○] **UP** 正長の徳政一揆の際は私徳政，嘉吉の徳政一揆の時に幕府ははじめて徳政令発布。

問4 **正解** ①

① [○]

② [×] 一向一揆による自治支配は約100年間継続。

③ [×] 越前の朝倉氏の城下町は一乗谷。春日山は越後の上杉氏の城下町。

④ [×] 一向宗門徒の信者組織は講。結は農村における共同労働のこと。

103

8 　　　中世の東アジア交流

知識を整理！

■ 日明貿易の推移

> ❗ 貿易の開始・中断・再開という推移をおさえよう。

[契　機]　明が日本に対し，通交と倭寇の禁止を要求

[貿易開始]　3代将軍足利義満が祖阿と肥富を派遣(15世紀初め)

　　　　　　遣明船は明から交付された勘合符を所持

[貿易中断]　4代将軍足利義持が朝貢形式に反発

[貿易再開]　6代将軍足利義教が貿易の利益に注目

[実　権]　応仁の乱後，室町幕府から大名・商人へ推移

　　　　　　寧波の乱(1523) ＝堺商人＋細川氏×博多商人＋大内氏

　　　　　　→大内氏が勝利して実権を独占

[輸出入品]　輸出品＝銅・硫黄・刀剣，輸入品＝銅銭・生糸・絹織物

■ 日朝貿易の内容

> ❗ 輸入品の品目を日明貿易と混同しないようにしよう。

[貿易統制]　対馬の宗氏を仲介，応永の外寇後に通信符使用

　　　　　　入港地を三浦(富山浦・乃而浦・塩浦)に限定し倭館設置

[貿易中断]　応永の外寇(1419) ＝朝鮮が対馬を倭寇の根拠地として攻撃

[貿易衰退]　三浦の乱(1510) ＝三浦の日本商人が暴動

[輸出品]　銅・硫黄・香木・蘇木

[輸入品]　木綿(衣料など生活様式に影響)・大蔵経

■ 琉球王国の建国と貿易形態

> ❗ 対明・朝鮮・琉球関係の重要地を地図で確認しよう。 ▶ 地図

王国建国 ➡ 中山王の尚巴志が三山統一(15世紀前半)，首府は首里

貿易形態 ➡ 東アジア諸国間の中継貿易，貿易港として那覇が繁栄

第2章：中世

8 中世の東アジア交流

> 地図をチェック　対明・朝鮮・琉球関係の主要地

a　東アジアの中継貿易地として重要な貿易港となった地
b　応永の外寇で朝鮮が倭寇の根拠地とみなして攻撃した地
c　勘合貿易の実権をにぎった大内氏と結びついた商人の地
d　寧波の乱で大内氏と対立した細川氏と結びついた商人の地
e　大内・細川両氏が派遣した勘合船が衝突した地

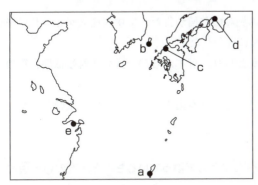

注　a−那覇　　b−対馬
　　c−博多　　d−堺
　　e−寧波

思考力を鍛えるPOINT

元寇後，元と日本との国交は開かれたか？
正式な国交は開かれなかったが，民間での貿易は盛んに行われた。鎌倉幕府が元に派遣した建長寺船にならって，足利尊氏も元に天竜寺船を送り，その利益を後醍醐天皇の冥福を祈るための天竜寺の造営費用にあてた。

前期倭寇と後期倭寇の違いは？
前期倭寇は，14世紀の南北朝動乱期に朝鮮南部沿岸で活動し，その中心は日本人であった。後期倭寇は，勘合貿易途絶後の16世紀半ば以降，主に中国人の密貿易者が中国南部沿岸で活動した。

日明貿易は対等な関係で行われたか？
対等な関係では行われず，「日本国王」に任ぜられた足利将軍が明に朝貢し，それに対して明が返礼するという従属の関係で行われた。遣明船は勘合の所持を必要としたが，朝貢形式のため関税がなく滞在費も明が負担としたため，日本側の利益は膨大であった。

演習問題

問1　a（12世紀後半から14世紀前半にいたる時期）とb（15世紀）の時期の中国との交流について述べた文として**誤っているもの**を，次の①〜④のうちから一つ選べ。

① aの時期を通じて正式の国交がなく，一時的には戦闘を交えたこともあった。

② aの時期，日本では港湾施設の整備が行われて中国商人がしきりに来航し，民間での交易がさかんに行われた。

③ bの時期には倭寇対策がとられ，日本からの公式の渡航船は勘合符の所持が必要とされた。

④ bの時期，足利将軍は自らを「日本国王」と称し，中国皇帝とのあいだで対等な関係を維持した。

問2　勘合貿易に関連して述べた文として**誤っているもの**を，次の①〜④のうちから一つ選べ。

① 足利義満は，明の皇帝によって日本国王に任ぜられた。

② 銅銭・生糸・絹織物などが中国から輸入された。

③ 博多商人と堺商人が，貿易の主導権をめぐって，寧波で衝突した。

④ 足利義教により一時中断されたが，義政の時に復活された。

問3　室町・戦国時代に朝鮮との間で行われた貿易に関連して述べた文として**正しいもの**を，次の①〜④のうちから一つ選べ。

① 日本でも木綿は相当量栽培されていたが，需要が大きかったので不足分が綿布として輸入された。

② 日本からの主要な輸出品は，金や銀などの鉱産物，刀剣，経典や書籍などであった。

③ 朝鮮は三つの港（三浦）を開き，ここに日本の使節の接待と貿易のための倭館をおいた。

④ 貿易は朝貢の形式で行われ，貿易船は皇帝が発行した勘合を携えなければならなかった。

第2章：中世

問4　琉球（沖縄）に関連して述べた文として**誤っているもの**を，次の①〜④のうちから一つ選べ。

① 15世紀初め，琉球では中山の尚巴志が，北山（山北）・南山（山南）を滅ぼして三山を統一した。

② 琉球王国の首都は首里に置かれ，那覇はその外港として栄えた。

③ 15世紀から16世紀前半にかけて，琉球船は，東南アジア一帯にまで活動範囲をひろげ，諸国間の中継貿易をさかんに行った。

④ 室町時代，将軍の代替わりごとに遣わされた琉球王国の使節には，島津氏が同行していた。

8

中世の東アジア交流

解答・解説

問1 正解 ④

① [○] UP 戦闘とは，13世紀後半の元寇をさしている。

② [○] UP 日宋貿易・日元貿易ともに民間での貿易は盛ん。

③ [○]

④ [×] 足利将軍は明皇帝から「日本国王」の称号を授与，関係は従属。

問2 正解 ④

① [○] UP 足利義満は明の皇帝あての文書に「日本国王臣源」と署名し，従属的立場を認めた。

② [○] UP 明銭は永楽通宝，洪武通宝などが国内で普及。

③ [○]

④ [×] 勘合貿易が中断したのは義持，再開したのは義教の時。

問3 正解 ③

① [×] 木綿は日本では栽培されず，朝鮮からの主要輸入品。

② [×] 輸出品は銅・硫黄など。経典や書籍は朝鮮からの輸入品。

③ [○]

④ [×] 全体が誤文。この記述は明との貿易に関するもの。

問4 正解 ④

① [○] UP 1429年に琉球王国が成立した。

② [○] UP 琉球は明・日本とも国交を結び，積極的な海外貿易を行った。

③ [○]

④ [×] 琉球王国が薩摩の島津氏に服属したのは江戸時代のこと。

9　室町幕府の動揺と応仁の乱

知識を整理！

■ 6代将軍足利義教の専制政治

⚠ 永享の乱と嘉吉の変の性格を混同しないようにしよう。

永享の乱
(1438〜39)
➡ 将軍義教が鎌倉公方足利持氏を滅ぼす
→将軍の専制政治強行，鎌倉公方の実権は弱体化

嘉吉の変
(1441)
➡ 将軍義教が守護赤松満祐に暗殺される
→将軍の権威失墜

■ 永享の乱後の関東

⚠ 古河公方と堀越公方の出自を混同しないようにしよう。

結城合戦 ➡ 結城氏が足利持氏の遺児を擁して幕府軍と対戦

鎌倉公方分裂 ➡ 古河公方（鎌倉公方足利持氏の子成氏）
堀越公方（8代将軍足利義政の兄弟政知）
┐分裂

関東管領分裂 ➡ 扇谷上杉氏と山内上杉氏とに分裂

■ 応仁の乱開戦直前の対立関係　＊開戦の翌年(1468)，義視が西軍，義尚が東軍へ

⚠ 応仁の乱後の下剋上の様子を史料で読み取ろう。▶ 史料

	＜大将＞	＜将軍家＞	＜管領家の家督争い＞	
東軍	管領細川勝元	足利義視（義政の弟）	畠山政長	斯波義敏
	×	×	×	×
西軍	四職山名持豊	足利義尚（義政の子）	畠山義就	斯波義廉

■ 応仁の乱と京都との関係

⚠ 応仁の乱後に山城の国一揆が発生したことをおさえよう。▶ 図版 p.129

京都市中 ➡ 乱の戦火や足軽の乱暴によって荒廃→町衆が復興

山城国 ➡ 乱後も畠山両氏の対立継続→山城の国一揆を誘発

第2章：中世

■ 応仁の乱後の関東

> ❗ 北条早雲と氏綱・氏康父子の功績を混同しないようにしよう。

北条早雲（伊勢宗瑞）　➡　堀越公方を滅ぼして伊豆を奪う

　　　　　　　　　　　　　小田原を本拠に相模国を平定

北条氏綱・氏康　➡　関東の大半を支配

史料をチェック

★**山名持豊が，先例を否定したこと**を読み取ろう！

「君のおほせ事，一往はきこえ侍れど，あながちそれに乗じて例をひかせらるる事しかるべからず。凡そ例という文字をば，向後は時といふ文字にかへて御心えあるべし。」

（『塵塚物語』）

🔻 思考力を鍛える POINT

鎌倉公方の実権の推移は？

鎌倉府の長官である鎌倉公方は，足利尊氏の子基氏を初代とし，以後その子孫が継承した。室町幕府とは独立して関東を支配したため，鎌倉公方の権限は大きく，しばしば将軍家と対立を起こした。しかし，永享の乱で足利持氏が滅ぼされると，これ以後，鎌倉公方の実権は関東管領上杉氏の手に移った。

応仁の乱の３つの意義は？

①幕府権威の及ぶ範囲が縮小し，室町幕府の支配体制が崩壊した。

②幕府権威に依存した守護大名の多くが没落し，代わって守護代や国人が領国の実権をにぎるなど下剋上の風潮が広がった。

③戦火を逃れて地方に下った公家や僧侶によって，中央文化が地方に伝えられた。

9

室町幕府の動揺と応仁の乱

演習問題

問1　永享の乱について述べた文として正しいものを，次の①～④のうちから
一つ選べ。

① 専制化をめざす将軍と，守護赤松満祐との対立が，この事件の起こる原
因の一つであった。

② 専制化をめざす将軍と，守護大内義弘との対立が，この事件の起こる原
因の一つであった。

③ 専制化をめざす将軍と，関東管領上杉憲実との対立が，この事件の起こ
る原因の一つであった。

④ 専制化をめざす将軍と，鎌倉公方足利持氏との対立が，この事件の起こ
る原因の一つであった。

問2　永享の乱以後の東国の政治について述べた文として誤っているものを，
次の①～④のうちから一つ選べ。

① 鎌倉公方の子が，下総の古河を本拠として公方を称した。

② 北条早雲（伊勢宗瑞）は，小田原を本拠として相模国をおさえた。

③ 足利基氏は，鎌倉を本拠として関東を支配した。

④ 将軍の兄弟が，伊豆の堀越を本拠として公方を称した。

問3　応仁の乱後の社会の変化に関連して述べた文として誤っているものを，
次の①～④のうちから一つ選べ。

① この乱のころから，足軽の活動が目立つようになった。

② 幕府の力が弱体化し，鎌倉公方の勢力が拡大した。

③ 吉田兼俱が神道を中心に，仏教・儒教を取り入れて，唯一神道を唱えた。

④ 公家の中には，戦国大名を頼り地方に下るものも現れた。

110

第2章：中世

問4 次の文章の空欄に入れる人名として正しいものを，次の①〜⑤のうちから一つ選べ。

応仁の乱の一方の大将であり，山陰・山陽地方の有力守護であった ▢ が，先例や故実などを得意顔で語るある大臣に対し，「およそ例という文字を，向後は時という文字にかえて御心得あるべし」と説いたという逸話があるが，これは先例を否定し，現実の力を肯定することによって，伝統的貴族社会を批判したものといえる。

① 細川勝元　　② 畠山政長　　③ 斯波義廉　　④ 赤松満祐
⑤ 山名持豊（宗全）

9

室町幕府の動揺と応仁の乱

解答・解説

問1 **正解** ④

① ［×］ これは，嘉吉の変に関するもの。

② ［×］ これは，3代将軍義満が起こした応永の乱に関するもの。

③ ［×］ 永享の乱は，関東管領上杉憲実と鎌倉公方足利持氏の対立が遠因。

④ ［○］ **UP** 永享の乱では鎌倉公方の実権が弱体化し，嘉吉の変では将軍の権威が失墜した。

問2 **正解** ③

① ［○］ **UP** 鎌倉公方の子とは足利成氏のこと。

② ［○］

③ ［×］ 足利基氏が初代鎌倉公方に就任したのは14世紀半ば頃のこと。

④ ［○］ **UP** 将軍の兄弟とは足利政知のこと。

問3 **正解** ②

① ［○］ **UP** 足軽の略奪の様子は「真如堂縁起」に描かれている。

② ［×］ 永享の乱後，鎌倉公方の実権は関東管領に奪われた。

③ ［○］ **UP** 吉田兼倶は，室町後期に反本地垂迹説の立場で唯一神道を完成。

④ ［○］ **UP** 大内氏の城下町山口には多くの文化人が集まった。

問4 **正解** ⑤

⑤ ［○］ **UP** 山名持豊は赤松満祐を討伐して勢力伸長，応仁の乱では西軍の大将。

111

10 戦国大名の出現

知識を整理！

■ 戦国大名の出自

❗ 戦国大名に成長した系譜の違いをおさえよう。

守護大名	➡	武田(甲斐)・今川(駿河)・大友(豊後)・島津(薩摩)
守護代	➡	上杉(越後)・朝倉(越前)
国 人	➡	伊達(陸奥)・浅井(近江)・毛利(安芸)・長宗我部(土佐)

■ 戦国大名の分国統治

❗ 分国法の内容を史料で読み取ろう。 ▶ 史料

軍事力	➡	寄親・寄子制(擬似的親子関係)によって家臣団拡張 貫高(土地の得分を年貢高で示す)を基準に軍役を賦課
基本法	➡	領国を支配するために分国法を制定

■ 応仁の乱後の文化の地方普及

❗ 応仁の乱で地方に下った公家による，中央文化の地方波及を理解しよう。

朱子学	➡	桂庵玄樹が肥後・薩摩で講義(薩南学派の祖)
教 育	➡	関東管領上杉憲実が足利学校(下野)を再興 教科書として『庭訓往来』を使用
国語辞書	➡	『節用集』を商人らが刊行

■ 自由都市

❗ 自由都市堺の様子を史料で読み取ろう。 ▶ 史料

自由都市	➡	堺(会合衆による自治運営)
		博多(年行司による自治運営)
		京都(町衆による自治運営)

第2章：中世

■ 町の形成

> ⚠ 寺内町は一向宗徒の寺院を中心に形成されたこともおさえよう。

城下町 ➡ 大内氏の山口(地方文化繁栄)，朝倉氏の一乗谷(家臣集住)

港町 ➡ 十三湊(津軽)，敦賀・小浜(北陸)，桑名(伊勢湾)，大湊(宇治・山田の外港)

門前町 ➡ 宇治・山田(伊勢神宮)，長野(善光寺)

寺内町 ➡ 石山(摂津)，山科(山城)，富田林(河内)

10

戦国大名の出現

史料をチェック ▶

★家臣と他国人との婚姻を禁止していることを読み取ろう！

「①駿・遠両国の輩，或はわたくしとして他国より嫁をとり，或は婿にとり，娘をつかはす事，自今以後これを停止し畢ぬ。」　　　　(『今川仮名目録』)

　　　　　　　　　　　　　　　　　　　　　　注　①駿河・遠江

★喧嘩両成敗を規定していることを読み取ろう！

「喧嘩の事，是非に及ばず成敗を加ふべし。但し，取り懸ると雖も，堪忍せしむるの輩に於ては，罪科に処すべからず。」　　　　(『甲州法度之次第』)

★会合衆による町政運営の様子を読み取ろう！

「[堺]の町は甚だ広大にして，大なる商人多数あり，此の町はベニス市の如く，①執政官に依りて治めらる。」　　　　(『ガスパル=ヴィレラ書簡』)

　　　　　　　　　　　　　　　　　　　　　　注　①会合衆

🔻 思考力を鍛える POINT

戦国大名が商工業発展のためにとった方法は？	関所を廃止して商業取引を円滑にしたほか，楽市・楽座を出して商工業者の自由な営業活動を認めた。また，交通や市場の設備を整え，商工業者の城下への移住をうながした。
中世の貫高と近世の石高の違いは？	貫高が土地面積を銭に換算した年貢高で示したのに対して，石高は土地面積を米の収穫量で示した。

113

演習問題

問1 応仁の乱前後の各地のできごとを述べた文として誤っているものを，次の①～④のうちから一つ選べ。

① 加賀では，浄土真宗本願寺派の門徒が国人と結んで，守護の富樫政親を倒し，一揆による支配を行った。

② 関東では，鎌倉公方が古河公方と堀越公方とに分裂した。

③ 南山城では，国人たちが一揆を結成し，家督争いで両派に分かれていた畠山氏の軍勢を退去させ，自治支配を実現した。

④ 中国地方では，守護山名氏が，戦乱を逃れてきた公家や僧侶を迎え，その城下町山口には文化が栄えた。

問2 戦国大名は，下剋上によって登場したものが多いが，伝統的な守護家が発展して領国支配者になったものもいる。後者の代表的人物として最も適当なものを，次の①～⑤のうちから一つ選べ。

① 武田晴信　② 北条早雲　③ 毛利輝元　④ 松永久秀
⑤ 前田利家

問3 戦国大名の分国支配について述べた文として正しいものを，次の①～④のうちから一つ選べ。

① 戦国大名の多くは，商工業や商品経済の発展によって生み出される利益を独占するために，関所などを設けたり，楽市令を廃止したりした。

② 戦国大名の多くは，商工業者の城下町への集住をうながして城下町の発展に努め，領国内の交通路も整備した。

③ 戦国大名は，検地を実施して所領の大きさをはかり，年貢として取れる銭の量を確定した。これを石高制という。

④ 戦国大名は，領国内で土一揆などが頻発したので，これを阻止するために，刀狩令を発して農民から武器を取り上げた。

問4 戦国時代の学問や教育に関連して述べた文として正しいものを，次の①～④のうちから一つ選べ。

① 往来物とよばれた読み書きの教科書は，中世だけでなく，近世に入っても多数つくられ，寺子屋での教育に用いられた。

第2章：中世

② 足利学校は，15世紀の中ごろ，鎌倉公方足利持氏によって再興されたが，小田原北条氏（後北条氏）が関東を支配するにおよんで再び荒廃した。

③ 桂庵玄樹は，肥後の菊池氏や薩摩の島津氏に招かれて儒学を講じ，のちの谷時中らにつながる南学のもとを開いた。

④ 『節用集』は，イエズス会宣教師によってつくられ，天草で刊行された日本語辞書で，当時日本でつくられた辞書のなかで最も高い水準を示している。

10

戦国大名の出現

解答・解説

問1　正解 ④

① [○] **UP** 1488年の加賀の一向一揆。

② [○] **UP** 1454年の享徳の乱を機に，足利持氏の子成氏の古河公方と将軍義政の兄弟政知の堀越公方に分裂した。

③ [○] **UP** 畠山政長・義就両人は，応仁の乱後も山城国で戦闘を継続した。

④ [×] 山口は大内氏の城下町。

問2　正解 ①

① [○] **UP** 武田氏は甲斐の守護から戦国大名に成長。晴信の号が信玄。

② [×] 早雲の出自は不明。堀越公方を滅ぼし伊豆進出，のち小田原を本拠とした。

③ [×] 毛利氏はもと安芸の国人。輝元は豊臣秀吉のもとでの五大老。

④ [×] 松永久秀は主家三好氏を倒し，将軍足利義輝を自殺に追い込んだ。

⑤ [×] 前田利家は秀吉のもとでの五大老。

問3　正解 ②

① [×] 戦国大名は，関所を廃止し，楽市令を出して商業取引を円滑化。

② [○] **UP** 上杉氏の春日山，北条氏の小田原なども城下町として繁栄。

③ [×] 年貢高を銭で示して地積を表したのは貫高。石高は生産高で表示。

④ [×] 刀狩令発令は，兵農分離を完成させた豊臣秀吉の時。

問4　正解 ①

① [○] **UP** 教科書として『庭訓往来』や『御成敗式目』などが用いられた。

② [×] 足利学校を再興したのは関東管領上杉憲実。

③ [×] 桂庵玄樹は薩南学派の祖。

④ [×] 『節用集』刊行は商人。イエズス会宣教師によるのは『日葡辞書』。

11 　　　　　　　　　　　　　　　　　中世の文化

知識を整理！

■ 鎌倉時代の文学作品と作者

> ❗ 公家文化を継承しつつ武家社会を反映した文学が生まれたことを理解しよう。

[和　歌]　『山家集』（武士出身の西行の和歌集）

　　　　　『金槐和歌集』（将軍源実朝が万葉調を作歌）

　　　　　『新古今和歌集』（後鳥羽上皇の命で藤原定家・家隆らが撰集）

[随　筆]　『方丈記』（鴨長明が無常観を説く）

　　　　　『徒然草』（兼好法師の随筆）

[歴史書]　『愚管抄』（天台座主慈円が歴史を道理で解釈）

　　　　　『吾妻鏡』（鎌倉幕府の歴史を日記体で記述）

[軍記物語]　『保元物語』『平治物語』

　　　　　　『平家物語』（琵琶法師による平曲）

■ 南北朝時代の文学作品

> ❗ 歴史書は，南朝・北朝どちらの立場をとっているか，違いをおさえよう。

[連　歌]　二条良基が和歌と対等の地位を築く

　　　　　『菟玖波集』（準勅撰）・『応安新式』（連歌の規則書）

[有職故実]　『建武年中行事』（後醍醐天皇），『職原抄』（北畠親房）

[歴史書]　『神皇正統記』（北畠親房が南朝の正統性を記述）

　　　　　『増鏡』（公家の立場から鎌倉時代を記述）

　　　　　『梅松論』（北朝の立場から足利政権成立を記述）

[軍記物語]　『太平記』（南北朝内乱を記述）

■ 中世の神道

> ❗ 両者ともに反本地垂迹説の立場に立っていることをおさえよう。

鎌倉時代　➡　度会家行が伊勢神道を創始

室町時代　➡　吉田兼俱が唯一神道を創始

第2章：中世

■ 北山文化・東山文化の特色

> ❗ 武家文化と公家文化，大陸文化と伝統文化が融合していったことを理解しよう。

北山文化　足利義満の時代，公家文化と武家文化の融合

[庭　園]　天龍寺庭園（夢窓疎石の作庭）

[水墨画]　明兆・如拙（「瓢鮎図」）・周文

[文　学]　世阿弥『風姿花伝』（能の芸術論）

[芸　能]　猿楽能
$$\begin{cases} 大和四座（興福寺・春日社に奉仕）\\ 観阿弥・世阿弥が大成（義満の保護） \end{cases}$$

東山文化　足利義政の時代，簡素さ・侘びを基調とする武家文化

[庭　園]　慈照寺庭園（善阿弥の作庭）

　　　　　龍安寺石庭・大徳寺大仙院庭園（枯山水）

[水墨画]　雪舟が大成（「四季山水図巻」・「秋冬山水図」）

[大和絵]　狩野正信・元信（狩野派），土佐光信（土佐派）

[文　学]　一条兼良『樵談治要』（政治意見書）

[茶　道]　村田珠光，侘び茶を創出

[花　道]　立花の様式確立（戦国時代に大成）

■ 中世の教育機関

> ❗ 登場する時期と設立・再興した人物を混同しないようにしよう。

鎌倉時代　➡　金沢実時が金沢文庫（私設図書館）設立

室町時代　➡　上杉憲実が足利学校（「坂東の大学」）再興

■ 応仁の乱後に流行した庶民文芸

> ❗ 民衆の地位向上に伴って民衆参加の文化が生まれたことを理解しよう。

[連　歌]　宗祇が芸術的な正風連歌を確立（『新撰菟玖波集』編集）

　　　　　宗鑑が滑稽な俳諧連歌を確立（『犬筑波集』編集）

[歌　謡]　『閑吟集』（民間に流行した小歌を集成）

[踊　り]　風流踊り（祭礼に華美な服装で踊り）

[狂　言]　能の間に演じられた風刺的な喜劇，謡曲は能の脚本

11

中世の文化

117

演習問題

問1 中世の歴史書・史論・軍記物語(軍記物)・随筆について述べた文として誤っているものを，次の①～④のうちから一つ選べ。

① 琵琶法師は，『平家物語』を平曲として語り継ぎ流布させた。

② 『吾妻鏡』には，鎌倉幕府の歴史がつづられている。

③ 『太平記』には，15世紀に起こった応仁の乱の経過が叙述されている。

④ 鴨長明は『方丈記』において，変転する世相を無常観にもとづいて描いた。

問2 南北朝の動乱期に著された書物として誤っているものを，次の①～④のうちから一つ選べ。

① 樵談治要　　② 増鏡　　③ 神皇正統記　　④ 梅松論

問3 猿楽能に関連して述べた文として誤っているものを，次の①～④のうちから一つ選べ。

① 世阿弥は猿楽能の脚本を集成して，謡曲集の『風姿花伝』をまとめた。

② 猿楽は，もとは寺社の祭礼などで興行された滑稽を主とする雑芸であった。

③ 観阿弥・世阿弥父子は，室町将軍の保護のもとに，猿楽能を芸術性の高い演劇に大成した。

④ この時代には猿楽の座が各地で活発に活動するようになり，大和国では興福寺・春日社に奉仕する大和四座が活動した。

問4 応仁の乱中から乱後に開花した文化について述べた文として誤っているものを，次の①～④のうちから一つ選べ。

① 五山文学では，絶海中津が出て最盛期を迎えた。

② 絵画では，狩野正信の子元信が出て狩野派を確立した。

③ 水墨画では，明から帰った雪舟が日本的な水墨画を描いた。

④ 庭園では，龍安寺や大徳寺大仙院などの枯山水が造られた。

第2章：中世

問5　室町時代から戦国時代にかけて庶民に好まれた芸能として**適当でないも**
　　の**を**，次の①〜④のうちから一つ選べ。
　　① 風流踊り　　② 人形浄瑠璃　　③ 連歌　　④ 小歌

11

中世の文化

解答・解説

問1　**正解** ③
　　①〔○〕
　　②〔○〕**UP** 鎌倉時代の史書として，虎関師練の『元亨釈書』も有名。
　　③〔×〕『太平記』は南北朝の動乱について記述。
　　④〔○〕

問2　**正解** ①
　　①〔×〕『樵談治要』は，東山文化期の学者一条兼良が著した政治意見書。
　　②〔○〕**UP** 鎌倉時代について書かれた歴史書。
　　③〔○〕**UP** 著者は北畠親房。南朝の立場から皇位継承の道理を説いた歴史書。
　　④〔○〕**UP** 足利氏の政権獲得までの過程を武家の立場から記した歴史書。

問3　**正解** ①
　　①〔×〕『風姿花伝』は謡曲集ではなく，世阿弥が著した能の芸術論。
　　②〔○〕
　　③〔○〕**UP** 3代将軍足利義満の保護を受けた。
　　④〔○〕**UP** 大和四座とは，観世座・宝生座・金剛座・金春座をさす。観阿弥・
　　　　　　　世阿弥は観世座出身。

問4　**正解** ①
　　①〔×〕五山文学が最盛期を迎えるのは義満の北山文化の時代。
　　②〔○〕**UP**「大徳寺大仙院花鳥図」が有名。
　　③〔○〕**UP** 日本の水墨画の基礎を築いたのは，明兆，如拙，周文ら五山僧。
　　④〔○〕

問5　**正解** ②
　　①〔○〕**UP** 風流踊りと念仏踊りが結びついて盆踊りに発展した。
　　②〔×〕人形浄瑠璃は江戸初期以降に盛行。
　　③〔○〕**UP** 二条良基は南北朝時代，宗祇は応仁の乱の頃に活躍した。
　　④〔○〕

12 　中世の仏教

知識を整理！

■ 鎌倉新仏教の特徴

❗ 6宗派の開祖・主著・教義を混同しないようにしよう。

	＜宗派＞	＜開祖と主著＞	＜教義など＞	＜寺院＞
念仏	浄土宗	法然 『選択本願念仏集』	専修念仏	知恩院
	浄土真宗	親鸞 『教行信証』	悪人正機説	本願寺
	時宗	一遍	踊念仏	清浄光寺
法華宗	日蓮宗	日蓮 『立正安国論』	題目唱和	久遠寺
禅宗	臨済宗	栄西 『興禅護国論』	公案による坐禅	建仁寺
	曹洞宗	道元 『正法眼蔵』	只管打坐	永平寺

■ 鎌倉旧仏教の復興に努力した僧

❗ 旧仏教が戒律を重視したことを理解しよう。

法相宗	貞慶（解脱）	➡	『興福寺奏状』で法然を批判
華厳宗	明恵（高弁）	➡	『摧邪輪』で法然批判，高山寺再興（京都）
律宗	叡尊（思円）	➡	西大寺を再興（奈良）
	忍性（良観）	➡	極楽寺建立（鎌倉），北山十八間戸設立（奈良）

■ 臨済宗と政治権力とのつながり

❗ 林下の中心寺院が臨済系の大徳寺と妙心寺であったこともおさえよう。

鎌倉	北条時頼	蘭溪道隆を招き，建長寺建立
	北条時宗	無学祖元を招き，円覚寺建立
室町	足利尊氏	夢窓疎石を招き，天龍寺建立
	足利義満	五山制度確立（京都と鎌倉）
		南宋の官寺制を模倣，南禅寺－五山上位，天龍寺－京都1位
		➡五山文学発展（絶海中津・義堂周信ら）
		五山版（禅の経典や漢詩文集出版）を刊行

第2章：中世

■ 室町後期の日蓮宗と一向宗の動向

> ❗ 日蓮宗と一向宗の動きを混同しないようにしよう。

日蓮宗 ➡ 日親らの京都布教により西日本へ勢力拡大
（法華宗）　京都町衆の日蓮宗徒が法華一揆を展開
　　　　　延暦寺と天文法華の乱(1536)で衝突

一向宗 ➡ 蓮如の布教活動により北陸・東海・近畿へ勢力拡大
（浄土真宗）　講－信者組織，御文－布教に用いた手紙
　　　　　各地で一向一揆を展開(最大規模が加賀の一向一揆)

■ 中世寺院の建築様式

> ❗ 鎌倉時代の建築物を図版で確認しよう。 ▶ 図版

鎌倉
　東大寺南大門 ➡ 大仏様（豪放な力強さ）
　　　　　　　　源平の争乱で焼失後に再建（重源が総指揮）
　　　　　　　　金剛力士像を安置（運慶・快慶）
　円覚寺舎利殿 ➡ 禅宗様（整然とした美）

室町
　鹿苑寺金閣 ➡ 寝殿造＋禅宗様（足利義満が建立）
　慈照寺銀閣 ➡ 書院造＋禅宗様（足利義政が建立）
　慈照寺東求堂同仁斎 ➡ 書院造（足利義政が建立）

図版をチェック ➡ 鎌倉時代の建築物

東大寺南大門（大仏様）

円覚寺舎利殿（禅宗様）

演習問題

問1 日蓮から批判された念仏と禅について述べた次の文Ⅰ～Ⅴのうち正しいものの組合せを，下の①～⑥のうちから一つ選べ。

Ⅰ　浄土宗・浄土真宗・時宗などの宗派は，念仏を唱えれば極楽往生できると説いた。

Ⅱ　親鸞は，法然とともに弾圧を受けて流罪となったが，許されて後に『選択本願念仏集』を著して浄土真宗を独立させた。

Ⅲ　鎌倉時代に成立した禅宗には，臨済宗・曹洞宗・黄檗宗の三つの宗派がある。

Ⅳ　臨済宗の開祖栄西は，元から坐禅とともに陰陽道を伝えた。

Ⅴ　曹洞宗の開祖道元は，越前に永平寺を開き，政治権力との結びつきを排してひたすら坐禅に徹することを説いた。

① Ⅰ・Ⅲ　　② Ⅰ・Ⅴ　　③ Ⅱ・Ⅲ

④ Ⅱ・Ⅳ　　⑤ Ⅲ・Ⅳ　　⑥ Ⅲ・Ⅴ

問2 空欄 ア ～ ウ に入る語句の組合せとして正しいものを，次の①～④のうちから一つ選べ。

旧仏教の側では ア 宗の貞慶が，『興福寺奏状』を起草するなど，法然の教義を厳しく批判した。同じく法然を批判する イ は，高山寺を拠点に華厳宗の復興に尽力したことで知られる。また鎌倉では幕府の後援もあって禅宗がさかんになった。北条時頼は宋より渡来した ウ を厚く遇し，建長寺の開山とした。

① ア　三論　イ　明恵　ウ　無住

② ア　三論　イ　湛慶　ウ　蘭渓道隆

③ ア　法相　イ　湛慶　ウ　無住

④ ア　法相　イ　明恵　ウ　蘭渓道隆

問3 五山に関連して述べた文として**誤っている**ものを，次の①～④のうちから一つ選べ。

① 五山の制度は，南宋の官寺の制度にならったものであった。

② 京都・鎌倉のそれぞれについて，五山の寺格が定められた。

③ 足利義満の創建した相国寺は，五山の上に列せられた。

第2章：中世

④　五山の僧侶によって，五山版が出版された。

問4　東大寺南大門に関連して述べた文として**誤っているもの**を，次の①〜④のうちから一つ選べ。

①　この建築物には，運慶と快慶らの共同作業によって作られた金剛力士像が安置されている。

②　この建築物を造るにあたって，資金調達から建築まで中心になって行ったのは重源である。

③　この建築物は，源平の争乱による焼き打ちによって焼失した寺の再建の一環として建立された。

④　この建築様式は宋より禅宗とともに伝えられ，塗り柱を用いない簡素な造りである点に特徴がある。

解答・解説

問1　正解 ②

Ⅰ［○］UP 曹洞宗と臨済宗は坐禅，日蓮宗は題目を重んじた。

Ⅱ［×］親鸞が著したのは『教行信証』。『選択本願念仏集』は法然の著。

Ⅲ［×］黄檗宗（おうばくしゅう）は禅宗の一派であるが，明の隠元（いんげん）が伝えたのは江戸時代。

Ⅳ［×］栄西は入宋して臨済宗を伝え，茶をもたらした。

Ⅴ［○］

問2　正解 ④

問3　正解 ③

①［○］UP 五山管理のため，相国寺（しょうこくじ）に僧録司が置かれた。

②［○］UP 鎌倉五山の第1位は建長寺。第2位は円覚寺。

③［×］五山上位の寺格は南禅寺。相国寺は京都五山第2位。

④［○］

問4　正解 ④

①［○］UP 運慶には「興福寺無著（むちゃく）・世親（せしん）像」，快慶には「東大寺僧形八幡像」の作品がある。

②［○］

③［○］UP 東大寺は源平の争乱の南都焼き打ちによって大部分を焼失した。

④［×］建築様式は，豪放さを特色とする大仏様で強固な構造。

年代を“まとめて”チェック ～中世～

変遷を意識して年代を整理しよう

■鎌倉幕府の成立過程

①源頼朝が侍所を設置
↓ 1180年
②源頼朝が公文所と問注所を設置
↓ 1184年
③源頼朝が征夷大将軍に就任
　　1192年

★源頼朝は，御家人の統率機関として侍所，文書作成・財政を扱う公文所（のち政所），裁判事務を扱う問注所を置いて支配機構を整えた。平氏や奥州藤原氏を滅ぼした後，征夷大将軍に就任し，鎌倉幕府を確立した。

■ 執権政治体制の整備

①連署・評定衆設置
↓ 1225年，執権北条泰時が設置
②御成敗式目制定
↓ 1232年，執権北条泰時が制定
③引付衆設置
　　1249年，執権北条時頼が設置

★北条泰時は，執権・連署と評定衆による合議制にもとづく政治体制を整え，最初の武家法として御成敗式目を制定し，執権政治を確立した。北条時頼は，評定を補佐する引付衆を設置し，裁判の公正化と迅速化をはかった。

■ 鎌倉時代の事件

①承久の乱
↓ 1221年，執権北条義時の時
②宝治合戦
↓ 1247年，執権北条時頼の時
③霜月騒動
　　1285年，執権北条貞時の時

★承久の乱後，西国への権力を拡大した鎌倉幕府は朝廷に対して政治的に優位に立った。宝治合戦で三浦泰村が滅びると北条氏の地位は不動のものとなり，さらに，霜月騒動をきっかけに，得宗専制政治が確立された。

■ 南北朝動乱期の出来事

①中先代の乱
↓ 1335年
②観応の擾乱
↓ 1350～52年
③南北朝の合体
　　1392年

★中先代の乱を契機に足利尊氏は建武政権に反旗をひるがえした。建武政権は崩壊し，後醍醐天皇が吉野に逃れ，南北朝の動乱がはじまった。観応の擾乱で北朝側が動揺していたことで南北朝の動乱は長引いたが，足利義満の時に室町幕府が安定期を迎え，動乱は終結した。

第2章：中世

年代を"まとめて"チェック〜中世〜

■室町時代の事件

①明徳の乱で将軍が山名氏清討伐
↓　1391年，将軍は足利義満
②永享の乱で将軍が足利持氏討伐
↓　1438〜39年，将軍は足利義教
③嘉吉の変で赤松満祐が将軍謀殺
　1441年，将軍は足利義教

★足利義満は明徳の乱などで有力守護を抑え，幕府の権力を安定させた。足利義教も将軍権力の強化をはかり永享の乱で鎌倉公方を討伐したが，嘉吉の変で自らが有力守護赤松氏によって暗殺されたことで，将軍の権威を失墜させた。

■室町時代の一揆

①正長の徳政一揆
↓　1428年
②山城の国一揆
↓　1485年から8年，一揆の自治
③加賀の一向一揆
　1488年から約100年，一揆の自治

★正長の徳政一揆（土一揆）では，惣を基盤にして農民らが徳政を求めた。山城の国一揆では，国人を主体に地域住民も守護大名に対抗し，自治が8年続いた。加賀の一向一揆では，約100年にわたり自治が行われた。土一揆は経済的な闘争，国一揆や一向一揆は支配をめぐる政治闘争であった。

■室町時代の外交

①明との勘合貿易を開始
↓　1404年
②応永の外寇で日朝貿易が一時中断
↓　1419年
③最後の勘合船派遣
　1547年

★日朝貿易は，応永の外寇によって一時中断したが，16世紀まで活発に行われた。日明貿易（勘合貿易）は，足利義満によりはじめられた。室町幕府が衰退すると貿易の実権は大名に移り，寧波の乱後に貿易を独占した大内氏の滅亡とともに断絶した。

■連歌の発展

①二条良基が『応安新式』を編纂
↓　南北朝時代
②宗祇が正風連歌を確立
↓　15世紀後半
③宗鑑が俳諧連歌を確立
　16世紀前半

★南北朝時代に出た二条良基は，連歌の規則書である『応安新式』を制定して，連歌の地位を確立した。応仁の乱後に活躍した宗祇は深みのある正風連歌を確立し，戦国時代の宗鑑は自由な気風をもつ俳諧連歌を確立した。

演習問題

問1　次のア〜エは，平安時代末から鎌倉時代にかけての東海道の往来を述べ
　　たものである。これらを古いものから年代順に正しく配列したものを，下
　　の①〜④のうちから一つ選べ。

ア　北条泰時らが軍勢を率いて上洛し，後鳥羽上皇方を破った。

イ　後嵯峨天皇の皇子宗尊親王が鎌倉に下り，最初の皇族将軍となった。

ウ　源義経らの追捕をめざす関東の武士が大挙上洛し，朝廷を圧倒した。

エ　全国の支配を成し遂げた源頼朝が，挙兵後初めて上洛した。

①　ウ−エ−ア−イ　　　　②　ウ−エ−イ−ア

③　エ−ウ−ア−イ　　　　④　エ−ウ−イ−ア

問2　室町時代の戦乱に関して述べた次の文Ⅰ〜Ⅲについて，古いものから年
　　代順に正しく配列したものを，下の①〜⑥のうちから一つ選べ。

Ⅰ　細川勝元と山名持豊の対立が，大きな戦乱に発展した。

Ⅱ　周防国など6か国の守護を兼任していた大内義弘が，討たれた。

Ⅲ　将軍による守護への弾圧に危機感を抱いた赤松満祐が，将軍を殺害した。

①　Ⅰ−Ⅱ−Ⅲ　　②　Ⅰ−Ⅲ−Ⅱ　　③　Ⅱ−Ⅰ−Ⅲ

④　Ⅱ−Ⅲ−Ⅰ　　⑤　Ⅲ−Ⅰ−Ⅱ　　⑥　Ⅲ−Ⅱ−Ⅰ

問3　室町幕府の外交関係に関連して述べた次の文Ⅰ〜Ⅲについて，古いもの
　　から年代順に正しく配列したものを，下の①〜④のうちから一つ選べ。

Ⅰ　九州にいた懐良親王は，明の皇帝と外交関係を持った。

Ⅱ　大内氏の滅亡により，勘合貿易が断絶した。

Ⅲ　尚巴志が琉球王国を建国し，室町幕府と通交関係を結んだ。

①　Ⅰ−Ⅱ−Ⅲ　　②　Ⅰ−Ⅲ−Ⅱ　　③　Ⅲ−Ⅰ−Ⅱ　　④　Ⅲ−Ⅱ−Ⅰ

問4　応仁の乱以前の事柄を説明した文として最も適当なものを，次の①〜④
　　のうちから一つ選べ。

①　南山城では国人と農民が一揆を起こし，畠山両氏の軍勢を撤退させ，そ
　　の後8年にわたって自治的支配を行った。

②　京都周辺の農民などが徳政を要求して蜂起し，洛中洛外の土倉・酒屋・
　　寺院などを襲撃して借金証文を奪った。

126

第2章：中世

③　加賀では一向宗徒が国人と手を結んで守護富樫政親を倒し，約100年にわたって国を支配した。

④　京都では財力をたくわえた日蓮宗の信者が一向一揆に対抗したり，京都を戦火から守るために一揆を結んだりした。

解答・解説

問1　**正解** ①

ア　承久の乱は，2代執権北条義時の時代で1221年。

イ　宗尊親王の皇族将軍就任は，5代執権北条時頼の時代で1252年。

ウ　源義経追捕を目的に関東武士が上洛したのは，後白河法皇が義経に源頼朝追討を命じたことに抗議した1185年。

エ　頼朝が上洛して右近衛大将に任じられたのは，奥州平定の翌1190年。

問2　**正解** ④

Ⅰ　応仁の乱がはじまったのは1467年。

Ⅱ　大内義弘が応永の乱で足利義満に討伐されたのは1399年。

Ⅲ　嘉吉の変で足利義教が赤松満祐に殺害されたのは1441年。

問3　**正解** ②

Ⅰ　懐良親王が征西将軍として九州を征圧していたのは14世紀のこと。

Ⅱ　大内義隆が滅亡して勘合貿易が断絶したのは1551年。

Ⅲ　中山王の尚巴志が三山を統一して琉球王国を建国したのは1429年。

問4　**正解** ②

①［×］山城の国一揆は1485年から8年間のことで，応仁の乱後。

②［○］**UP** 正長の土一揆は1428年のことで，応仁の乱以前。

③［×］加賀の一向一揆は1488年から約1世紀間のことで，応仁の乱後。

④［×］京都町衆の法華宗徒が一揆を結んだのは1532年で，応仁の乱後。

127

図版を"まとめて"チェック　　〜中世〜

■「天狗草紙」僧兵

★興福寺の僧兵が朝廷に強訴している様子。興福寺の僧兵は春日神社の神木を、延暦寺の僧兵は日吉神社の神輿を奉じて朝廷に強訴し、要求を通そうとした。

■ 伯耆国東郷荘下地中分図

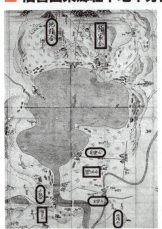

★荘園領主と地頭が荘園を折半し、それぞれが独立して土地・住民を支配する下地中分について作成された絵図である。絵図上で分割線を引き、「領家分」「地頭分」の領分を示している。
※地頭分は◯，領家分は▭で示した。

■「蒙古襲来絵巻」騎馬武者と元軍のてつはう

★文永の役の一場面。「てつはう」を用いて集団戦法をとる元軍と、一騎打ちをとる日本軍の戦法が描かれている。描かれている騎馬武者は竹崎季長である。

第2章：中世

図版を"まとめて"チェック〜中世〜

■「一遍上人絵伝」福岡市

★「一遍上人絵伝」に描かれている備前国福岡市では定期市が行われており，布や米などが販売されて人々で賑わう様子を見ることができる。

■「山王霊験記絵巻」借上

★女性が，鎌倉時代の高利貸業者である借上から金を借りている様子を描いている。縁側に置かれているのは銭の束である。　　〈和泉市久保惣記念美術館蔵〉

■「真如堂縁起」足軽

★応仁の乱の頃には，歩兵である足軽が活躍した。「真如堂縁起」には，足軽による略奪の様子が描かれている。

129

第3章　近世

幕藩体制・三大改革などの政治史をまずおさえよう。各時期の政策については，背景や結果もあわせて整理して，理解を深めたい。また，農村・都市の様相や，産業の発展，交通網の発達などの社会・経済史もおさえよう。文献史料や，図版・グラフなど，多様な資料の読み取りにも慣れておこう。

1 豊臣政権の内外政策

知識を整理！

■ 豊臣秀吉の国内政策

❗ バテレン追放令の内容を史料で確認しよう。 ▶ **史料**

居　城	➡	石山本願寺跡に大坂城を築城
宗教政策	➡	バテレン追放令(1587)を発し，宣教師を国外追放
権威利用	➡	後陽成天皇を聚楽第に歓待，諸大名は忠誠を誓約
経済政策	➡	天正大判の鋳造(金貨)
兵農分離	➡	刀狩令(1588)・人掃令(身分統制令)を発令
		→身分制度の基礎(江戸時代に継承)
検地実施	➡	太閤検地

■ 太閤検地の内容

❗ 中世の貫高と近世の石高の内容を混同しないようにしよう。

対　象	➡	田畑と屋敷地
単位統一	➡	1段(反)＝300歩
面積表示	➡	石盛(田畑を等級に分け，1段あたりの標準収穫量決定)
		石高(石盛に土地面積を乗じ，土地の生産力を収穫高で表示)
年貢賦課	➡	田畑の耕作者を検地帳に登録して年貢負担者に確定

■ 豊臣政権の対外政策

❗ 朱印船貿易は豊臣秀吉に始まり，徳川家光の時に終了したことをおさえよう。

入貢要求	➡	ポルトガル政庁(ゴア)・スペイン政庁(ルソン)・高山国(台湾)に服属要求
朝鮮出兵	➡	文禄の役(1592)と慶長の役(1597)
		本陣＝名護屋，先鋒＝加藤清正・小西行長
倭寇禁止	➡	海賊取締令(1588)
朱印船貿易	➡	京都・長崎などの商人に東アジア諸国での貿易公認

第3章：近世

史料をチェック

★バテレン追放令の趣旨と南蛮貿易奨励の姿勢を読み取ろう！

一，日本ハ［神国］たる処（ところ），きりしたん国より邪法（じゃほう）を授け候儀，太 以て然る べからざる候事…甚（はなはだ）以て然（しか）る

一，①黒船の儀ハ商売の事に候間，各別（かくべつ）に候の条，年月を経（へ），諸事売買いたす べき事

（バテレン追放令）

注　①ポルトガルなどの南蛮船

1
豊臣政権の内外政策

▼ 思考力を鍛える POINT

豊臣政権が実施した太閤検地の2つの意義は？

①一地一作人制の原則が確立し，一つの土地に複数の権利が重なり合う複雑な所有関係が整理され，荘園制が完全に否定された。

②石高を基準に大名に知行を与える代わりに石高に応じた軍役が賦課され，近世の大名知行制の基が築かれた。

刀狩令と身分統制令が身分制度に与えた意義は？

刀狩令によって農民は耕作に専念することを義務づけられ，人掃令（身分統制令）では武士・農民・町人間の身分変更が禁じられた。こうした一連の政策によって，兵農分離が完成し，職分にもとづく身分制度の基礎が築かれることとなった。

バテレン追放令発令の背景と結果は？

背景　キリシタン大名大村純忠（すみただ）が長崎をイエズス会に寄進していたことや，ポルトガル人が日本人を奴隷として売買していたことが背景としてあった。

結果　宣教師は追放されたが南蛮貿易については奨励したため，キリスト教の取り締まりは不徹底に終わった。

朝鮮出兵がもたらした2つの文化的影響は？

①朝鮮から活字印刷術が伝えられ，出版事業が盛んになった。

②西国大名が連行した朝鮮陶工によって，有田焼・薩摩焼・萩焼がはじめられた。

演習問題

問1 バテレン追放令が，キリスト教及びキリスト教徒に及ぼした直接の影響について述べた文として正しいものを，次の①〜④のうちから一つ選べ。

① 諸大名たちは，この法令の趣旨を守り，拷問や絵踏などで日本人教徒たちの改宗を強制した。

② この法令により，外国人の宣教師が国外に追放されたため，多くの日本人教徒たちが，自主的に改宗した。

③ この法令により，宣教師は追放されることとなったが，貿易が奨励されていたため，趣旨は徹底しなかった。

④ この法令により，日本人のキリスト教徒が国外に追放されたため，日本のキリスト教は，ほとんど根だやしになった。

問2 次の文章の空欄 ア ・ イ に入る語句の組合せとして正しいものを，次の①〜④のうちから一つ選べ。

日本の近世社会の特色のひとつとして，原則として身分と職業を固定化し，武士が農民や商人になることや農民が商業に従事することを禁止し，その身分に応じた職分を果たすべきであるとされていた点があげられる。このような「士農工商」とよばれることもある身分体制の確立は，主として農民を対象に発せられた ア の イ によって着手された。

① ア 豊臣秀吉 　　イ 刀狩令

② ア 徳川家康 　　イ 身分統制令

③ ア 徳川家康 　　イ 武家諸法度

④ ア 徳川家光 　　イ 分地制限令

問3 太閤検地に関連して述べた文として正しいものを，次の①〜④のうちから一つ選べ。

① 石高制は，土地の生産力を米の収穫量で表示するという点では，戦国大名の採用した貫高制と共通している。

② 太閤検地で把握されたのは耕地であり，屋敷地は対象から除外された。

③ 石高は，年貢賦課の基準であるとともに，秀吉が大名らに知行を与える際の基準ともなった。

④ 太閤検地では，土地測量の基準が統一され，360歩＝1反と定められた。

第3章：近世

問4　豊臣秀吉の対外政策について述べた文として誤っているものを，次の①
　　　〜④のうちから一つ選べ。

① 　バテレン（宣教師）追放令を出し，長崎の教会領を没収した。

② 　京都・長崎などの商人の東アジア諸国への渡航を認めた。

③ 　倭寇（後期倭寇）などの海賊行為を取り締まった。

④ 　ルソンのポルトガル政庁や台湾などに対して入貢を要求した。

1

豊臣政権の内外政策

解答・解説

問1　**正解** ③

① ［×］絵踏は江戸幕府がキリシタン摘発のために実施。

② ［×］日本人教徒の改宗が進むのは江戸幕府が発した禁教令以降のこと。

③ ［○］

④ ［×］バテレン追放令発令後もキリスト教徒の数は増加傾向にあった。

問2　**正解** ①

① ［○］**UP** 検地・刀狩令・人掃令（身分統制令）の諸政策により身分制度確立。

② ［×］身分統制令を発したのは豊臣秀吉。

③ ［×］武家諸法度は大名統制法で，元和令の発令は徳川秀忠。

④ ［×］分地制限令は本百姓体制維持のために，徳川家綱が発令。

問3　**正解** ③

① ［×］貫高制では，年貢など土地から得られる収入を銭に換算して表示した。

② ［×］屋敷地は田畑とともに太閤検地の対象。

③ ［○］

④ ［×］太閤検地では1反＝300歩。 1反＝360歩は律令体制下の単位。

問4　**正解** ④

① ［○］**UP** この時改宗に応じなかった高山右近は領地を没収された。

② ［○］

③ ［○］**UP** 豊臣秀吉は刀狩令と同時に海賊取締令を発した。

④ ［×］ポルトガル政庁の所在地はインドのゴア。

2 江戸幕府の機構と統制策

知識を整理！

■ 江戸幕府の財政基盤

> ❗ 幕府の財政基盤が直轄領からの年貢や鉱山収入であったことをおさえよう。

直轄領	➡	天領400万石（旗本領300万石，700万石は全国石高の1/4）
鉱山直轄	➡	佐渡金山・伊豆金山・但馬生野銀山・石見大森銀山
都市直轄	➡	三都（江戸・大坂・京都）・堺・長崎
貨幣鋳造権	➡	金貨（小判・一分金）・銀貨（丁銀・豆板銀）・銭貨（寛永通宝）の統一貨幣を発行
		17世紀後半以降，諸藩も藩札発行（財政窮乏に対処）

■ 江戸幕府の中央の要職

> ❗ それぞれの要職に就ける格を混同しないようにしよう。

大　老	➡	常置ではない臨時の最高職	←譜代大名から選任
老　中	➡	政務総括	←譜代大名から選任
若年寄	➡	老中補佐，旗本・御家人監察	←譜代大名から選任
大目付	➡	老中の下で大名監察	←旗本から選任
目　付	➡	若年寄の下で旗本・御家人監察	←旗本から選任
三奉行	➡	寺社奉行・町奉行・勘定奉行	

■ 江戸幕府の大名統制

> ❗ 武家諸法度は将軍代替わりごとに出されたことをおさえよう。

統制法	➡	一国一城令（1615），武家諸法度（1615，徳川秀忠発布）
参勤交代	➡	軍役の１つ。武家諸法度寛永令（1635，徳川家光）で制度化
		大名妻子の江戸在住，経費は大名負担
		享保の改革の時に上げ米の代償として緩和
大名配置	➡	親藩・譜代大名は要地，外様大名は遠隔地
大名処分	➡	改易（領地没収）・減封（領地削減）・転封（領地替え）

第3章：近世

■ 江戸幕府の朝廷統制

⚠ 紫衣事件により，朝廷に対する幕府の優位性が示されたことを理解しよう。

統制法　➡　**禁中並公家諸法度**(1615)

幕府優越　➡　**紫衣**事件(1627〜29)で**後水尾天皇**の紫衣勅許を無効化

後水尾天皇は**明正天皇**(徳川秀忠の娘和子との子)に譲位

朝廷監視　➡　**京都所司代**

■ 江戸幕府の貨幣改鋳

⚠ 良貨と悪貨の別を金貨の成分表で確認しよう。 ▶ 表

徳川家康　➡　慶長小判鋳造(金の比率86%)

荻原重秀　➡　元禄小判鋳造(金の比率57%)　→貨幣価値下落，物価騰貴

新井白石　➡　正徳小判鋳造(金の比率84%)

表をチェック ➡ 幕府の貨幣鋳造

名　称	鋳造年	重量(グラム)	金の含有率(%)
慶長小判	1601	17.9	86.3
元禄小判	1695	17.9	56.4
宝永小判	1710	9.4	83.4
正徳小判	1714	17.9	85.7
享保小判	1716	17.9	86.1
元文小判	1736	13.1	65.3

(「日本通貨変遷図鑑」)

★慶長小判は良質であったが，金の含有率を下げた元禄小判に改鋳された。その後，新井白石により，慶長小判と同品位の正徳小判がつくられた。

🔻 思考力を鍛える POINT

江戸幕府の職制の特色は？

要職には原則として複数の譜代大名や旗本らが就任し，**合議制**と**月番交代制**をとって，権力の集中を避ける措置が講じられた。

江戸幕府が鋳造した金貨と銀貨の性格の違いは？

金貨(小判・一分金)は純度や形状が一定の**計数貨幣**(額面と個数で通用)であったが，銀貨(丁銀・豆板銀)は取引の際に重さを量って品位を鑑定した**秤量貨幣**であった。金貨は，1両＝4分＝16朱の**4進法**で換算された。

演習問題

問1 幕府と藩の貨幣制度に関連して述べた文として正しいものを，次の①
〜④のうちから一つ選べ。

① 幕府は貨幣鋳造権をもち，金銀銭の統一貨幣を発行した。

② 金貨は秤量貨幣であり，小判・豆板金などの種類があった。

③ 藩札は，貨幣の不足した17世紀前半に最も多く発行された。

④ 幕府は，諸藩での藩札発行に対応して，全国共通の統一紙幣を発行した。

問2 江戸幕府の財政に関して述べた文として最も適当なものを，次の①
〜④のうちから一つ選べ。

① 幕府は200万石に及ぶ天領のほかに，主要な鉱山を直轄していた。

② 幕府は200万石に及ぶ天領のほかに，貨幣鋳造権を握っていた。

③ 幕府は400万石に及ぶ天領のほかに，重要な都市を直轄していた。

④ 幕府は400万石に及ぶ天領のほかに，初期から専売制を実施していた。

問3 江戸幕府の大老・老中・若年寄について述べた文として適当なものを，
次の①〜⑥のうちから二つ選べ。

① 大老は，将軍を補佐する最高職であるが，常置の役職ではなかった。

② 大老は，京都の近くに領地をもつ外様大名の中から選任された。

③ 老中は，親藩の藩主によって構成され，幕政全体を統括した。

④ 老中は，月番交代で政務に当たり，重要な政策は合議によって決定した。

⑤ 若年寄は，若年の旗本が勤める役職で，ある年齢になると老中に昇任した。

⑥ 若年寄は，将軍家斉が新設した役職で，旗本の監察を主な任務とした。

問4 参勤交代に関連して述べた文として正しいものを，次の①〜④のうちか
ら一つ選べ。

① 大名の妻子は江戸に居住することはなかった。

② 参勤交代の経費はすべて幕府が負担した。

③ 享保の改革では，上げ米の代償として，参勤交代の制度が緩められた。

④ 天保の改革の上知令によって，3年に1度の参勤に緩和された。

第3章：近世

問5 徳川和子は天皇の中宮になるが，この天皇は1629年に退位する。退位し
た天皇とそのきっかけとなった事件の組合せとして正しいものを，次の①
〜④のうちから一つ選べ。

① 後陽成天皇──紫衣事件 　　② 後水尾天皇──紫衣事件

③ 後陽成天皇──明和事件 　　④ 後水尾天皇──明和事件

2

江戸幕府の機構と統制策

▐ 解答・解説

問1 **正解** ①

① 〔○〕 **UP** 三貨はそれぞれ金座，銀座，銭座で鋳造された。

② 〔×〕 金貨は計数貨幣。秤量貨幣は丁銀・豆板銀などの銀貨。

③ 〔×〕 藩札発行が増大するのは江戸中期の17世紀後半以降のこと。

④ 〔×〕 江戸幕府は統一した紙幣を発行していない。

問2 **正解** ③

① 〔×〕 天領の石高は400万石。文の後半は正しい。

② 〔×〕 天領の石高は400万石。文の後半は正しい。

③ 〔○〕 **UP** 直轄都市は三都のほか，長崎や堺など。

④ 〔×〕 江戸幕府が専売制を実施するのは田沼時代以降のこと。

問3 **正解** ①・④

① 〔○〕

② 〔×〕 大老は10万石以上の譜代大名から選任。

③ 〔×〕 老中は2万5000石以上の譜代大名から選任。

④ 〔○〕 **UP** 重要政策は評定所で老中と三奉行が合議して決定した。

⑤ 〔×〕 若年寄は譜代大名から選任。旗本・御家人を監督。

⑥ 〔×〕 江戸幕府の職制がほぼ整備されたのは3代将軍家光の時。

問4 **正解** ③

① 〔×〕 大名の妻子は人質として江戸在住を強制された。

② 〔×〕 参勤交代での出費は大名が財政的に窮乏した原因の一つ。

③ 〔○〕 **UP** 大名の江戸在府を半年にした。

④ 〔×〕 上知令の代償に参勤交代緩和の規定はない。

問5 **正解** ② **UP** 徳川和子は2代将軍徳川秀忠の娘。

3 江戸時代の村のしくみ

知識を整理！

■ 江戸時代の村の運営

> ❗ 結・五人組・村八分の性格を混同しないようにしよう。

村方三役 ➡ 本百姓の階層から選出

名主（年貢納入の責任者，村政を統括）・組頭（名主の補佐役）・

百姓代（村民代表で名主・組頭監視）

入会地 ➡ 村民が共同利用した山野

結 ➡ 田植え・稲刈りなどの共同作業

村請制 ➡ 村の責任で村全体の年貢・諸役を納入

村八分 ➡ 村法（村掟）に違反した者に対する制裁

五人組 ➡ 年貢納入や治安維持についての連帯責任

■ 江戸時代の農民負担の種類

> ❗ それぞれの負担の内容を混同しないようにしよう。

本途物成 ➡ 田畑・屋敷地に課せられる本年貢

年貢率は四公六民（40%）→のちに五公五民（50%）

小物成 ➡ 山野河海の利用や副業に対する課税

国役 ➡ 一国単位で課せられる夫役（治水工事などの労役）

高掛物 ➡ 村高に応じて課せられる付加税

伝馬役 ➡ 街道周辺の農民から人馬を徴発

■ 本百姓体制維持を目的とした法令

> ❗ それぞれの法令の内容を史料で確認しよう。 ▶ 史料

田畑勝手作の禁令 ➡ 田畑に五穀以外の作物を植えることを禁止

田畑永代売買の禁令（1643） ➡ 田畑の売買を禁止

分地制限令（1673） ➡ 分割相続による田畑の細分化防止

第3章：近世

■ 江戸時代の身分制度

❗ 農民が村政に参加できる範囲を理解しよう。

武　士　➡　**苗字**・**帯刀**の特権，内部の上下関係は**厳格**

農　民　➡　**本百姓**（田畑・屋敷を所有し貢租負担，村政参加）
　　　　　　水呑百姓（本百姓の田畑を小作，村政参加は不可）

職　人　➡　親方と**徒弟**間の主従関係は**厳格**

商　人　➡　主人と奉公人間の主従関係は**厳格**

賤　民　➡　居住地制限，他身分との婚姻・交際は規制された

3

江戸時代の村のしくみ

史料をチェック

★**田畑売買禁止の目的が本百姓没落防止であったこと**を読み取ろう！

　身上能き百姓は田地を買取り，弥宜く成り，身体成らざる者は田畠沽却せしめ，猶々身上成るべからざるの間，向後[**田畠売買停止**]たるべき事。

(田畑永代売買の禁令)

★**名主20石，農民10石以下の分地を禁じたこと**を読み取ろう！

　名主・百姓，田畑持ち候大積り，名主は[**弐拾**]石以上，百姓は[**拾**]石以上，それより内持ち候ものは，石高猥りに分け申す間敷き旨，御公儀様より仰せ渡され候間，…畏み奉り候。

(分地制限令)

▼ 思考力を鍛える POINT

検見法と定免法の違いは？

検見法はその年の収穫量に応じて税率を決定する方法，定免法は過去数年間の年貢高を基準に税率を一定年限同じにする方法。享保の改革の際，貢租収入の安定をはかるため定免法が採用され，年貢の増収に効果をもたらした。

演習問題

問1 江戸時代における，百姓からの年貢徴収に関して述べた文として**誤って**いるものを，次の①〜③のうちから一つ選べ。

① 定免法は，一定の年貢率で本年貢を課すものであるが，それは永続的なものではなく，一定の年限を設けるのが普通であった。

② 幕府は享保の改革で，定免法の採用などによって，幕領からの年貢増収をはかったが，ほとんど効果はなく，年貢量は増加しなかった。

③ 幕府は，百姓から年貢を安定的に徴収できるようにするため，耕地の細分化を防ぐことを目的として，分地制限令を出した。

問2 近世の農民の生活に関して述べた文として**誤っている**ものを，次の①〜④のうちから一つ選べ。

① 結とよばれる監視組織を作って共同作業を行った。

② 村の秩序をみだすと，村八分などの制裁が加えられた。

③ 衣食住などの生活の細部にまでわたって制限が加えられた。

④ 五人組に編成され，年貢納入などで連帯責任をとらされた。

問3 近世の村や農民について述べた文として**誤っている**ものを，次の①〜④のうちから一つ選べ。

① 農民は，田畑・屋敷地にかかる本年貢のほかに，山野の利用に対してかかる国役なども負担した。

② 検地の結果，村の田畑・屋敷地は，検地帳に登録された者に所持が認められた。

③ 村の運営は，名主(庄屋)・組頭(年寄)などの村役人によって中心的に担われた。

④ 農民たちは，田植え・稲刈りなど一時に大量の労働力を要する作業については，結とよばれる共同労働を行うことがあった。

問4 近世の身分制度に関連して述べた文として**適当でない**ものを，次の①〜⑤のうちから二つ選べ。

① 武士は支配者として苗字・帯刀など多くの特権を得ていたが，武士内部での上下関係には厳しいものがあった。

第3章：近世

② 農民には，田畑を持つ本百姓，田畑を持たず小作で生活する水呑百姓などがあったが，ともに村の運営に平等に参加した。

③ 職人や商人は農民身分の下におかれたが，それぞれの内部では上下関係がなく税負担も軽かった。

④ 武士や富裕な農民・町人の家では家長の権限が強く，女子の社会的地位も低かった。

⑤ 賤民身分とされた人々は，居住地を制限されたり，他の身分の人々との結婚や交際を厳しく規制されたりした。

3

江戸時代の村のしくみ

解答・解説

問1 **正解** ②

① [○]

② [×] 享保の改革では，定免法採用や新田開発奨励によって年貢量は増大。

③ [○]

問2 **正解** ①

① [×] 結は共同作業の一種。農民相互の監視組織は五人組。

② [○] **Up** 村の運営は村法(村掟)によって行われた。

③ [○]

④ [○]

問3 **正解** ①

① [×] 国役は一国単位の夫役。山野の利用に課せられたのは小物成。

② [○] **Up** 本百姓は検地帳に登録されて田畑，屋敷地を所有した。

③ [○]

④ [○] **Up** 農村での共同労働は結・もやいとよばれた。

問4 **正解** ② ・ ③

① [○]

② [×] 水呑百姓は村の運営に参加できない。

③ [×] 職人と商人の社会では上下の主従関係が厳格。

④ [○] **Up** 女性は家督から除外された。

⑤ [○]

143

4　江戸時代初期の外交

知識を整理！

■ 江戸時代初期の国別の外交関係

❗ 外交上の出来事に登場する外国名を混同しないようにしよう。 ▶ 年代 p.184

ポルトガル	➡	糸割符制度を創設（1604）
スペイン	➡	仙台藩主伊達政宗が家臣支倉常長を派遣し通商要求
		家康が，京都商人田中勝介をスペイン領メキシコに派遣
オランダ	➡	蘭船リーフデ号のヤン=ヨーステンが家康の外交顧問
		→1609年，平戸に商館開設
イギリス	➡	ウイリアム=アダムズ（三浦按針）が家康の外交顧問
		→1613年，平戸に商館開設（1623年に閉鎖）
東南アジア	➡	朱印船貿易の発展によって各地に日本町形成
		山田長政はシャム王室に重用される

■ 鎖国政策の経過

❗ 幕府の鎖国政策の推移をおさえよう。 ▶ 年代 p.184

1612年	天領に禁教令（翌年全国拡大）→高山右近をマニラ追放（1614）
1616年	中国船以外の寄港地を平戸・長崎に制限
1624年	スペイン（イスパニア）船の来航禁止
1631年	奉書船制度を開始（海外渡航船は老中奉書を所持）
1633年	鎖国令（奉書船以外の海外渡航を禁止）
1635年	鎖国令（日本人の海外渡航と帰国を全面禁止）
1637〜38年	島原の乱（領主の圧政とキリシタン弾圧に対する農民反乱）
	乱後，キリスト教弾圧強化
	寺請制度 ＝ 庶民を檀那寺の檀徒として所属させる
	宗門改めとよばれる信仰調査実施，宗門改帳作成
1639年	鎖国令（ポルトガル船の来航を禁止）
1641年	オランダ商館を平戸から長崎出島に移転

144

第3章：近世

■ 江戸幕府と琉球・朝鮮との関係

❗ 琉球と朝鮮の使節の性格を混同しないようにしよう。▶ 図版 p.188

琉球 ➡ 薩摩藩の島津氏が琉球を服属させる（17世紀初め）
慶賀使（将軍代替わり）と謝恩使（琉球国王代替わり）が来日

朝鮮 ➡ 対馬藩の宗氏が己酉約条を締結（17世紀初め）→貿易独占
朝鮮通信使（将軍の代替わり）が来日

4

江戸時代初期の外交

■ 中世と近世の対蝦夷政策

❗ アイヌの首長による戦いの時期を正確におさえよう。

15世紀半ば	コシャマインの蜂起後，蠣崎氏が蝦夷ヶ島を支配
17世紀初め	幕府，松前氏（蠣崎氏が改姓）の対アイヌ交易権を保障
17世紀半ば	松前藩，シャクシャインの戦いを鎮圧→アイヌ支配強化

🔻 思考力を鍛える POINT

糸割符制度を制定した目的は？

堺・長崎・京都の特定商人に糸割符仲間を編成させて，ポルトガル商人が長崎に運んでくる中国産生糸を一括購入する特権を与え，ポルトガル商人の利益独占を排除しようとした。

薩摩藩は琉球を服属後，明への朝貢貿易をやめさせたか？

中世以来，琉球は明と宗属関係にあり，朝貢貿易を行っていた。薩摩藩は琉球を服属させた後も明との朝貢貿易は継続させ，琉球を通じて中国の産物を入手して利益をあげた。清成立後も琉球は日清両属とさせた。

松前藩はアイヌとの交易の制度をどのように移行させたか？

江戸初期，松前氏は家臣にアイヌとの交易権を知行として与える制度をとっていたが，江戸後期にアイヌ支配を強めると，本州の商人に交易をまかせて請負い料を取り立てる制度へと移行させた。

145

演習問題

問1 江戸時代初期の外交について述べた文として**誤っているもの**を，次の①〜④のうちから一つ選べ。

① 己酉約条によって，対馬の宗氏が朝鮮貿易を独占することになった。

② 幕府の許可を得たオランダ・イギリスが平戸に商館を設けた。

③ 伊達政宗は通商を求めて支倉常長をロシアへ派遣した。

④ 幕府は特定商人に糸割符仲間をつくらせ，輸入生糸の一括購入をはからせた。

問2 海外との通交・貿易制限について述べた文として**正しいもの**を，次の①〜④のうちから一つ選べ。

① 家康政権は，ポルトガル貿易を統制するために，京都・堺・長崎の特定の商人に糸割符仲間を作らせた。

② 秀忠政権は，貿易の制限などを目的として，すべての外国船の来航を平戸と長崎の2港に制限した。

③ 家光政権は，日本人の海外渡航を禁止し，来航する外国船に対しては奉書船制度を定めた。

④ 家光政権は，ポルトガル船の来航を禁止し，長崎の出島で中国船・オランダ船との貿易を許可した。

問3 島原の乱の後に幕府がとった対外政策として**正しいもの**を，次の①〜④のうちから一つ選べ。

① 奉書船以外の日本人の渡航禁止　　② イスパニア船の来航禁止

③ 糸割符制度の開始　　　　　　　　④ ポルトガル船の来航禁止

問4 明治期に清国政府と日本政府との間に琉球をめぐって立場の相違が形成された歴史的経緯について述べた文として**正しいもの**を，次の①〜④のうちから一つ選べ。

① 16世紀末に豊臣秀吉が占領した琉球王国を江戸幕府は薩摩藩に与えたが，明は日本の琉球支配を認めなかった。

② 17世紀初め薩摩藩は琉球王国を占領し貢納させていたが，琉球王国は，中国王朝の皇帝に対し臣下の礼をとっていた。

146

第3章：近世

③　17世紀前半，薩摩藩は，幕府の鎖国令にもとづき，琉球王国に対して明との貿易を禁じた。

④　17世紀中ごろの国交樹立以来，清国と琉球王国とは対等な国交関係を結び，それを認めない日本と対立した。

4

江戸時代初期の外交

解答・解説

問1　**正解** ③

① ［○］ **UP** 貿易は釜山に設置された倭館で行われた。

② ［○］

③ ［×］ 伊達政宗は支倉を**スペイン**に派遣して通商を求めたが失敗。

④ ［○］

問2　**正解** ①

① ［○］ **UP** 京都・堺・長崎に江戸・大坂の商人を加えて**五カ所商人**とよぶ。

② ［×］ 1616年，外国船寄港地は平戸・長崎に制限されたが，中国船は適用外。

③ ［×］ 朱印状の他に老中奉書所持を命じたのは，海外渡航する日本船。

④ ［×］ 出島に収容されたのは**オランダ人**のみ。中国人は長崎に雑居していたが，のちに郊外の**唐人屋敷**に集住。

問3　**正解** ④

① ［×］ 奉書船以外の日本人の海外渡航禁止は1633年。

② ［×］ イスパニア（スペイン）船の来航禁止は1624年。

③ ［×］ 糸割符制度開始は1604年。

④ ［○］ **UP** 島原の乱後に禁教策が強化され，ポルトガル船の来航禁止（1639年）。

問4　**正解** ②

① ［×］ 琉球王国は，17世紀初めに薩摩藩の島津氏により服属。

② ［○］

③ ［×］ 薩摩藩は貿易の利を目的に，琉球の明への朝貢貿易を継続させた。

④ ［×］ 17世紀半ばの清成立後も，琉球は清と薩摩藩に両属。

147

5　文治政治の展開

知識を整理！

■ 5代将軍徳川綱吉の政策

> ❶ 徳川綱吉の政治が儒教にもとづく文治政治であったことを理解しよう。 ▶ 年代 p.184

側用人政治 ➡ 柳沢吉保を登用

文教政策 ➡ 湯島聖堂を建立，林鳳岡(信篤)を大学頭に任命

　　　　　　歌学方に北村季吟，天文方に渋川春海(安井算哲)登用

仏教政策 ➡ 生類憐みの令を発して鳥獣保護を命令

貨幣改鋳 ➡ 勘定吟味役荻原重秀，悪質の元禄小判を発行

■ 正徳の治の政策

> ❶ 新井白石が元禄期の幕政の刷新をはかったことを理解しよう。

将軍補佐 ➡ 朱子学者新井白石らが6代将軍家宣・7代将軍家継を補佐

朝幕関係融和 ➡ 閑院宮家を創設

貨幣改鋳 ➡ 良質の正徳小判を発行(慶長小判と同質)

朝鮮政策 ➡ 朝鮮通信使の待遇を簡素化(経費節減)

　　　　　　国書の将軍称号を「日本国大君」から「日本国王」

長崎貿易 ➡ 海舶互市新例(1715)を発令

　　　　　　貿易額の制限と金銀の海外流出防止が目的

■ 新井白石の学派と著書

> ❶ 『西洋紀聞』の内容を史料から読み取ろう。 ▶ 史料

学　派 ➡ 京学派の木下順庵に学んだ朱子学者

著　書 ➡ 『西洋紀聞』(西洋研究書，イタリア人シドッチを尋問)

　　　　　『采覧異言』(世界地理書，イタリア人シドッチを尋問)

　　　　　『読史余論』(武家政権への推移を段階的に区分した歴史書)

　　　　　『折たく柴の記』(自叙伝)

第3章：近世

5 文治政治の展開

■ 藩政刷新をはかった藩主

> ⚠ 藩主が招いた儒学者を混同しないようにしよう。

保科正之（会津） ➡ 山崎闇斎（垂加神道創始，南学派の朱子学者）に学ぶ

3代将軍徳川家光の異母弟，4代将軍家綱を補佐

池田光政（岡山） ➡ 熊沢蕃山（陽明学者）に学ぶ

郷学の閑谷学校を設立，蕃山により花畠教場も設立

徳川光圀（水戸） ➡ 朱舜水（明の儒学者）に学ぶ

彰考館で歴史書『大日本史』の編纂を開始

前田綱紀（加賀） ➡ 木下順庵（京学派の朱子学者）に学ぶ

学問の振興，古文書の整理を行う

史料をチェック

★新井白石の西洋への関心を読み取ろう！

凡そ①其人博聞強記にして，彼方多学の人と聞えて，天文・地理の事に至りては，企及ぶべしとも覚えず。…こゝに知りぬ，②彼方の学のごときは，たゞ③其形と器とに精しき事を。所謂④[形而下]なるもののみを知りて，⑤[形而上]なるものはいまだあづかり聞かず。」
（『西洋紀聞』）

> 注　①シドッチ　②西洋の学問　③物質や技術
> ④形のあるもの（実証的な学問）　⑤形のないもの（道徳や思想）

🔽 思考力を鍛える POINT

家綱の時代に文治政治への転換がはかられた契機と対応は？

契機　家光が死去した1651年，由井(比)正雪による幕府転覆計画が発覚すると（由井正雪の乱），これを契機に幕府は武断政治から文治政治への転換をはかった。

対応　幕府は，末期養子の禁を緩和して牢人の増加を防ぐなど，法制の整備によって社会秩序の安定をはかろうとする政策をすすめた。また，殉死を禁止して，主君の家に奉公することを義務づけた。

勘定吟味役荻原重秀の貨幣改鋳策の結果は？

質の劣った元禄小判の発行によって生じた差益金で幕府財政は一時期回復したが，一方で貨幣価値の下落による物価の高騰をもたらし，人々の生活を圧迫した。

149

演習問題

問1 幕府は ア を緩和して大名家の断絶を減らし，牢人（浪人）の増加を防いだ。また，主君の死に際して， イ を禁じた。 ア イ に入る語句の組合せとして正しいものを，次の①〜④のうちから一つ選べ。

① ア 上げ米 イ 家臣の殉死
② ア 上げ米 イ 家臣からの人質（証人）
③ ア 末期養子の禁 イ 家臣の殉死
④ ア 末期養子の禁 イ 家臣からの人質（証人）

問2 徳川綱吉が行った政策について述べた文として誤っているものを，次の①〜④のうちから一つ選べ。

① 生類憐みの令を出して，犬をはじめとする鳥獣の保護を命じた。
② 貨幣の質を落とした改鋳を行い，物価の騰貴を招いた。
③ 湯島に聖堂を建てて，学問所として整備した。
④ 側用人として，大岡忠相を重用した。

問3 新井白石の対外政策について述べた文として正しいものを，次の①〜④のうちから一つ選べ。

① 特定の商人に糸割符仲間を作らせた。
② 長崎貿易について貿易額を制限した。
③ 貿易制限をゆるめ，銅や俵物の輸出増加をはかった。
④ 貿易統制のために，奉書船制度を始めた。

問4 新井白石について述べた文として誤っているものを，次の①〜④のうちから一つ選べ。

① 江戸幕府の歴史において，学者がその理念を政治に反映させた事例として知られる。
② 世界の地理・風俗などを記した『采覧異言』を著した。
③ 学問の師は京学の系統をひく木下順庵で，同門には室鳩巣や柴野栗山らがいた。
④ 朝鮮からの国書において将軍の呼称を大君から国王に改めさせ，将軍の地位を明確にしようとした。

第3章：近世

問5　次の文章の空欄　I　　II　に入る語句の組合せとして正しいものを，下の①～④のうちから一つ選べ。

　徳川光圀は御三家の一つ　I　家に生まれ，家督を継いで藩政の確立に努めた。また，彰考館で『　II　』の編纂をはじめ，朱舜水を招いて学事にあたらせた。

① I　水戸　　II　読史余論　　② I　水戸　　II　大日本史

③ I　尾張　　II　読史余論　　④ I　尾張　　II　大日本史

5

文治政治の展開

解答・解説

問1　**正解**　③

　Up　「主君の死に際して」とあるので，イの空欄には「家臣の殉死」が入る。徳川家綱の寛文年間には殉死の禁止とともに人質(証人)も廃止されている。また，異様な風体をした「かぶき者」に対する取りしまりも強化された。

問2　**正解**　④

　①［○］

　②［○］　**Up**　良質の慶長金銀を悪質の元禄金銀に改鋳した。

　③［○］　**Up**　徳川綱吉は木下順庵に儒教を学んだ。

　④［×］　綱吉の側用人は柳沢吉保。大岡忠相を登用したのは8代将軍吉宗。

問3　**正解**　②

　①［×］　糸割符制度の開始は1604年のこと。

　②［○］　**Up**　清船は年間30隻・銀高6000貫，蘭船は2隻・銀高3000貫に制限。

　③［×］　俵物は田沼時代の頃から盛んに中国へ輸出。

　④［×］　奉書船制度の開始は1631年のこと。

問4　**正解**　③

　①［○］　**Up**　徳川家宣は朱子学者新井白石と側用人間部詮房を信任した。

　②［○］

　③［×］　木下順庵門下は白石・室鳩巣ら。柴野栗山は京学派の林家の系統で，寛政異学の禁を推進。

　④［○］

問5　**正解**　②

　①［×］　『読史余論』は新井白石の歴史書。

151

6 諸産業の生産力向上

知識を整理！

■ 農業技術の発展

> ❗ 農具の形態を図版で確認しよう。▶ **図版**

農　具 ➡ 備中鍬（深耕具）
　　　　　千歯扱（脱穀具）←扱箸に代わる
　　　　　唐箕・千石どおし（玄米と籾殻を選別する道具）
　　　　　踏車（灌漑具）← 竜骨車に代わる

肥　料 ➡ 刈敷・下肥の自給肥料に加え，金肥（干鰯・油粕）普及

商品作物 ➡ 四木：漆・茶・楮（和紙の原料）・桑
　　　　　三草：麻・紅花（染料，出羽が主産地）・藍（染料，阿波が主産地）

■ 農学者と農政家

> ❗ 農学者のそれぞれの著書を混同しないようにしよう。

農学者 ➡ 宮崎安貞，『農業全書』を著す（17世紀末）
　　　　　大蔵永常，『農具便利論』『広益国産考』を著す（19世紀）

農政家 ➡ 二宮尊徳・大原幽学，農村を復興（幕末）

■ 諸産業の発展

> ❗ 俵物や昆布が銅に代わる輸出品となり，蝦夷地の漁業が隆盛したことを理解しよう。

漁　業 ➡ 九十九里浜の鰯漁，土佐の鰹漁，蝦夷地の鰊・昆布漁
製塩業 ➡ 入浜式塩田の普及（瀬戸内海）←揚浜法から発達
林　業 ➡ 木曽檜・秋田杉（材木の商品化）
鉱　業 ➡ 金山（佐渡・伊豆）・銀山（生野・大森）・銅山（足尾・別子）

第3章：近世

6 諸産業の生産力向上

■ 各地の特産品

> ❗ 各地の特産品を生産地とともにおさえよう。

絹織物	→	西陣織・足利絹・桐生絹（西陣の高機技術が各地に普及）
綿織物	→	久留米絣・小倉織・有松絞（尾張）
麻織物	→	越後縮・奈良晒
漆塗物	→	輪島塗（能登）・春慶塗（飛騨）
陶磁器	→	有田焼（肥前）・九谷焼（加賀）
醸造ほか	→	酒＝灘・伊丹，醤油＝野田，塩＝赤穂（播磨）

図版をチェック 　江戸時代の農具

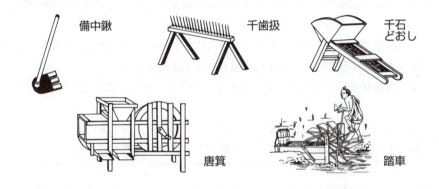

備中鍬　千歯扱　千石どおし　唐箕　踏車

🔽 思考力を鍛える POINT

17世紀後半以降金銀の産出量は増えたか？

江戸時代初期は金銀の採掘が盛んであったが，17世紀後半以降は次第に減少するようになった。代わって，銅山の開発によって銅の産出量が増加し，銅銭の需要や長崎貿易の主要輸出品としての役割を果たすようになった。

手工業生産の形態はどのように変化したか？

＜農村家内工業＞　自前の資金・原料による農家の副業にもとづく生産形態。

＜問屋制家内工業＞　問屋商人が農家に資金や原料を前貸しして，生産品と交換に加工賃を支払う生産形態。

＜工場制手工業＞　問屋商人が労働者を作業場に集め，分業による協業を行わせる生産形態（マニュファクチュア）。

153

演習問題

問1 近世の農業について述べた文として正しいものを，次の①〜④のうちから一つ選べ。

① 家族の労働力を集約的につぎこむ農業経営がひろく展開した。

② 唐箕や千石どおしが普及したため，脱穀が容易になった。

③ 木綿をはじめ，たばこ・紅花・藍等の商品作物は，畿内の特産品となっていった。

④ 油粕・干鰯などの金肥が普及すると，刈敷・下肥などの自給肥料は使われなくなった。

問2 近世の産業について述べた次の文Ⅰ〜Ⅲについて，その正誤の組合せとして正しいものを，下の①〜④のうちから一つ選べ。

Ⅰ 有田で磁器の生産が行われ，酒井田柿右衛門が赤絵の技法を完成させた。

Ⅱ 木曽檜や秋田杉が，領主の直轄林などで生産された。

Ⅲ 17世紀後半になると，銅の産出量が減少し，かわって金銀山の開発が進んだ。

① Ⅰ 正 Ⅱ 正 Ⅲ 誤　　② Ⅰ 正 Ⅱ 誤 Ⅲ 誤

③ Ⅰ 誤 Ⅱ 正 Ⅲ 正　　④ Ⅰ 誤 Ⅱ 誤 Ⅲ 正

問3 近世の絹織物生産の発展に関して述べた文として正しいものを，次の①〜④のうちから一つ選べ。

① 高級絹織物の原料となる生糸は，当初は輸入糸に依存したが，次第に国産糸に代わっていった。

② 高機で高級絹織物を生産する技術は，近世を通して西陣が独占していた。

③ 大蔵永常は，『農業全書』のなかで桑の栽培を奨励した。

④ 自前の原料・資金で生産する問屋制家内工業により，絹織物が盛んに織られた。

第3章：近世

問4　『桐生織物史』に記されている次の文章a・bの生産のありかたをあらわした語句の組合せとして正しいものを，下の①〜④のうちから一つ選べ。

a　百姓農業の片手間に，娘ら蚕を飼い，繭より糸をとり，織物渡世をせし…

b　機屋共は銘々機織女・糸繰・紋引などを大勢召し抱え，渡世をす。

① a　農村家内工業　　　　b　問屋制家内工業
② a　問屋制家内工業　　　b　工場制手工業
③ a　農村家内工業　　　　b　工場制手工業
④ a　問屋制家内工業　　　b　工場制機械工業

6
諸産業の生産力向上

解答・解説

問1　**正解** ①
　① ［○］ **UP** 近世の農業経営方法は，家族の労働力を耕地に集約的に投下。
　② ［×］ 唐箕や千石どおしは選別具，脱穀具は千歯扱。
　③ ［×］ 紅花が出羽，藍が阿波の特産品であるように，畿内以外でも生産。
　④ ［×］ 近世でも自給肥料が主体である。

問2　**正解** ①
　Ⅰ ［○］ **UP** 有田焼は，酒井田柿右衛門が赤絵の技法を完成させてさらに発展。
　Ⅱ ［○］ **UP** 紙の原料である楮や漆の特産地も形成。
　Ⅲ ［×］ 17世紀後半以降，金銀の産出量が減少し，銅山の開発が進んだ。

問3　**正解** ①
　① ［○］ **UP** 生糸は，江戸初期は中国産の輸入糸に依存していた。
　② ［×］ 高機を用いた生産技術は西陣から桐生・足利など各地に普及。
　③ ［×］ 大蔵永常が商品作物の栽培について述べたのは『広益国産考』。
　　　　　『農業全書』の著者は宮崎安貞。
　④ ［×］ 問屋制家内工業は問屋から原料・道具の前貸しを受けて行う形態。

問4　**正解** ③
　③ ［○］ aは「農業の片手間に…」の記述から農村家内工業とわかる。
　　　　　bは「機織女・糸繰・紋引などを大勢召し抱え」の記述から工場制手工業
　　　　　（マニュファクチュア）とわかる。

155

7　都市と交通の発展

知識を整理！

■ 三都の性格

⚠ 三都の性格を混同しないようにしよう。

江　戸 ➡ 「将軍のお膝元」，武家人口の増大

大　坂 ➡ 「天下の台所」，商業都市

京　都 ➡ 学問・芸術・宗教の中心，手工業生産の発展

■ 町人の階層

⚠ 町政に参加できる範囲を理解しよう。

地主・家持 ➡ 屋敷地・家屋敷を所有，諸役を負担
町年寄などの町役人に選出され，町政運営

地　借 ➡ 宅地を借りて家を建てる，地代負担，町政参加は不可

店　借 ➡ 宅地と家屋を借りる，店賃負担，町政参加は不可

■ 商業の発展

⚠ 十組問屋と二十四組問屋の性格を混同しないようにしよう。

蔵屋敷 ➡ 諸藩の蔵物（年貢米・特産物）を保管，大坂に集中

蔵　元 ➡ 蔵物の保管・売却

掛　屋 ➡ 蔵物の売却代金の保管・送付

札　差 ➡ 旗本・御家人の俸禄米の売却

両替商 ➡ 金・銀・銭三貨の両替，本両替は為替・貸付業務も行う

海　運 ➡ 江戸の十組問屋（荷受問屋），大坂の二十四組問屋（荷積問屋）

専門市 ➡ 江戸の日本橋魚市場・神田青物市場
大坂の雑喉場魚市場・天満青物市場・堂島米市場

納屋物 ➡ 民間商人の手による商品として活発な取引

豪　商 ➡ 呉服商（越後屋）の三井家，酒造の鴻池家

第3章：近世

■ 陸上交通の整備

> ❗ 参勤交代や物資輸送の活発化により，陸上交通が発達したことを理解しよう。

五街道	➡	東海道・中山道・甲州道中・日光道中・奥州道中
関　所	➡	箱根・新居（東海道），碓氷・木曽福島（中山道） 小仏（甲州道中），栗橋（日光・奥州道中）
渡　し	➡	大井川は渡航・架橋禁止
宿場数	➡	中山道67宿（最大），東海道53宿
宿駅制度	➡	問屋場（人馬継ぎ立ての施設） 宿泊施設（大名は本陣・脇本陣，庶民は旅籠・木賃宿）
飛　脚	➡	幕府公用は継飛脚，大名の大名飛脚，民間は町飛脚

7

都市と交通の発展

■ 水上交通の整備

> ❗ 水上交通の整備によって大量の物資輸送が可能になったことを理解しよう。 ▶ 年代 p.185

河川舟運	➡	17世紀前半，角倉了以が富士川・高瀬川などを開削
海上交通	➡	17世紀後半，河村瑞賢が大坂・江戸への直行路を整備 ┌東廻り航路（日本海沿岸〜津軽〜江戸） └西廻り航路（日本海沿岸〜下関〜大坂） 17世紀末，南海路（大坂・江戸間）では十組問屋が菱垣廻船 と提携，のちに船足が速い樽廻船が菱垣廻船を圧倒

🔻 思考力を鍛える POINT

城下町の居住地のようすは？

城下町では，武家地が城郭を囲み，さらにその周辺に町人地と武家地が配置されるなど，身分ごとに居住地が区分されていた。

157

演習問題

問1 都市について述べた文として正しいものを，次の①〜④のうちから一つ選べ。

① 町人には，屋敷地をもつ家持と，宅地のみを借りて住んでいる店借，宅地と家屋を借りて住む地借などがあった。

② 江戸は商業都市として発展して「天下の台所」といわれ，京都では手工業生産が発達した。

③ 城下町は，武家地・町人地などというように，身分ごとに居住空間が区別されるのが通例であった。

④ 都市には，円滑な流通のため，江戸日本橋の青物市場，大坂堂島の米市場などの市場が設けられた。

問2 近世の商品流通について述べた文として正しいものを，次の①〜④のうちから一つ選べ。

① 蔵物は，在郷(在方)商人により三都で販売された。

② 旗本・御家人の俸禄米を取り扱う，掛屋と呼ばれる商人が成長した。

③ 有名な株仲間として，江戸の十組問屋や大坂の二十四組問屋があった。

④ 金座・銀座・銭座は，金融業や為替(かわせ・かわし)取引を行った。

問3 陸上交通に関連して述べた文として正しいものを，次の①〜④のうちから一つ選べ。

① 中山道には，品川から大津まで53の宿駅があり，五街道のうち最も宿駅が多かった。

② 宿駅には，人馬による輸送業務をする問屋場や，庶民の宿泊施設である本陣があった。

③ 東海道の碓氷などでは，関所が設けられて旅行者や荷物が厳しくあらためられた。

④ 東海道の大井川など特定の河川では，幕府の政策として橋を架けることが禁じられた。

問4 水上交通について述べた文として誤っているものを，次の①〜④のうちから一つ選べ。

第3章：近世

① 東廻り航路によって，東北地方の米を，大坂を経ずに，江戸に運ぶことができるようになった。

② 西廻り航路の港となった長崎は，国内の水運と海外貿易の接点として重要な役割を果たすようになった。

③ 京都の豪商であった角倉了以は，富士川・高瀬川などの河川の開削を行った。

④ 大坂から江戸へ酒を輸送するために登場した樽廻船は，やがてその他の日常物資をも輸送するようになった。

7

都市と交通の発展

解答・解説

問1 **正解** ③

① ［×］宅地を借りて家を建てるのは地借，宅地・家屋を借りるのは店借。

② ［×］「天下の台所」といわれて商業都市として発展したのは大坂。

③ ［○］

④ ［×］江戸日本橋は魚市で有名。江戸の青物市は神田。

問2 **正解** ③

① ［×］蔵物を販売したのは蔵元と掛屋。在郷商人は農村で成長した商人。

② ［×］旗本・御家人の俸禄米を扱ったのは札差。

③ ［○］ **UP** 十組問屋は江戸の荷受問屋仲間，二十四組問屋は大坂の荷積問屋仲間。

④ ［×］金・銀・銭座は貨幣鋳造所。金融業や為替を行ったのは両替商。

問3 **正解** ④

① ［×］最大の宿駅数は中山道の67宿。品川～大津の53宿は東海道。

② ［×］本陣は大名が利用する宿泊施設。庶民の宿舎には旅籠などがある。

③ ［×］碓氷は中山道の関所。東海道の関所は箱根と新居。

④ ［○］

問4 **正解** ②

① ［○］ **UP** 東廻り航路（海運）・西廻り航路（海運）は河村瑞賢により整備。

② ［×］西廻り航路は下関経由で大坂に至る航路であるから，長崎と無関係。

③ ［○］ **UP** 角倉了以・茶屋四郎次郎は京都，末吉孫左衛門は摂津，末次平蔵は長崎の豪商。

④ ［○］

159

| **8** | | 享保の改革と田沼時代 |

知識を整理！

■ 享保の改革の具体的政策

> ❗ 享保の改革は，一時的な財政再建に成功したことを理解しよう。

担当者 ➡ 18世紀前半，8代将軍徳川吉宗

財政再建策 ➡ 上げ米（大名は1万石につき米100石上納，参勤交代緩和）
足高の制
（役職の基準に満たない場合，在職中だけ不足の役料を支給）

年貢増徴策 ➡ 定免法を採用（←検見法），新田開発を奨励

法制整備 ➡ 相対済し令（旗本・御家人の金銭貸借は当事者間解決）
公事方御定書（裁判や刑罰の基準，大岡忠相が編纂）

都市対策 ➡ 目安箱設置（施政に対する庶民の直訴を受付け）
→小石川養生所を設置，町火消を整備

実学奨励 ➡ 漢訳洋書輸入を緩和
青木昆陽にオランダ語習得と甘藷栽培を命令

人材登用 ➡ 大岡忠相（町奉行）と田中丘隅（民政に貢献，『民間省要』）

■ 田沼時代の具体的政策

> ❗ 商業資本を利用した経済政策をとったことを理解しよう。

担当者 ➡ 18世紀後半，老中田沼意次（10代将軍徳川家治を補佐）

商業政策 ➡ 専売制の拡張（直営の銅座・鉄座・朝鮮人参座・真鍮座）
株仲間の積極的公認→運上・冥加を徴収
長崎貿易の奨励→銅・俵物の輸出拡大

殖産興業策 ➡ 商業資本を利用して，新田開発を奨励
印旛沼・手賀沼（下総）の干拓→失敗

蝦夷地開発 ➡ 工藤平助が『赤蝦夷風説考』を田沼に献上
→蝦夷地開発計画（最上徳内を派遣）

160

第3章：近世

■ 近世の三大飢饉の特徴

⚠ 三大飢饉発生の原因や影響を理解しよう。

享保の飢饉(1732) ➡ ＜原因＞ 長雨・うんかの発生(西日本に被害)

　　　　　　　　　　＜影響＞ 米価高騰

天明の飢饉(1782〜87) ➡ ＜原因＞ 浅間山噴火(とくに東北で被害)

　　　　　　　　　　　＜影響＞ 天明の打ちこわし発生

天保の飢饉(1832〜39) ➡ ＜原因＞ 洪水・冷害(全国に被害)

　　　　　　　　　　　＜影響＞ 甲斐や三河で大規模な一揆発生

■ 18世紀以降の武士の窮乏を述べた著書

⚠ 徳川吉宗の諮問に答えた『政談』の内容を史料で読み取ろう。 ▶ 史料

荻生徂徠 ➡ 『政談』(武士土着論など農業重視の経世論)

　　　　　 貨幣経済の進展で武士生活が不安定になったと記述

太宰春台 ➡ 『経済録』(藩専売制実施など経済重視の経世論)

　　　　　 困窮した大名が町人に金を借りている実態を記述

史料をチェック ▶

★貨幣経済の浸透で窮乏する享保期の武士生活の様子を理解しよう！

　①当時ハ、②旅宿ノ境界ナル故，金無クテハナラヌ故，米ヲ売テ金ニシテ，商人ヨリ物ヲ買テ日々ヲ送ルコトナレバ，商人主ト成テ武家ハ客也。故ニ諸色ノ直段，武家ノ心儘ニナラヌ事也。武家皆知行処ニ住スルトキハ，米ヲ売ラズニ事スム故，商人米ヲホシガル事ナレバ，武家主ト成テ商人客也。去バ諸色ノ直段ハ武家ノ心マヽニナル事也。

（『政談』）

注 ①享保の頃　②不安定な状態をたとえている

▽ 思考力を鍛える POINT ━━━━━━━

18世紀以降，武士が財政的に困窮した理由は？

武士階級は俸禄米を現金にかえて消費的な生活を送っていたが，米価に比べて諸物価が上昇し始めると，支出が増大し，財政的に困窮した。

演習問題

問1 享保改革の時期に幕府によって実施された政策について述べた次の文ア〜エについて，その正誤の組合せとして正しいものを，下の①〜④のうちから一つ選べ。

ア　幕府は広く人材を集めることを目的に，庶民が有能な人材を推薦する目安箱の制度を設けた。

イ　徳川吉宗が登用した青木昆陽は，甘藷の栽培にあたったり，オランダ語を学んだりした。

ウ　幕府は，1万石未満の禄高の者が役職についた場合，終生にわたって俸禄の加算を行う足高の制を設けた。

エ　徳川吉宗により町奉行に登用された大岡忠相は，市政改革を行うとともに，裁判の基準となる法典の制定などにあたった。

① ア正 イ正 ウ正 エ誤　　② ア誤 イ正 ウ誤 エ正
③ ア正 イ誤 ウ誤 エ正　　④ ア誤 イ正 ウ正 エ誤

問2 田沼時代の政策として**誤っているもの**を，次の①〜④のうちから一つ選べ。

① 商人に出資させた新田開発や下総印旛沼の干拓などをくわだてた。
② 株仲間を積極的に公認して，運上・冥加などを徴収した。
③ 銅・鉄・真鍮・朝鮮人参などの座を設けて専売制をしいた。
④ 旗本や御家人の窮乏を救うために，棄捐令を出した。

問3 近世の三大飢饉に関連して述べた次の文ア〜ウについて，その正誤の組合せとして正しいものを，下の①〜④のうちから一つ選べ。

ア　享保の飢饉への対応に失敗したため，側用人柳沢吉保は責任を問われて辞職した。

イ　天明の飢饉は，全国のなかでも東北地方にとりわけ大きな被害をもたらした。

ウ　天保の飢饉で困窮した人々によって，甲斐国などでは大規模な一揆が引き起こされた。

① ア 正 イ 正 ウ 誤　　② ア 正 イ 誤 ウ 誤
③ ア 誤 イ 誤 ウ 正　　④ ア 誤 イ 正 ウ 正

第3章：近世

問4　『政談』が著された当時の政治・社会状況について述べた文として正し
　　　いものを，次の①〜④のうちから一つ選べ。

①　江戸では無宿人が増加したため，幕府は，小石川に人足寄場を設けて彼
　　らを収容し，治安の維持を図った。

②　各藩では，財政状況の悪化を打開するために藩政改革を行ったが，その
　　代表的な例として，調所広郷による薩摩藩の改革がある。

③　諸物価の中で，米価が相対的に安くなり，俸禄米を売って生活する武士
　　は，ますます困窮した。

④　織物業では，分業と協業によるマニュファクチュア経営が全国的に展開
　　しつつあった。

8
享保の改革と田沼時代

解答・解説

問1　**正解** ②

　ア［×］目安箱は，施政に対する庶民の直訴を受付ける目的で設置。

　イ［○］**UP** 青木昆陽とともに野呂元丈も吉宗の命でオランダ語を研究した。

　ウ［×］足高の制は在職中だけ役高の不足分を支給した。

　エ［○］**UP** 公事方御定書の下巻は主に刑法で「御定書百箇条」ともいう。

問2　**正解** ④

　①［○］

　②［○］

　③［○］

　④［×］棄捐令が出されたのは寛政の改革・天保の改革の時。

問3　**正解** ④

　ア［×］柳沢吉保が側用人の地位にあったのは5代将軍綱吉の時。

　イ［○］**UP** 天明の飢饉の際には百姓一揆と打ちこわしが激発した。

　ウ［○］**UP** 天保の飢饉の際に，甲斐で郡内一揆，三河では加茂一揆が発生。

問4　**正解** ③

　①［×］石川島に人足寄場が設置されたのは寛政の改革の時。

　②［×］薩摩藩や長州藩などが藩政改革を実施したのは天保の改革の頃。

　③［○］

　④［×］織物業でマニュファクチュア経営が展開されたのは天保期。

163

9 寛政・天保の改革と諸藩の政治改革

知識を整理！

■ 寛政の改革の具体的政策

❗ 寛政の改革は，農村再興による財政再建が中心であったことを理解しよう。

担当者	➡	18世紀末，老中松平定信（11代将軍徳川家斉を補佐）
農村復興策	➡	農民の他国への出稼ぎを制限
備荒政策	➡	囲米（大名は1万石につき50石の粃米貯蓄）
		社倉・義倉の設置
都市政策	➡	旧里帰農令（江戸で正業をもたない農民の帰村奨励）
		人足寄場の設置（江戸石川島，無宿人に職業指導）
		七分金積立（町費節約分の7割を積立て）
幕臣救済策	➡	棄捐令（旗本・御家人の救済が目的）
出版統制	➡	洒落本の山東京伝，黄表紙の恋川春町を処罰
		林子平の海防論『海国兵談』を発禁
思想統制	➡	寛政異学の禁→聖堂学問所で朱子学以外の講義禁止
		聖堂学問所を幕府直轄の昌平坂学問所に改称
海防政策	➡	外国船の接近に対し，江戸湾と蝦夷地の防備を強化
朝廷と対立	➡	尊号一件をめぐって幕府と朝廷の関係悪化

■ 天保の改革の具体的政策

❗ 天保の改革の失敗は幕府の衰退を示すことを理解しよう。

担当者	➡	19世紀前半，老中水野忠邦（12代将軍徳川家慶を補佐）
農村復興策	➡	人返しの法（農民の出稼ぎ禁止，強制的帰村）
商業政策	➡	株仲間解散令（物価引下げ策）→流通機構混乱，のち再興
出版統制	➡	合巻の柳亭種彦，人情本の為永春水を処罰
海防政策	➡	薪水給与令（異国船打払令を緩和）
財政再建策	➡	倹約令（享保・寛政の改革でも発令）
		上知令（江戸・大坂周辺の直轄地化計画）→撤回（失脚）

164

第3章：近世

■ 寛政の改革期の藩政改革担当者

> ❗ 藩政改革担当者が設立・復興した藩校を混同しないようにしよう。

[肥後] 細川重賢（藩主） ➡ 藩校時習館を設立，農民生活の安定に尽力

[米沢] 上杉治憲（藩主） ➡ 藩校興譲館を再興，米沢織の生産奨励

[秋田] 佐竹義和（藩主） ➡ 藩校明徳館を設立，農林鉱業を奨励

■ 天保～幕末期の藩政改革担当者

> ❗ 藩政改革に成功した藩が幕末に雄藩として台頭することをおさえよう。

[薩摩] 調所広郷 ➡ 黒砂糖専売制強化，琉球との密貿易で財政再建

[長州] 村田清風 ➡ 越荷方を設置して諸国の廻船相手に事業

[肥前] 鍋島直正（藩主） ➡ 均田制実施，反射炉・大砲製造所を築造

■ 外国船の接近

> ❗ 列強接近に関する出来事を正しく配列できるようにしよう。 ▶ 年代 p.185

[ロシア] 　1792年　ラクスマン根室来航（漂流民大黒屋光太夫送還）

　　　　　1798年　近藤重蔵・最上徳内らを千島に派遣

　　　　　1804年　レザノフ長崎来航

　　　　　1811年　ゴローウニン事件（高田屋嘉兵衛の尽力で解決）

[イギリス] 1808年　フェートン号長崎乱入（長崎奉行松平康英引責自殺）

　　　　　その後もイギリス船日本近海出没　←1825年異国船打払令

🔻 思考力を鍛える POINT

相対済し令と棄捐令の相違点は？

相対済し令は，金銭貸借訴訟を当事者間で解決させることによって，金銭訴訟以外の行政能率を向上させる目的があった。棄捐令は札差からの借金の帳消しや利下げを命じ，窮乏する旗本・御家人の救済に重点を置いた。

水野忠邦が株仲間解散令を発した背景は？

田沼時代以降幕府は株仲間を積極的に公認し，運上・冥加を徴収してこれを保護した。しかし，江戸末期，株仲間の独占が物価高騰の一因になったため，幕府は株仲間以外の商人の自由取引を認め，物価の引き下げをはかった。

演習問題

問1 松平定信の命による『孝義録』の編集事業が行われている間（1789〜1801）に起こった出来事について説明した文として誤っているものを，次の①〜④のうちから一つ選べ。

① ロシアの脅威が高まるなか，近藤重蔵が千島の探検を行った。

② 人情本作家の為永春水が，風俗を乱すとして処罰された。

③ 江戸石川島に，無宿人らを収容する人足寄場が設置された。

④ 『海国兵談』を刊行したことが咎められ，林子平が幕府から処罰された。

問2 天保の改革について述べた文として誤っているものを，次の①〜④のうちから一つ選べ。

① 林家の聖堂学問所を官立の昌平坂学問所に改めた。

② 農村から江戸に貧民が流入することに対して，人返しの法を出した。

③ 上知令を出して，江戸・大坂周辺を幕府直轄領に編入しようとした。

④ 質素・倹約を厳しく命じ，華美な風俗を禁止した。

問3 藩政改革に関して，次の人物甲・乙と，その人物の説明文Ⅰ〜Ⅳとの組合せとして正しいものを，下の①〜④のうちから一つ選べ。

甲　鍋島直正　　　乙　村田清風

Ⅰ　農村の再建をめざして均田制を実施した。

Ⅱ　米沢織の生産を奨励し，藩学興譲館を設置した。

Ⅲ　越荷方の制度を整えた。

Ⅳ　琉球との貿易を拡大して利益をあげた。

① 甲−Ⅰ　乙−Ⅲ　　② 甲−Ⅰ　乙−Ⅳ

③ 甲−Ⅱ　乙−Ⅲ　　④ 甲−Ⅱ　乙−Ⅳ

問4 棄捐令について述べた文として誤っているものを，次の①〜④のうちから一つ選べ。

① 棄捐令は，借金の帳消し，またはその利下げを命じたものである。

② 棄捐令は，旗本・御家人の救済を目的として出された。

③ 棄捐令は，白河藩主松平定信が老中在職中に出したものである。

④ 棄捐令は，経済を混乱させ，百姓一揆が頻発する原因となった。

166

第3章：近世

問5　江戸時代の北方関係について述べた文として正しいものを，次の①〜④
のうちから一つ選べ。

① 最上徳内は，シベリア方面を探検した。

② ラクスマンは，高田屋嘉兵衛をともなって根室に来航した。

③ 伊能忠敬は，蝦夷地の沿岸部を測量した。

④ レザノフは，大黒屋光太夫(幸太夫)をともなって根室に来航した。

9

寛政・天保の改革と諸藩の政治改革

解答・解説

問1　**正解** ②
　① [○] **UP** 近藤重蔵は択捉島に「大日本恵登呂府」の標柱を建てた。
　② [×] 人情本作家の為永春水が処罰されたのは天保の改革の時。
　③ [○]
　④ [○] **UP** 林子平の地理書『三国通覧図説』も発禁。

問2　**正解** ①
　① [×] 聖堂学問所は寛政異学の禁を機に幕府直轄の昌平坂学問所に改称。
　② [○] **UP** 旧里帰農令は寛政の改革，人返しの法は天保の改革。
　③ [○] **UP** 上知令に対する大名の反対を受けて水野忠邦失脚。
　④ [○]

問3　**正解** ①
　Ⅰ [甲] 肥前藩主鍋島直正が均田制を実施。
　Ⅱ [×] 興譲館を再興し，米沢織の生産を奨励した米沢藩主は上杉治憲。
　Ⅲ [乙] 長州藩士村田清風が越荷方を設置。
　Ⅳ [×] 琉球との密貿易で利益をあげたのは薩摩藩士調所広郷。

問4　**正解** ④
　① [○] **UP** 旗本・御家人の札差に対する借金を帳消しにした。
　② [○]
　③ [○] **UP** 天保の改革でも発令された。
　④ [×] 寛政の改革での飢饉対策によって，1790年代は百姓一揆が減少。

問5　**正解** ③
　① [×] 最上徳内が探検したのは千島列島。
　② [×] ラクスマンが送還した漂流民は大黒屋光太夫。
　③ [○] **UP** 伊能忠敬はのちに全国を測量し，「大日本沿海輿地全図」を完成。
　④ [×] レザノフが来航したのは長崎。

167

10　　　近世民衆の成長

知識を整理！

■ 百姓一揆の形態の変化

❗ 百姓一揆の発生件数の推移をグラフで確認しよう。▶ グラフ

前期(17世紀)	代表越訴型一揆	➡	村の代表者が領主や幕府に直訴 義民＝佐倉惣五郎・磔茂左衛門
中期(18世紀)	惣百姓一揆	➡	全村民が参加した広範な一揆 傘連判状＝団結の意，首謀者を隠す
後期(幕末)	世直し一揆	➡	社会改革を求める民衆運動

■ 19世紀の農村の変容

❗ 村方騒動と国訴の性格を混同しないようにしよう。

村方騒動の頻発	➡	一般農民が村役人の不正を追及
農民層の分解	➡	関東農村の治安悪化→幕府，関東取締出役を設置
農村工業の発展	➡	織物業でマニュファクチュア(工場制手工業)が進む

■ 政治・社会思想の発展

❗ 本多利明の『経世秘策』の内容を史料から読み取ろう。▶ 史料

[経世論]　社会の課題への対策を説いた政治経済論

安藤昌益　『自然真営道』，万人直耕の自然世を理想視

海保青陵　『稽古談』，商工業による藩財政再建

本多利明　『経世秘策』『西域物語』，開国や貿易振興による富国策

佐藤信淵　『経済要録』『農政本論』，産業の国営化と貿易の振興

[諸学]

山片蟠桃　『夢の代』，合理主義にもとづく無神論，懐徳堂出身

富永仲基　『出定後語』，合理主義，懐徳堂出身

石田梅岩　『都鄙問答』，町人の生活倫理を説く心学を広める

第3章：近世

10 近世民衆の成長

史料をチェック

★**貿易による富国策**を読み取ろう！

　日本は海国なれば，渡海・運送・交易は，固より①国君の天職最第一の国務なれば，万国へ船舶を遣りて，国用の要用たる産物，及び金銀銅を抜き取て日本へ入れ，国力を厚くすべきは海国具足の仕方なり。　　　　　　　（『経世秘策』）

注　①将軍

グラフをチェック　近世の百姓一揆件数（10年ごと平均）

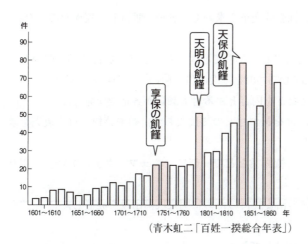

★飢饉や戦乱があった天明・天保・幕末維新の各時期に一揆のピークがあることをおさえよう。

（青木虹二「百姓一揆総合年表」）

🔻 思考力を鍛える POINT

国訴の性格で，百姓一揆と異なる内容は？

摂津・河内の1000カ村を超える村の商品生産農民が大坂商人の特権的な流通支配に抵抗して訴訟で綿や菜種の自由な売買を求めたように，百姓一揆の非合法な強訴形態とは異なり，国・郡規模の合法的な訴願形態をとった。

安藤昌益は身分制を否定したか？

武士が農民から収奪する社会や士農工商の身分制を否定した。『自然真営道』のなかで，万人が自ら耕作して平等に生きる自然世を理想とし，封建社会を厳しく批判した。

169

演習問題

問1 一揆に関して述べた文として正しいものを，次の①～④のうちから一つ選べ。

① 百姓一揆は，幕府や藩に直訴・強訴するのが一般的で，村役人や商人を襲って居宅を打ちこわすことはなかった。

② 百姓一揆の発生件数がピークとなったのは，元禄期・天明期・幕末維新期の三つの時期である。

③ 18世紀半ばになると，それまでの惣百姓一揆にかわり代表越訴型一揆が増えた。

④ 幕末維新期には，社会的変革を求めて，各地で世直し一揆がおこった。

問2 19世紀の農村の変動にともなって展開された広範な農民運動に関連して述べた文として誤っているものを，次の①～④のうちから一つ選べ。

① 村役人の不正追及などを内容とする村方騒動が各地で頻発した。

② 東海地方の1000か村を超す村々の農民たちが，綿や菜種の自由販売を求めて国訴を起こした。

③ 農村工業が発展し，織物業などで一部にマニュファクチュア経営も現れた。

④ 幕府は，関東農村の治安維持のために関東取締出役を設置した。

問3 近世の身分原則に関連して述べた文として正しいものを，次の①～④のうちから一つ選べ。

① 海保青陵は，『農具便利論』を著して農民に増産に励むことを勧めた。

② 安藤昌益は，士農工商の身分が自然の営みに沿うと主張した。

③ 山片蟠桃は，『稽古談』で，利殖の道が商人の道であるとした。

④ 石田梅岩は，士農工商の身分を前提にしつつ町人の生活倫理を説いた。

第3章：近世

問4　18世紀にはいると，新しい学問・思想が生まれたが，それに関連して述べた文として正しいものを，次の①～④のうちから一つ選べ。

① 佐藤信淵は，航海や貿易などの必要性を論ずる『西域物語』を著した。

② 青木昆陽は，統一国家の形成の必要性を論ずる『経済要録』を著した。

③ 二宮尊徳は，合理主義の立場から無神論を主張する『夢の代』を著した。

④ 太宰春台は，藩による専売制などの必要性を論ずる『経済録』を著した。

10
近世民衆の成長

解答・解説

問1　**正解** ④

① ［×］幕末期，百姓一揆は富豪農商への襲撃が一般化した。

② ［×］百姓一揆のピークは天明・天保・幕末維新期で，元禄期は誤り。

③ ［×］代表越訴型一揆から惣百姓一揆へ変化した。

④ ［○］ UP 小作地・質地の返還や村役人の選挙などを求めた。

問2　**正解** ②

① ［○］

② ［×］1000カ村を超える村々が国訴を起こしたのは畿内周辺。

③ ［○］ UP 天保期頃に尾張の綿織物業，桐生・足利の絹織物業で発展した。

④ ［○］

問3　**正解** ④

① ［×］海保青陵の著書は『稽古談』。『農具便利論』は大蔵永常の著書。

② ［×］安藤昌益は身分制を否定した。

③ ［×］山片蟠桃の著書は『夢の代』。無神論を展開した。

④ ［○］ UP 石田梅岩は商人の存在意義を主張した。

問4　**正解** ④

① ［×］『西域物語』で貿易を論じたのは本多利明。

② ［×］『経済要録』を著したのは佐藤信淵。青木昆陽は，『蕃薯考』で甘藷の栽培について紹介。

③ ［×］『夢の代』は山片蟠桃の著書。二宮尊徳は農村復興に努力した幕末の農政家。

④ ［○］ UP 太宰春台は荻生徂徠門下の儒者で経世論の基礎を築いた。

171

11 近世学問の発達

知識を整理！

■ 儒学者の学派と功績

❗ 儒学者が属した学派を混同しないようにしよう。

[朱子学] 身分秩序を重視する学派で，江戸幕府の御用学問となる

京学：藤原惺窩 京学派を形成して朱子学を啓蒙

林羅山・鵞峰 幕府の命を受けて史書『本朝通鑑』を編纂

新井白石 木下順庵門下，『読史余論』で幕府の正当性を説く

南学：山崎闇斎 道徳性の強い垂加神道を創始，崎門学派を形成

会津藩主保科正之に仕える

[陽明学] 知行合一を説き，実践を重視する学派

中江藤樹 日本陽明学の祖として知行合一を説く

熊沢蕃山 『大学或問』で武士の帰農や参勤交代緩和を説く

岡山藩主池田光政に仕える

[古学派] 朱子学・陽明学を批判し，孔子・孟子の原典に直接当たろうとする学派

山鹿素行 『聖教要録』で古学を提唱し，朱子学を批判

伊藤仁斎 古義学派（堀川学派）創始，古義堂を開く

荻生徂徠 古文辞学派を創始，蘐園塾を開く

■ 国学者の業績

❗ 古典研究から国学への流れとその展開をおさえよう。

元禄期	北村季吟	『源氏物語湖月抄』，契沖『万葉代匠記』
宝暦・天明期	荷田春満	『創学校啓』を著して国学の学校開設を建言
	賀茂真淵	春満の弟子，『国意考』『万葉考』
	本居宣長	国学を大成，『古事記伝』
化政期	塙保己一	和学講談所を設置，『群書類従』を編修・刊行
	平田篤胤	復古神道を大成→豪農層や幕末の尊王論に影響

第3章：近世

■ 尊王論者と水戸学

❗ 水戸学が幕末の尊王攘夷論に影響を与えたことを理解しよう。

尊王論者 ➡ **竹内式部** 京都の公家に尊王論を説き，宝暦事件で処罰

山県大弐 『柳子新論』で幕政を批判し，明和事件で処罰

水戸学 ➡ 『**大日本史**』の編纂事業を通して生まれた尊王論

会沢 安（正志斎），『新論』で尊王攘夷論を提唱

■ 元禄期の自然科学者とその業績

❗ 元禄期には実用的な学問が発達したことを理解しよう。

[本草学] **貝原益軒**『**大和本草**』，**稲生若水**『**庶物類纂**』

[和　算] **吉田光由**『**塵劫記**』，**関孝和**『**発微算法**』（和算を大成）

[天文学] **渋川春海**（安井算哲） 天文方として貞享暦を作成

■ 蘭学者のジャンル別整理

❗ 漢訳洋書輸入の禁の緩和が蘭学興隆の契機になったことをおさえよう。

[医　学] **山脇東洋** 『**蔵志**』（最初の解剖図録）

前野良沢 『**解体新書**』（『ターヘル=アナトミア』を翻訳）

杉田玄白 『**蘭学事始**』（『解体新書』訳述の苦心談）

[語　学] **大槻玄沢** 『**蘭学階梯**』（蘭学の入門書）

稲村三伯 『**ハルマ和解**』（蘭日辞書）

[天文学] **志筑忠雄** 『**暦象新書**』（力学や地動説を紹介）

[地理学] **西川如見** 『**華夷通商考**』（長崎で見聞した海外事情）

新井白石 『**西洋紀聞**』『**采覧異言**』←シドッチを尋問

伊能忠敬 『**大日本沿海輿地全図**』を作成

[物理等] **平賀源内** 寒暖計・エレキテル発明

[蘭書翻訳] 江戸幕府 高橋景保の建議で**蛮書和解御用**を設置

[蘭学教育] 大槻玄沢 江戸に**芝蘭堂**を開く，オランダ正月を開催

緒方洪庵 大坂に**適々斎塾**を開く→福沢諭吉・橋本左内輩出

シーボルト 長崎に**鳴滝塾**を開く→高野長英らを輩出

11
近世学問の発達

173

演習問題

問1 朱子学以外の新しい学派に関して述べた文として正しいものを，次の①〜④のうちから一つ選べ。

① 中江藤樹は陽明学を学び，堀川学派を開いた。

② 考証学派の山崎闇斎は，のちに崎門学派を開いた。

③ 幕府に仕えた木下順庵は，のちに古文辞学派を開いた。

④ 京都の伊藤仁斎・東涯父子は，古義学派を形成した。

問2 国学について述べた文として正しいものを，次の①〜④のうちから一つ選べ。

① 賀茂真淵の弟子荷田春満は，『万葉集』などの研究を進めた。

② 契沖は，『万葉集』を綿密に研究して，『古史通』を著した。

③ 平田篤胤は，賀茂真淵の説をうけて唯一神道を唱えたが，この説は豪農層の間にも普及した。

④ 塙保己一は，和学講談所を設立し，『群書類従』を編修・刊行した。

問3 近世後期の海外情報とその受容について述べた文として**誤っているもの**を，次の①〜④のうちから一つ選べ。

① 司馬江漢は，西洋画の技法を取り入れた「西洋婦人図」を描くとともに，エレキテルを製作した。

② 杉田玄白らは，西洋医学の解剖書『ターヘル=アナトミア』を翻訳した。

③ 志筑忠雄は，『暦象新書』を著して，ニュートンの力学やコペルニクスの地動説を紹介した。

④ 大槻玄沢は，『蘭学階梯』を著すなど，蘭学の普及につとめた。

問4 洋学研究やその成果について述べた文として**誤っているもの**を，次の①〜④のうちから一つ選べ。

① 緒方洪庵が，長崎に適々斎塾を開いて，医学などの講義を行ったが，その門下からは，福沢諭吉や伊藤博文らが出た。

② シーボルトが長崎郊外に鳴滝塾をひらき，医学の講義や実際の治療を行った。

③ 幕府は，蛮(蕃)書和解御用(のちの蕃書調所)を設けて洋書の翻訳にあた

第3章：近世

らせた。

④　幕府は，伊能忠敬に命じて全国の沿岸を測量させ，その成果は『大日本沿海輿地全図』としてまとめられた。

11

近世学問の発達

解答・解説

問1　正解 ④

① [×] 中江藤樹は近江に藤樹書院を開く。堀川学派（古義学派）を開いたのは古学派の伊藤仁斎。

② [×] 山崎闇斎は南学派の儒学者として崎門学派を創始。

③ [×] 古文辞学派を開いたのは古学派の荻生徂徠。

④ [〇] **UP** 伊藤東涯は仁斎の子で，古学派を継承。

問2　正解 ④

① [×] 賀茂真淵は荷田春満の弟子。

② [×] 契沖の『万葉集』注釈書は『万葉代匠記』。『古史通』は新井白石の著。

③ [×] 平田篤胤は宣長の説を受け復古神道を大成。唯一神道は吉田兼倶が提唱。

④ [〇]

問3　正解 ①

① [×] 「西洋婦人図」とともに，エレキテルを発明したのは平賀源内。

② [〇] **UP** 『ターヘル=アナトミア』翻訳には，前野良沢・中川淳庵らも参加。

③ [〇]

④ [〇] **UP** 大槻玄沢は江戸に芝蘭堂を開設した。

問4　正解 ①

① [×] 緒方洪庵が適々斎塾を開いたのは大坂。門下に福沢・大村益次郎・橋本左内ら。伊藤博文は松下村塾の出身。

② [〇] **UP** 門下には高野長英がいた。

③ [〇] **UP** のちに洋書調所ついで開成所に発展。明治政府のもとで開成学校となり，さらに東京大学となった。

④ [〇]

175

12 近世の文芸と教育

知識を整理！

■ 文学者のジャンルと作品

❗ 文学者をジャンル別に整理したうえで作品をおさえよう。

[元禄文化] 幕政や経済の安定を背景として，上方中心に発展した町人文化

　井原西鶴が浮世草子を大成して町人生活を写実的に描写

　　（室町期は御伽草子，寛永期は仮名草子）

　　好色物『好色一代男』，町人物『日本永代蔵』『世間胸算用』

　　武家物『武道伝来記』『武家義理物語』

[宝暦・天明期の文化] 幕藩体制の動揺を背景に，さまざまな学問や教育が発達

洒落本	山東京伝 『仕懸文庫』	寛政の改革で弾圧
黄表紙	恋川春町 『金々先生栄華夢』	
読　本	上田秋成 『雨月物語』	

[化政文化] 都市の発展に伴い，江戸を中心に多様な層へ広まった町人文化

読　本	曲亭馬琴 『南総里見八犬伝』	
滑稽本	十返舎一九 『東海道中膝栗毛』，式亭三馬 『浮世風呂』	
人情本	為永春水 『春色梅児誉美』	天保の改革で弾圧
合　巻	柳亭種彦 『偐紫田舎源氏』	
随　筆	鈴木牧之 『北越雪譜』（雪国の自然や生活を紹介）	

■ 俳人と狂歌師・川柳の点者

❗ 為政者を風刺した狂歌を史料で確認しよう。 ▶ 史料

[俳諧] 松永貞徳の貞門俳諧，西山宗因の談林俳諧

　　➡ 松尾芭蕉の蕉風（正風）俳諧（さび・しおりを基調）

　　➡ 与謝蕪村 『蕪村七部集』，小林一茶 『おらが春』

[狂歌] 大田南畝（蜀山人）・石川雅望（宿屋飯盛）

[川柳] 柄井川柳 『誹風柳多留』

第3章：近世

■ 歌舞伎の変遷

❗ 桃山期〜元禄期の歌舞伎の特徴をおさえよう。 ▶ 図版 p.188

桃山期 　出雲阿国が阿国歌舞伎を創始

寛永期 　女歌舞伎を禁止→若衆歌舞伎へ移行

元禄期 　野郎（やろう）歌舞伎に発展

　　　　役者：江戸の市川団十郎（荒事（あらごと））

　　　　　　　上方の坂田藤十郎（よしざわ）（和事），芳沢あやめ（女形（おやま））

　　　　脚本家：近松門左衛門が人形浄瑠璃や歌舞伎に作品を残す

　　　　　　　世話物『曽根崎心中』，時代物『国性爺合戦（こくせんやかっせん）』

宝暦・天明期 　脚本家：竹田出雲『仮名手本忠臣蔵』

化政期 　脚本家：鶴屋南北（つるやなんぼく）『東海道四谷怪談（よつや）』

幕末期 　脚本家：河竹黙阿弥（かわたけもくあみ）　白浪物（しらなみもの）（盗賊が主人公）

■ 江戸時代の教育施設

❗ 私塾の性格と出身者をおさえよう。

[幕府]　聖堂学問所（朱子学を重視）→幕府直轄の昌平坂学問所

[諸藩]　藩校を設立（藩士の子弟教育が目的）

　　　　→明倫館（長州）・時習館（熊本）・弘道館（水戸）・興譲館（米沢）

[民間]　懐徳堂　：大坂町人の出資，町人に朱子学・陽明学を伝授

　　　　　　　　→富永仲基や山片蟠桃らを輩出

　　　　松下村塾（しょうかそんじゅく）：吉田松陰（しょういん）が主宰，尊攘倒幕派の人材を育成

　　　　　　　　→高杉晋作や伊藤博文（しんさく）らを輩出

　　　　寺子屋　：庶民に読み・書き・そろばんを教える

史料をチェック ▶

★**享保の改革の上げ米，寛政の改革の厳しい統制，天保の改革の上知令を風刺していること**を読み取ろう！

　　「上げ米（あ）（べい）といへ上米（あげまい）は気に入らず　金納ならば①しじうくろふぞ」

　　「②白河の清きに魚のすみかねて　もとの濁りの③田沼恋しき」

　　「徳川の清き流れをせきとめて　己（おの）が田へひく④水野にくさよ」

注　①「49」と「始終苦労」をかけている。上げ米では，米に代わり，49両の
　　金納も認められた。　②白河藩主松平定信　③田沼意次　④水野忠邦

177

演習問題

問1　近世後期の文化に関連して述べた文として正しいものを，次の①〜④の
　　うちから一つ選べ。

① 『春色梅児誉美』（『春色梅暦』）を著した人情本作家の為永春水は，天保
　　改革期に，風俗を乱したという理由で処罰された。

② 和歌から派生した狂歌では，大田蜀山人や宿屋飯盛が活躍し，また川柳
　　では，『誹風柳多留』（『俳風柳樽』）を選んだ竹田出雲が著名である。

③ 化政期には，音曲を主とする常磐津節・清元節・新内節などの四条派の
　　歌浄瑠璃が流行した。

④ 庶民の生活を描いた滑稽本では，十返舎一九の『東海道中膝栗毛』，式
　　亭三馬の『金々先生栄華夢』などの作品がある。

問2　江戸時代の風俗統制に関連して述べた次の文a〜dについて，正しいも
　　のの組合せを，下の①〜④のうちから一つ選べ。

a　恋川春町の代表的な黄表紙に，『金々先生栄華(花)夢』がある。

b　恋川春町の代表的な黄表紙に，『春色梅児誉美(暦)』がある。

c　柳亭種彦は，寛政改革の風俗統制を受けて処罰された。

d　山東京伝は，寛政改革の風俗統制を受けて処罰された。

① a・c　　② a・d　　③ b・c　　④ b・d

問3　近世の歌舞伎について述べた文として正しいものを，次の①〜④のうち
　　から一つ選べ。

① 美少年が女役を演じる若衆歌舞伎が禁止されると，これに代わって女歌
　　舞伎が盛んになった。

② 念仏踊りに簡単なしぐさを加えた阿国歌舞伎は，女役者が舞台に立った。

③ 江戸の坂田藤十郎は，立ち回りの勇壮な演技で荒事役者としての名声を
　　博した。

④ 歌舞伎作者の河竹黙阿弥は，『東海道四谷怪談』で散切物とよばれる新
　　分野を開拓した。

第3章：近世

問4　近世の学校や塾に関連して**誤っているもの**を，次の①〜④のうちから一つ選べ。

① 18世紀末，幕府は，聖堂付属の学問所で朱子学以外の学問を教えることを禁止し，さらにその後，学問所を幕府の学校とした。

② 諸藩では，長州藩の明倫館などのように，藩士の教育を行う機関として，藩校（藩学）を設立した。

③ 大坂の町人によって懐徳堂が設立され，山片蟠桃ら多くの町人学者を生みだした。

④ 緒方洪庵により設立された適々斎塾（適塾）では陽明学が教授され，多くの人材を輩出した。

12

近世の文芸と教育

解答・解説

問1　**正解** ①

① ［○］

② ［×］『誹風柳多留』を選んだのは柄井川柳。竹田出雲は**人形浄瑠璃**作者。

③ ［×］四条派は写生画の一派。歌浄瑠璃の流行は正しい。

④ ［×］三馬の作は『浮世風呂』。『金々先生栄華夢』は恋川春町の黄表紙。

問2　**正解** ②

a ［○］ **Up** 恋川春町は寛政の改革で弾圧。

b ［×］『春色梅児誉美』は為永春水の人情本。

c ［×］柳亭種彦が合巻『偐紫田舎源氏』が原因で処罰されたのは天保の改革の時。

d ［○］ **Up** 山東京伝は洒落本『仕懸文庫』が原因で寛政の改革で処罰。

問3　**正解** ②

① ［×］若衆歌舞伎が禁止されると，野郎歌舞伎が盛んになった。

② ［○］ **Up** 出雲阿国は出雲大社の巫女と伝えられる。

③ ［×］上方の坂田藤十郎は和事役者。荒事の名優は市川団十郎。

④ ［×］『東海道四谷怪談』は鶴屋南北の作。散切物は明治の新風俗を題材。

問4　**正解** ④

① ［○］ **Up** 林家の聖堂学問所は，1797年に官立の**昌平坂学問所**となった。

② ［○］ **Up** 藩士や庶民の教育を行った郷学では，岡山藩の閑谷学校が有名。

③ ［○］ **Up** 懐徳堂では町人に朱子学や陽明学を伝授。

④ ［×］適々斎塾では蘭学・医学を教授した。

13　近世の美術

知識を整理！

■ 近世建築物の特徴

> ❗ 城郭建築の変遷を図版で確認しよう。 ▶ 図版

桃山期　城郭建築　➡　中世の山城→近世は平山城→平城と変化

聚楽第（豊臣秀吉が京都に造営）

大坂城（豊臣秀吉が石山本願寺跡に築城）

寛永期　権現造（霊廟建築）　➡　日光東照宮

数寄屋造（茶室風建築）　➡　桂離宮

■ 近世の絵画の発展

> ❗ 絵画の時期とジャンルを混同しないようにしよう。 ▶ 図版

桃山期　　［障壁画］　狩野永徳「唐獅子図屛風」

［風俗画］　狩野永徳「洛中洛外図屛風」

寛永期　　［装飾画］　俵屋宗達「風神雷神図屛風」

元禄期　　［琳　派］　尾形光琳「紅白梅図屛風」「燕子花図屛風」

［浮世絵］　菱川師宣「見返り美人図」

宝暦・天明期　錦絵創始：鈴木春信「弾琴美人」「ささやき」

美人画：喜多川歌麿「婦女人相十品」┐大首絵

役者・相撲絵：東洲斎写楽「市川蝦蔵」┘様式

［文人画］　池大雅・与謝蕪村「十便十宜図」

［写生画］　円山応挙「雪松図屛風」

［西洋画］　司馬江漢「不忍池図」，平賀源内「西洋婦人図」

亜欧堂田善「浅間山図屛風」

化政期　　［浮世絵］

風景画：葛飾北斎「富嶽三十六景」

歌川広重「東海道五十三次」

［文人画］　渡辺崋山「鷹見泉石像」

［写生画］　呉春（松村月溪）は四条派を形成

180

第3章：近世

■ 近世の工芸品と作者

❗ 工芸品の作者を正確におさえよう。

寛永期	[漆器]	本阿弥光悦（ほんあみこうえつ）	「舟橋蒔絵硯箱」（ふなばしまきえすずりばこ）
	[陶磁器]	酒井田柿右衛門（さかいだかきえもん）	赤絵を完成（有田焼）
元禄期	[漆器]	尾形光琳	「八橋蒔絵硯箱」（やつはしまきえすずりばこ）
	[陶磁器]	野々村仁清（にんせい）	色絵を大成（京焼）
	[彫刻]	円空（えんくう）	鉈彫（なたぼり）の仏像彫刻
	[染物]	宮崎友禅（ゆうぜん）	友禅染を創始

13 近世の美術

図版をチェック ➡ 城郭建築の変遷，近世の絵画

★中世の城は防塞，近世の城は城下町の中心で政庁

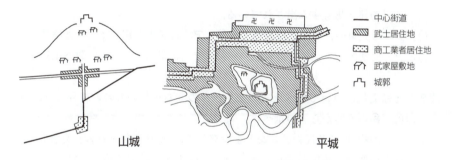

山城　　　　　　　　　　　　　平城

― 中心街道
▨ 武士居住地
▧ 商工業者居住地
⌂ 武家屋敷地
凸 城郭

唐獅子図屏風　　　　　　　神奈川沖浪裏

★唐獅子図屏風は，桃山文化を代表する，狩野永徳の豪放な障壁画である。
　神奈川沖浪裏は，化政文化を代表する，葛飾北斎の「富嶽三十六景」の1つ。

演習問題

問1 織豊政権の時期の城下町と城郭に関連して述べた文として正しいものを，次の①〜④のうちから一つ選べ。

① 信長は，関所を撤廃し，城下町の商業活動が円滑にいくようにした。

② 城郭には，尾形光琳の「紅白梅図屛風」などの桃山文化の作品が飾られた。

③ 秀吉は，石山本願寺の跡地に，城郭風邸宅である聚楽第を造営した。

④ 千利休は，中国から茶の湯を移入し，城下町の町人に広めた。

問2 次の文章 ┌ ア ┬ イ ┐ に入る語句の組合せとして正しいものを，次の①〜④のうちから一つ選べ。

　織豊政権期の華美で豪壮な建築文化は，┌ ア ┐ など江戸時代初期の建造物にも引き継がれるが，この時代には，桂離宮のような簡素な美しさをたたえた ┌ イ ┐ の建造物も生み出されている。

① ア　日光東照宮　イ　折衷様　　② ア　日光東照宮　イ　数寄屋造

③ ア　聚楽第　　　イ　折衷様　　④ ア　聚楽第　　　イ　数寄屋造

問3 元禄文化について述べた次の文Ⅰ〜Ⅳのうち正しいものの組合せを，下の①〜⑥のうちから一つ選べ。

Ⅰ　北村季吟は，『源氏物語』などを研究して，『源氏物語湖月抄』を著した。

Ⅱ　住吉如慶は，幕府の御用絵師となり，代表作「風神雷神図屛風」を残した。

Ⅲ　尾形光琳は，絵画のみならず，蒔絵の分野でも「八橋蒔絵硯箱」などの名作を残した。

Ⅳ　近松門左衛門は，『武家義理物語』などの作品で，義理と人情の葛藤を描いた。

① Ⅰ・Ⅱ　　　② Ⅰ・Ⅲ　　　③ Ⅰ・Ⅳ

④ Ⅱ・Ⅲ　　　⑤ Ⅱ・Ⅴ　　　⑥ Ⅲ・Ⅳ

第3章：近世

問4　近世の絵画について述べた文として誤っているものを，次の①〜④のうちから一つ選べ。

① 池大雅は与謝蕪村とともに『十便十宜図(帖)』を描いた。

② 葛飾北斎らによる風景版画が出版された。

③ 円山応挙は，錦絵の創出に主導的役割を果たした。

④ 亜欧堂田善は，西洋画を修得した。

13

近世の美術

解答・解説

問1　**正解** ①

① ［○］

② ［×］尾形光琳の「紅白梅図屏風」は元禄期の作品。

③ ［×］秀吉が石山本願寺跡に築城したのは大坂城。聚楽第は京都に造営。

④ ［×］茶の湯は鎌倉時代にすでに禅宗寺院で行われていた。

問2　**正解** ②

ア　権現造の日光東照宮には，桃山文化の影響を受けた豪華な装飾彫刻が陽明門などにみられる。

イ　桂離宮は簡素な茶室風の数寄屋造。

問3　**正解** ②

Ⅰ ［○］ **UP** 北村季吟は，徳川綱吉の時代に幕府の歌学方に任じられた。

Ⅱ ［×］「風神雷神図屏風」は俵屋宗達作。住吉如慶は寛永期に住吉派を復興，子の具慶が幕府の御用絵師となる。

Ⅲ ［○］ **UP** 「八橋蒔絵硯箱」は尾形光琳，「舟橋蒔絵硯箱」は本阿弥光悦の作品。

Ⅳ ［×］近松は『曽根崎心中』などで義理と人情の葛藤を描く。『武家義理物語』は井原西鶴の武家物の作品。

問4　**正解** ③

① ［○］ **UP** 文人画は明や清の影響を受け南画とよばれた。

② ［○］ **UP** 「富嶽三十六景」が有名。

③ ［×］多刷版画の錦絵を創始したのは鈴木春信。円山応挙は写生画を確立。

④ ［○］

年代を"まとめて"チェック　　　→　～近世～

✓ 変遷を意識して年代を整理しよう

■ 江戸時代初期の外交

①オランダ船リーフデ号漂着

↓　1600年

②オランダ人に通商許可

↓　1609年

③慶長遣欧使節を派遣

1613年

★徳川家康は，リーフデ号のオランダ・イギリス人船員を外交顧問とした。1613年にはオランダに続いてイギリス人も貿易を許可され，平戸に商館が開かれた。また，仙台藩主伊達政宗は，慶長遣欧使節として家臣支倉常長をスペインに派遣し，スペイン領のメキシコと通商関係を結ぼうとしたが挫折した。

■ 鎖国政策 I

①スペイン船の来航禁止

↓　1624年

②奉書船以外の海外渡航禁止

↓　1633年

③日本人の海外渡航と帰国全面禁止

1635年

★江戸幕府は，貿易の利益を独占するため，貿易の統制をはかった。1616年に中国船を除く外国船の寄港地を平戸と長崎に限定し，ついでスペイン船の来航を禁じた。さらに，奉書船以外の日本船の海外渡航を禁じたのち，日本人の海外渡航と在外日本人の帰国を全面禁止した。

■ 鎖国政策 II

①島原の乱

↓　1637～38年

②ポルトガル船の来航禁止

↓　1639年

③オランダ商館を出島に移す

1641年

★一揆勢の多くをキリスト教徒が占めた島原の乱後，幕府はキリスト教への警戒を強め，禁教策の徹底をはかった。カトリック(旧教)国であるポルトガル船の来航を禁じ，1641年には，平戸のオランダ商館を出島に移し，いわゆる鎖国の状態をつくった。

■ 文治政治期の政策

①末期養子の禁止緩和

↓　4代将軍徳川家綱の政策

②林鳳岡を大学頭に任命

↓　5代将軍徳川綱吉の政策

③閑院宮家を創設

正徳の治，新井白石の政策

★徳川家綱は1651年の由井(比)正雪の乱を契機に，末期養子の禁を緩和して牢人の増加を防ぐなど，社会秩序の安定に努めた。徳川綱吉は湯島聖堂を建て，林鳳岡(信篤)を大学頭に任じるなど儒教重視の政策を進め，新井白石は閑院宮家を創設して将軍家と天皇家との結びつきを強めた。

184

第3章：近世

年代を“まとめて”チェック〜近世〜

■ 江戸時代の水上交通整備

①角倉了以が河川路を開発・整備
↓　17世紀前半
②東廻り航路・西廻り航路整備
↓　17世紀後半
③北前船など遠隔地を結ぶ廻船発達
　　18世紀末

★京都の豪商角倉了以は，富士川の整備や高瀬川の開削などを行って河川舟運を整えた。海上輸送では，江戸商人河村瑞賢が東廻り航路・西廻り航路を整備して全国規模の海上交通網を完成させ，18世紀末になると日本海での北前船など，遠隔地を結ぶ廻船が各地で発達した。

■ 江戸幕府の農村政策

①田畑永代売買の禁止
↓　1643年制定
②囲米の制
↓　1789年，寛政の改革の時
③人返しの法
　　1843年，天保の改革の時

★江戸幕府は本百姓体制を維持するため，田畑永代売買の禁令を発した。18世紀後半以降，幕藩体制が動揺すると，幕府は農村復興に努めた。松平定信は囲米を命じて飢饉に備え，旧里帰農令を出して農村出身者に帰村を奨励した。水野忠邦は人返しの法で江戸に流入した貧民の帰郷を強制し，農村の再建をはかった。

■ 江戸町方を対象とした政策

①町火消設置
↓　徳川吉宗による享保の改革の時
②七分積金
↓　松平定信による寛政の改革の時
③株仲間解散
　　水野忠邦による天保の改革の時

★徳川吉宗は，町火消を置いて江戸の消火制度を強化したほか，都市貧民の療養施設として小石川養生所をつくった。松平定信は町費の節約分の7割を積み立てさせる七分積金を行い，水野忠邦も物価引下げを目的に株仲間の解散を命じるなどの都市政策を講じた。

■ 列強の接近

①フェートン号事件
↓　1808年
②異国船打払令発令
↓　1825年
③モリソン号事件
　　1837年

★1808年，イギリス軍艦フェートン号が長崎に侵入する事件が起きた。その後の1825年，江戸幕府は異国船打払令を発した。これによりアメリカ商船モリソン号が撃退されると，渡辺崋山・高野長英らは幕府の姿勢を批判したが，1839年，弾圧された(蛮社の獄)。

演習問題

問1 図a〜cの城下町の建設年代について、古い順に正しく配列したものを、次の①〜④のうちから一つ選べ。
① a-b-c ② a-c-b ③ b-a-c ④ b-c-a

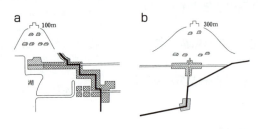

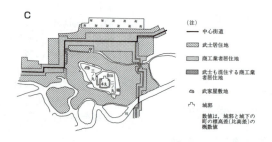

問2 キリスト教や幕府の対外政策について述べた文Ⅰ〜Ⅲについて、古いものから年代順に正しく配列したものを、下の①〜④のうちから一つ選べ。
Ⅰ コレジオやセミナリオが、各地に建てられた。
Ⅱ 中国人の居住地を、長崎の唐人屋敷に限定した。
Ⅲ 中国船以外の外国船の寄港地を、平戸と長崎に制限した。
① Ⅰ-Ⅱ-Ⅲ ② Ⅰ-Ⅲ-Ⅱ ③ Ⅱ-Ⅰ-Ⅲ ④ Ⅲ-Ⅱ-Ⅰ

問3 寛政の改革時の出来事について説明した文として誤っているものを、次の①〜④のうちから一つ選べ。
① ロシアの脅威が高まるなか、近藤重蔵が千島の探検を行った。
② 人情本作家の為永春水が、風俗を乱すとして処罰された。
③ 江戸石川島に、無宿人らを収容する人足寄場が設置された。
④ 『海国兵談』の刊行が咎められ、林子平が幕府から処罰された。

第3章：近世

問4　次に示すア～エの四首の狂歌の内容を古いものから年代順に並べた場合の組合せとして正しいものを，次の①～⑧のうちから一つ選べ。

ア　泰平のねむりをさますじょうきせん　たった四はいで夜も寝られず

イ　徳川の清き流れをせきとめて　己が田へひく水野にくさよ

ウ　井伊しかけ毛せんなしの雛まつり　真赤に見へし桜田の雪

エ　白河の清きに魚もすみかねて　もとの濁りの田沼こひしき

① ア－イ－ウ－エ　　　② ア－エ－イ－ウ　　　③ イ－エ－ア－ウ

④ イ－エ－ウ－ア　　　⑤ ウ－ア－イ－エ　　　⑥ ウ－ア－エ－イ

⑦ エ－イ－ア－ウ　　　⑧ エ－イ－ウ－ア

年代を "まとめて" チェック～近世～

解答・解説

問1　**正解** ③

a　標高差が100mあり，小丘上に築かれた平山城であることがわかる。

b　標高差が300mあり，中世以来軍事上の拠点として築かれてきた山城であることがわかる。

c　平地に広がる城下町の中心に築かれた近世の平城である。

問2　**正解** ②

Ⅰ　コレジオやセミナリオが設立されたのは，キリスト教伝来後に宣教師が相次いで来日した16世紀後半のこと。

Ⅱ　中国人の居住地を制限するための唐人屋敷建設が開始されたのは1688年。

Ⅲ　中国船以外の外国船の寄港地が平戸と長崎に制限されたのは1616年。

問3　**正解** ②

①［○］**UP** 近藤重蔵は，1798年に千島を探検し，択捉島に「大日本恵登呂府」の標柱を建てた。

②［×］人情本作者為永春水が処罰されたのは天保の改革の時。

③［○］**UP** 寛政の改革の時に江戸石川島に人足寄場が設置され，無宿人に職業技術が授けられた。

④［○］**UP** 海防論を展開した林子平は寛政の改革で処罰された。

問4　**正解** ⑦

ア　ペリーの来航を風刺した狂歌　　イ　天保の改革を風刺した狂歌

ウ　桜田門外の変を風刺した狂歌　　エ　寛政の改革を風刺した狂歌

| 図版を"まとめて"チェック　　→　～近世～

■阿国歌舞伎

★安土・桃山時代に出雲阿国が創始した阿国歌舞伎を描いたもので，北野神社の能舞台で興行している場面である。

■琉球使節

★江戸城に向かう琉球の慶賀使の行列を描いたもので，中央に描かれている<u>正使は異国風の服装をしている</u>。江戸時代，琉球は将軍の代替わりごとに慶賀使，国王の代替わりごとに謝恩使を派遣し，江戸に参府した。

■傘連判状

★傘連判状には，一揆の参加者が連名・連判した。<u>一致団結と首謀者隠蔽のために放射状に署名している</u>。

■「尾張名所図」織屋の図

★19世紀前半の尾張地方の綿織物業の様子を示したもので，分業と協業によるマニュファクチュア（工場制手工業）が行われている。作業場では多くの女性が働いており，糸繰り，機織（高機を使用）など，さまざまな作業が行われている。

■肥前藩の反射炉

★19世紀半ば，肥前藩は，鉄の精錬を行う反射炉を築き，日本で最初の大砲製造所を設立するなど洋式工業を導入した。絵の左奥に描かれている煙突を備えた施設が反射炉である。

第4章　近・現代

政治史とあわせて，開国，条約改正，日清・日露から太平洋戦争，戦後までの対外関係史をおさえよう。世界の出来事と日本の出来事を関連づけて理解したい。また，資本主義の発展，恐慌，戦後の経済成長など，社会・経済史の理解も必要である。統計資料を利用した問題にも慣れておこう。

1 開国と幕末の動乱

知識を整理！

■ 列強の接近と幕府の対応

! 列強の接近に対する幕府の対応の変化をおさえよう。

モリソン号事件（1837） ➡ 事件を批判した尚歯会の高野長英・渡辺崋山を
蛮社の獄で処罰（1839）

アヘン戦争（1840〜） ➡ 異国船打払令を緩和して天保の薪水給与令を発令
（1842）

ペリー来航（1853） ➡ 日米和親条約に調印（1854）

■ 日米和親条約と日米修好通商条約の内容の比較

! 両条約の開港地と不平等規定を混同しないようにしよう。

日米和親条約 ➡ 下田・箱館開港，領事駐在権を承認（ハリス着任）
（1854） 片務的最恵国待遇（不平等規定）

日米修好通商条約 ➡ 神奈川・長崎・新潟・兵庫開港，自由貿易
（1858） 領事裁判権の承認，協定関税制度（不平等規定）

■ 開国後の貿易

! 開国後の貿易の動向をグラフで確認しよう。 ▶ グラフ

相手国 ➡ イギリス中心（アメリカは国内の南北戦争で後退）

貿易港 ➡ 横浜中心

輸出入品 ➡ 輸出：生糸・茶・蚕卵紙 輸入：毛織物・綿織物

■ 大老井伊直弼の独裁

! 井伊暗殺後に公武合体策が幕府で展開されたことをおさえよう。

独 裁 ➡ 日米修好通商条約に無勅許で調印→尊王攘夷運動が高揚
南紀派の徳川慶福を将軍継嗣に決定→一橋派の反対抑制

弾 圧 ➡ 安政の大獄で吉田松陰らを処刑（1858〜59）

192

第4章：近・現代

■ 薩摩藩と長州藩の対立から同盟へ

> 幕末の薩摩・長州藩の動きを時系列でおさえよう。

対立
- 薩摩藩：八月十八日の政変(1863)で朝廷内の実権を奪回
  → 長州藩勢力と急進派の公家三条実美らを京都から追放
- 長州藩：勢力回復をねらい禁門の変(1864)で薩摩藩と京都で交戦
  → 幕府は朝命を得て第1次長州征討

接近
- 1863年　薩摩→生麦事件の報復で，イギリスと交戦（薩英戦争）
- 1864年　長州→外国船砲撃事件の報復で，四国艦隊が下関砲撃

倒幕
- 1866年　薩長連合，反幕府の態度を固める
- 1867年　王政復古の大号令を発し，天皇中心の新政府樹立

1 開国と幕末の動乱

グラフをチェック　開国後の貿易

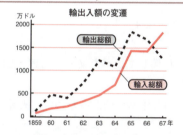

左：1866年までは輸出超過，同年に調印された改税約書の影響を受けて1867年からは輸入超過。

★貿易は大幅な輸出超過であったが，1866年の改税約書の調印によって関税率が外国に有利になると，輸入超過へと変化した。

▼ 思考力を鍛える POINT

通商条約に調印した背景は？
アメリカ総領事ハリスは，アロー戦争で清がイギリス・フランスに敗れたことを伝え，その脅威を説いて幕府に日米修好通商条約の調印をせまった。

開国が流通に与えた2つの影響は？
①日本の金の銀に対する交換比価が外国と比較して低かったため，大量の金貨が海外に流出した。
②江戸の問屋を中心とする流通機構が崩れたため，幕府は五品江戸廻送令を発したが，効果はあがらなかった。

桜田門外の変後に幕府がとった対応は？
老中安藤信正は，失墜した幕府権力の回復をめざして公武合体策を展開し，孝明天皇の妹和宮を14代将軍徳川家茂の夫人に迎え入れた。

193

演習問題

問1　次の表は，19世紀の欧米列強の日本への働きかけやアジア諸国での行動
　　と，それに対する日本の対外政策や国内政治の動向とを年代順に並べたも
　　のである。その配置の誤っているものを，次の①～④のうちから一つ選べ。

```
┌─────────────────────────────────────────┐
│  1837年　　モリソン号事件                │
│  　　　　　①　蛮社の獄                   │
│  1840年　　アヘン戦争                     │
│  　　　　　②　天保の薪水給与令           │
│  1844年　　オランダ国王の開国勧告         │
│  　　　　　③　安政の大獄                 │
│  1853年　　ペリーの来航                   │
│  　　　　　④　日米和親条約の締結         │
└─────────────────────────────────────────┘
```

問2　外国貿易の開始直後の社会・経済状況に関して述べた文として誤ってい
　　るものを，次の①～④のうちから一つ選べ。
　①　わが国の金の銀に対する交換比率が外国と比べて低かったので，大量の
　　金貨が海外に流出した。
　②　開港地の中では横浜における貿易額が最も多く，また取引相手ではアメ
　　リカの商館が第一位であった。
　③　輸出の第一位は生糸で，茶・蚕卵紙などがつづき，輸入品では毛織物・
　　綿織物などが多かった。
　④　幕府は江戸の特権商人を通じて貿易を統制しようとし，五品江戸廻送令
　　を出したが効果はなかった。

問3　大老井伊直弼が水戸藩浪士らによって暗殺された桜田門外の変に関連し
　　て述べた文として誤っているものを，次の①～④のうちから一つ選べ。
　①　藤田東湖らに代表される水戸学は，尊王攘夷運動に大きな影響を与えた。
　②　井伊直弼が，勅許を得ないまま日米修好通商条約に調印したことは，尊
　　王攘夷運動を高まらせた。
　③　井伊直弼は，一橋派の反対を抑え徳川慶福を将軍継嗣と定めた。
　④　桜田門外の変のあと，老中阿部正弘は，尊王攘夷論を抑えるため，公武

第4章：近・現代

合体運動を推進した。

問4 1864年にある藩が引き起こした京都市街戦がもたらした政治的動向を説明した文として正しいものを，次の①〜④のうちから一つ選べ。

① ただちに朝廷は倒幕の密勅を出した。

② 長州藩が下関海峡を通過する外国船を砲撃した。

③ 三条実美ら急進派の公家が京都から追放された。

④ 幕府は第1次長州征討（戦争）を行った。

1

開国と幕末の動乱

解答・解説

問1 **正解** ③

① ［○］ **UP** モリソン号事件を批判した尚歯会が弾圧されたのは1839年。

② ［○］ **UP** アヘン戦争の報告を受け，異国船打払令を緩和したのは1842年。

③ ［×］ 井伊直弼が安政の大獄で一橋派と尊攘派を弾圧したのは1858〜59年。

④ ［○］ **UP** 日米和親条約の調印は1854年。

問2 **正解** ②

① ［○］ **UP** 外国では金1：銀15に対し，日本では金1：銀5で交換できた。

② ［×］ 開国後の外国貿易ではイギリスが最大の取引相手国。

③ ［○］ **UP** 輸出品の中心となった生糸の生産は拡大したが，良質安価な綿織物が大量に輸入されたため，綿作や綿織物業は打撃を受けた。

④ ［○］ **UP** 五品とは雑穀・水油・ろう・呉服・生糸をさす。

問3 **正解** ④

① ［○］ **UP** 藤田東湖・会沢 安らを中心とした水戸学は尊王攘夷論形成に影響。

② ［○］

③ ［○］ **UP** 一橋派は一橋家の徳川慶喜（斉昭の子）を推していた。

④ ［×］ 桜田門外の変後に公武合体運動を展開した老中は，安藤信正。

問4 **正解** ④

① ［×］ 1867年に薩摩・長州藩が公家の岩倉具視と結んで武力倒幕を決議。

② ［×］ 1863年の長州藩外国船砲撃事件の報復として四国艦隊が下関砲撃。

③ ［×］ 1863年の八月十八日の政変で三条実美らが京都から追放された。

④ ［○］ **UP** 1864年の禁門の変を理由に，長州藩は幕府の征討を受けた。

195

2　明治新政府の諸政策

知識を整理！

■ 中央集権体制の確立

❗ 版籍奉還と廃藩置県時の旧藩主に対する措置の違いをおさえよう。

版籍奉還　➡　薩摩・長州・土佐・肥前 4 藩主が上表文を提出
（1869）　　旧藩主は知藩事に任命され，藩政権を温存

廃藩置県　➡　薩摩・長州・土佐 3 藩から御親兵を徴集して断行
（1871）　　知藩事は罷免され，中央から府知事・県令を任命

徴兵令　　➡　満20歳以上の男子徴兵を原則，山県有朋が実現
（1873）　　→徴兵制度に反対する農民が血税一揆を展開

■ 身分制度の改変

❗ 平民の自由と大日本帝国憲法下での国民の自由を混同しないようにしよう。

身分の撤廃　➡　戸籍法制定（1871）→壬申戸籍を編成（1872）

平民の自由　➡　苗字許可，通婚・移転・職業選択の自由

秩禄処分　　➡　金禄公債証書を発行して華・士族の禄を全廃（1876）

■ 地租改正の内容

❗ 地租改正の内容を，江戸時代との違いに着目しておさえよう。

前　提　➡　田畑永代売買の解禁，地券を発行して土地所有権を確認

内　容　➡　＜課税基準＞　収穫高→地価

　　　　　　＜納税法＞　　現物納→金納（小作料は現物納）

　　　　　　＜納税者＞　　耕作者→土地所有者

　　　　　　＜税　率＞　　不定→地価の 3 ％

　　　　　　　　　　　　　反対一揆を受け，政府は2.5％に地租軽減

196

第4章：近・現代

■ 明治新政府の宗教政策

> ❗ 神道国教化政策によって仏教を排撃する動きが強まったことも理解しよう。

神　道	➡	神仏分離令(1868)を発し，神道国教化を推進 大教宣布(1870)を発し神道による国民教化を推進 神武天皇即位日（2月11日）を紀元節，天皇誕生日（11月3日）を天長節
仏　教	➡	廃仏毀釈の風潮で打撃，島地黙雷が仏教覚醒運動
キリスト教	➡	浦上信徒弾圧事件に対する列国の抗議を受け，1873年に禁止の高札撤廃，以後布教を黙認

■ 明治初期の生活文化の西欧化

> ❗ 電灯や路面電車など明治後期の生活文化と混同しないようにしよう。 ▶ 図版 p.280

出　版	➡	活字印刷技術の発達によって新聞・雑誌が発行される
暦　法	➡	太陽暦採用，1日24時間，週7日制，日曜休日
世　相	➡	洋服の着用，ざんぎり頭の流行，肉食の習慣 （大都市）煉瓦造の家，ガス灯，人力車
教　育	➡	学制公布(1872)，国民皆学を目標

🔻 思考力を鍛える POINT

五箇条の誓文と五榜の掲示の性格の違いは？	五箇条の誓文（由利公正が起草，木戸孝允が修正）は国策の基本方針で，公議世論の尊重や開国和親などを内容とし，天皇が諸官を率いて神々に誓う儀式で確認された。五榜の掲示は民衆統治の基本方針で，儒教道徳やキリスト教の禁止を説くなど，旧幕府の民衆政策を継承した。
地租改正が農民の生活に与えた影響は？	政府は従来の収入を減らさない方針で税率を決定したため，農民の負担は軽減されなかった。また，農民が共同で利用していた入会地のうち，所有権を立証できないものは官有地に編入されたこともあって，生活に困窮した農民は地租改正反対一揆を起こした。

演習問題

問1 五箇条の誓文について述べた文として誤っているものを，次の①〜④のうちから一つ選べ。

① 誓文の内容は，天皇が公卿と諸侯を率い，神々に誓う儀式で確認された。

② 由利公正らが起草した誓文草案は，木戸孝允の手で修正された。

③ 誓文は，国家を発展させるために，知識を海外に求める必要を説いた。

④ 誓文がいう公論尊重の趣旨は，五榜の掲示が出されたことで徹底された。

問2 廃藩置県に関連して述べた文として正しいものを，次の①〜④のうちから一つ選べ。

① この改革は，薩摩，長州，土佐，肥前の4藩主がまず推進の立場から意見を奏請し，他藩主もこれに続くのをまって実施された。

② この改革は，太政官や枢密院などの中央政府の官制の整備の結果として可能になった。

③ この改革の後も，旧来の知藩事が引き続き府知事，県令となって租税の徴収などの行政を担当した。

④ この改革は，明治政府が薩摩，長州，土佐の3藩の兵からなる武力を準備して実施した。

問3 近世の身分制度の廃止をめざした明治新政府の政策に関連して述べた文として誤っているものを，次の①〜④のうちから一つ選べ。

① 徴兵令が公布され，満20歳以上の平民男子も兵役の義務を負うことになった。

② 平民も苗字を名乗ることが許されることとなった。

③ 平民の職業選択や，住居移動が自由となった。

④ 政府は士族に与えていた家禄を廃藩置県と同時に全廃した。

問4 地租改正に関連して述べた文として正しいものを，次の①〜④のうちから一つ選べ。

① 地租改正により，納税者は土地所有者，課税基準は収穫高と定められた。

② 地租改正にともなって，地主に納める小作料は金納に改められた。

③ 地租改正に際して，入会地のうちで所有権を立証できないものは官有地

に編入された。

④　政府は地租軽減を求める農民一揆を弾圧し，地租を増徴した。

問5　明治新政府の宗教政策について述べた文として誤っているものを，次の①〜④のうちから一つ選べ。

①　政府が神仏分離を命じた結果，仏教を排撃する動きが強まった。

②　政府は神祇官の再興を布告し，祭政一致の立場を鮮明にした。

③　政府はキリスト教を積極的に保護し，欧米諸国と協調する姿勢を示した。

④　政府は神道による国民教化をめざして大教宣布の詔を発した。

解答・解説

問1　**正解** ④

②［○］**UP**　誓文は由利公正（ゆりきみまさ）が原案起草後，福岡孝弟（たかちか）が修正，木戸孝允（たかよし）が加筆修正した。

④［×］五榜の掲示は民衆統治の基本方針で，江戸幕府の方針を踏襲。

問2　**正解** ④

①［×］薩長土肥4藩主が先導して上表文を提出したのは版籍奉還。

②［×］枢密院は憲法草案審議のために1888年に設置。

③［×］廃藩置県実施によって知藩事(旧藩主など)は罷免された。

④［○］**UP**　政府直属の御親兵が組織された。

問3　**正解** ④

①［○］**UP**　兵役免除規定があったため，兵役についた多くは農村の二男以下。

④［×］家禄の支給は廃藩置県後も継続，1876年の秩禄処分で家禄全廃。

問4　**正解** ③

①［×］課税基準は地価。

②［×］小作料は現物納のままであった。

③［○］

④［×］地租改正反対一揆後，政府は1877年に地租を2.5%に軽減。

問5　**正解** ③

①［○］**UP**　この動きを廃仏毀釈（はいぶつきしゃく）という。

②［○］**UP**　政府は祭政一致の立場から神祇官を再興，太政官の上位に置いた。

③［×］キリスト教禁止の高札撤廃後は布教を黙認，積極的ではない。

④［○］

3 明治初期の琉球と北海道

知識を整理！

■ 琉球処分

❗ 琉球処分に至る経緯を正しく配列できるようにしよう。

1872年	琉球藩を設置，国王尚泰を藩王とする
1874年	台湾出兵（台湾で琉球漁民が殺害された事件が遠因）
1879年	琉球藩を併合して沖縄県設置，尚泰は藩王を廃される

■ 北海道の開拓事業

❗ 北海道開拓事業の経緯を正しく配列できるようにしよう。

1869年	蝦夷地を北海道と改称し，開拓使を設置
1874年	屯田兵制度を設けて開拓を推進（士族の移住，士族授産の一環）
1876年	札幌農学校を創設（クラークを招き，アメリカ式大農法を移入）
1881年	北海道開拓使官有物払下げ事件
	開拓長官黒田清隆が政商に官有物を安価で払下げ
1886年	北海道庁を設置
1899年	北海道旧土人保護法制定（アイヌ保護を名目にしたが差別を助長）
1997年	アイヌ文化振興法制定（アイヌ民族の誇りを尊重）

■ 岩倉使節団の出発と帰国

❗ 征韓派と内治派のメンバーを混同しないようにしよう。

1871年出発　➡　岩倉具視を大使とする遣外使節を欧米に派遣

　　　　　　　（不平等条約の改正交渉はできず）

1873年帰国　➡　征韓論を主張する留守政府と対立

　　　　　　　（明治六年の政変へ発展）

　　　　　┌ 征韓派＝西郷隆盛・板垣退助・江藤新平ら
　　　　 vs
　　　　　└ 内治派＝岩倉・大久保利通・木戸孝允・伊藤博文ら

第4章：近・現代

■ 明治初期の国際条約の内容

> ⚠ 明治初期に調印された国際条約を史料で読み取ろう。 ▶ 史料

対清国 ➡ 1871年 日清修好条規調印（最初の対等条約）

対ロシア ➡ 1875年 樺太・千島交換条約調印（日本は千島全島を領有）

対朝鮮 ➡ 1876年 日朝修好条規調印（不平等条約）←江華島事件

史料をチェック ➡

★清国との対等な条約であったことをおさえよう！

　　此後大日本国と大清国は弥和誼を敦くし，天地と共に窮まり無るべし。又両国に属したる邦土も各礼を以て相待ち，聊も侵越する事なく，永久安全を得せしむべし。　　　　　　　　　　　　　　　　　　　　　　　　（日清修好条規）

★朝鮮に対する清国の宗主権を否定していることを読み取ろう！

　　朝鮮国ハ自主ノ邦ニシテ，日本国ト平等ノ権ヲ保有セリ。　　（日朝修好条規）

★日本が，樺太と引き換えに全千島列島を獲得したことを読み取ろう！

　　全魯西亜国皇帝陛下ハ，第一款ニ記セル［樺太］島（即薩哈嗹島）ノ権理ヲ受シ代トシテ，…「クリル」群島，即チ第一「シュムシュ」島……第十八「ウルップ」島共計十八島ノ権理及ビ君主ニ属スル一切ノ権理ヲ大日本国皇帝陛下ニ譲リ，而今而後「クリル」全島ハ日本帝国ニ属シ…。　　　　　（樺太・千島交換条約）

🔽 思考力を鍛える POINT ━━━━━

衆議院議員選挙法は沖縄で施行されたか？

衆議院議員選挙法は大日本帝国憲法発布と同時に1889年に公布されたが，沖縄県では当初施行されなかった。その後，民権運動家 謝花昇 らの参政権運動などもあって，1912年にようやく沖縄県民の国政への参加が認められた。

開拓使官有物払下げ事件が政府に与えた影響は？

伊藤博文は，世論の攻撃をおさえるために国会開設の勅諭を発するとともに，官有物払下げの中止と，議院内閣制の導入を主張していた参議大隈重信の罷免を決定した。

演習問題

問1 琉球処分に関連して述べた文として正しいものを，次の①〜④のうちから一つ選べ。

① 琉球処分の直後，日本政府は台湾出兵を行った。

② 琉球処分に際して，日本政府は軍隊を派遣した。

③ 琉球処分以後も，琉球国王の国王としての地位は保たれた。

④ 第一回衆議院議員選挙では，沖縄県からも議員が選出された。

問2 蝦夷地に関連して述べた次の文章の空欄 ［ a ］〜［ c ］に入る語句の組合せとして適当なものを，下の①〜⑥のうちから一つ選べ。

北前船の発達により，蝦夷地と日本海各地の交流は広がったが，1869年（明治2年），蝦夷地が北海道と改称されて［ a ］による開発が始まると，北海道は中央政府に強く結びつけられた地域となった。明治政府は［ a ］のもとに［ b ］を設置して［ c ］を移住させ，北海道開発と北方防備を担わせた。

① a 開拓使 b 農兵隊 c 士族

② a 総督府 b 屯田兵 c 平民

③ a 開拓使 b 彰義隊 c 士族

④ a 総督府 b 農兵隊 c 平民

⑤ a 開拓使 b 屯田兵 c 士族

⑥ a 総督府 b 彰義隊 c 平民

問3 北海道の開発に関連して述べた文として正しいものを，次の①〜④のうちから一つ選べ。

① 開拓使設置後，ロシアとの間に樺太・千島交換条約が締結され，樺太が日本領となった。

② 開拓使の官有物払い下げ事件に対する批判が高まるなかで，政府は大隈重信を中心に国会開設に向けた準備を開始した。

③ 北海道庁は駒場農学校を開設し，欧米農法の移植をはかった。

④ 北海道庁設置後，アイヌ保護を名目に北海道旧土人保護法が制定された。

第4章：近・現代

問4　岩倉使節団に関連して述べた文として誤っているものを，次の①〜④のうちから一つ選べ。

① この使節団の不平等条約改正の試みは，最初の訪問国アメリカで挫折した。

② 使節団には，岩倉具視をはじめ，木戸孝允・大久保利通・伊藤博文など，多くの政府首脳が参加した。

③ 使節団が派遣されているあいだに，廃藩置県・徴兵制・地租改正などの重要な政策が次々と実施された。

④ 使節団が帰国したころ，留守政府内部では征韓論が強まっていた。

3

明治初期の琉球と北海道

解答・解説

問1　正解 ②
① ［×］台湾出兵は1874年，琉球処分は1879年のこと。
② ［○］
③ ［×］琉球処分によって尚泰は藩王を廃され，東京居住を強制された。
④ ［×］1890年に衆議院選挙が実施された時，沖縄には選挙法は施行されていなかった。

問2　正解 ⑤

問3　正解 ④
① ［×］樺太・千島交換条約で日本領となったのは千島。
② ［×］参議大隈重信が罷免された後に，国会開設に向けた準備を開始したのは伊藤博文。
③ ［×］アメリカ農法の移入をはかるために開設されたのは札幌農学校。
④ ［○］

問4　正解 ③
① ［○］ UP 交渉挫折後，使節団は欧米の政治制度や産業を視察した。
② ［○］ UP 使節団には，留学生として津田梅子らも加わっていた。
③ ［×］廃藩置県は岩倉使節団が出発する以前に大久保・木戸らによって実施された。
④ ［○］ UP 西郷隆盛・板垣退助らがとなえたが，帰国した大久保利通らの強い反対にあって挫折した。

203

4　士族の反乱と自由民権運動

知識を整理！

■ 士族の反乱の性格

> ❗ 士族反乱を正しく配列できるようにしよう。▶ 年代 p.276

佐賀の乱(1874)　➡　征韓を主張して江藤新平が挙兵

神風連の乱・秋月の乱・萩の乱(1876)

　　　　➡　廃刀令などの士族解体策への不満

西南戦争(1877)　➡　西郷隆盛が挙兵(士族による武力抵抗は終焉)

■ 民権運動と政府の対応

> ❗ 弾圧法規や詔が発せられた時期を混同しないようにしよう。

民撰議院設立の建白書提出(1874) = 板垣退助らが藩閥政治を批判

立志社(1874，土佐)，愛国社(1875，大阪，全国組織)結成

政府の対応　　大阪会議開催(1875)

　　　　┌ 立憲政体樹立の詔
　　　　└ 元老院(立法機関)・大審院(司法機関)設置

　　　　讒謗律・新聞紙条例を制定して運動を弾圧(1875)

国会期成同盟が国会開設請願書を提出(1880)

政府の対応　　集会条例を制定して運動を弾圧(1880)

　　　　国会開設の勅諭を発して1890年の国会開設を約束(1881)

　　　　←開拓使官有物払下げ事件を契機

■ 民権運動の再燃

> ❗ 保安条例の内容を史料で読み取ろう。▶ 史料

大同団結運動(1886) = 星亨が提唱→後藤象二郎が継承

三大事件建白運動(1887) = 言論集会の自由・地租軽減・外交失策挽回を要求

政府の対応　　保安条例を制定して運動を弾圧(1887)

204

第4章：近・現代

■ 政党の性格の違い

> ❗ 自由党・立憲改進党・立憲帝政党の性格を混同しないようにしよう。

自由党 　➡　 党首**板垣退助**，**フランス**流急進主義，『自由新聞』

立憲改進党 　➡　 党首**大隈重信**，**イギリス**流議会主義，『郵便報知新聞』

立憲帝政党 　➡　 党首**福地源一郎**，主権在君説，『東京日日新聞』

■ 自由党左派による激化事件の内容

> ❗ 福島事件・秩父事件・大阪事件の内容を混同しないようにしよう。

福島事件（1882）　➡　 県令**三島通庸**が河野広中ら自由党員を弾圧

秩父事件（1884）　➡　 **困民党**が中心となって負債の破棄を要求

大阪事件（1885）　➡　 **大井憲太郎**・景山英子が朝鮮の内政改革を計画

■ 私擬憲法と起草者

> ❗ 五日市憲法草案が地域住民の共同討議によることもおさえよう。

日本憲法見込案 　➡　 立志社（主権在民，一院制）

東洋大日本国国憲按 　➡　 植木枝盛（抵抗権・革命権を規定）

私擬憲法案 　➡　 交詢社（イギリス流の議会制度，二院制）

五日市憲法草案 　➡　 千葉卓三郎（人権の保障に力点）

史料をチェック ▶

★**中江兆民ら民権派が東京退去を命じられたこと**をおさえよう！

皇居又ハ行在所ヲ距ル［三里］以内ノ地ニ住居又ハ寄宿スル者ニシテ，内乱ヲ陰謀シ又ハ教唆シ又ハ治安ヲ妨害スルノ虞アリト認ムルトキハ，警視総監又ハ地方長官ハ内務大臣ノ認可ヲ経，期日又ハ時間ヲ限リ退去ヲ命シ，［三年］以内同一ノ距離内ニ出入寄宿又ハ住居ヲ禁スルコトヲ得。 　　　　　　　（保安条例）

演習問題

問1 自由民権運動に関連して述べた文として正しいものを，次の①〜④のうちから一つ選べ。

① 民撰議院設立建白書の提出直後，地方結社の代表が大阪に集まり，立志社を組織した。

② 国会期成同盟の建白を受け入れて，漸進的に立憲政体を樹立するという詔書が出された。

③ 慶応義塾出身者らが中心となって交詢社を組織し，独自の憲法私案を作った。

④ 大阪会議において，10年後に国会開設を実現することが合意された。

問2 自由党について述べた文として正しいものを，次の①〜④のうちから一つ選べ。

① 自由党は，板垣退助を党首として結成された。

② 自由党は，イギリス流の穏健な立憲政治を主張した。

③ 大久保利通は，自由党の理論的指導者として活躍した。

④ 『東京日日新聞』は，自由党の機関紙として発行された。

問3 秩父事件に関連して述べた文として**誤っている**ものを，次の①〜④のうちから一つ選べ。

① この事件の指導者の中には，自由党とかかわりをもつものもいたが，立ち上がった多くの農民たちは，一般に困民党とよばれていた。

② この事件の前後には，加波山事件，飯田事件など，自由党員を主力とする一連の激化事件がおこっている。

③ このような運動の急進化と政府の懐柔政策によって，自由党内には分裂がおこり，自由党は解散を決議した。

④ 国会開設が近づくと，民権派内部には大同団結運動がおこり，地租軽減，言論集会の自由，軍事費の削減を求める三大事件建白運動が展開された。

206

第4章：近・現代

問4　私擬憲法について述べた文として誤っているものを，次の①〜④のうち
から一つ選べ。

①　日本憲法見込案は，高知の立志社が作成した私擬憲法である。

②　黒田清隆の私擬憲法は，ルソーの社会契約論をもとに作られている。

③　植木枝盛の私擬憲法は，人民が政府に対して抵抗する権利や革命を起こ
す権利を保障している。

④　五日市憲法草案とよばれる私擬憲法は，地域住民の共同討議の内容をま
とめたものである。

解答・解説

問1　正解　③

①　[×]　立志社の結成は土佐。その後全国組織として大阪で愛国社が結成された。

②　[×]　立憲政体樹立の詔が発せられたのは大阪会議による。

③　[○]　Up　交詢社は福沢諭吉ら慶応義塾出身の実業家によって組織された。

④　[×]　1890年の国会開設を約束したのは1881年の国会開設の勅諭。

問2　正解　①

①　[○]　Up　立憲改進党は大隈重信を党首とした。

②　[×]　自由党はフランス流の急進的な自由主義を主張した。

③　[×]　大久保利通は明治政府の中枢で1881年の自由党結成以前に暗殺された。
自由党の理論的指導者は植木枝盛。

④　[×]　『東京日日新聞』は保守的な立憲帝政党の機関紙。自由党の機関紙は『自
由新聞』。

問3　正解　④

①　[○]　Up　1884年，困民党を称する数万人の農民が蜂起した。

②　[○]　Up　自由党指導部は，加波山事件の直後に解党した。

③　[○]　Up　政府の板垣外遊援助や運動急進化によって，自由党は1884年分裂。

④　[×]　三大事件建白運動の要求は，軍事費削減ではなく外交失策の挽回。

問4　正解　②

①　[○]　Up　立志社は，板垣退助・片岡健吉・植木枝盛らが設立した。

②　[×]　黒田清隆は首相として超然主義を表明するなど政党を弾圧。

③　[○]　Up　植木枝盛の私擬憲法とは「東洋大日本国国憲按」をさす。

④　[○]　Up　東京近郊の五日市の農村青年らが集団学習によりまとめた。

207

5 明治政府と政党の対立・接近

知識を整理！

■ 黒田清隆内閣と第1次山県有朋内閣の施策

❗ 民権派の勢力拡大への対応という観点から両内閣の政策を理解しよう。

黒田内閣　➡　大日本帝国憲法を発布（1889）

　　　　　　　衆議院議員選挙法を公布（1889）

　　　　　　　　有権者は満25歳以上で直接国税15円以上納入の男性に限定

　　　　　　　　（全人口の約1%）

　　　　　　　超然主義演説（政党の動向に左右されずに政策遂行）

山県①内閣　➡　第1回衆議院議員選挙を実施（1890）

　　　　　　　超然主義の政策を継承

■ 第一議会と第二議会の様相

❗ 第一議会での山県首相の施政方針を史料で読み取ろう。　▶ 史料

第一議会　➡　民党は「政費節減・民力休養」をスローガンに，軍備拡張
（山県①内閣）　予算案に反対

第二議会　➡　衆議院解散後，品川弥二郎内相の選挙干渉があったが民党
（松方①内閣）　勝利

■ 政府と政党の接近

❗ 自由・進歩両党が合同して憲政党を結成したことをおさえよう。

大隈①内閣　➡　憲政党を基盤とした最初の政党内閣（1898）

　　　　　　　自由党の板垣退助が内相就任（隈板内閣）

山県②内閣　➡　憲政党と提携したが，その一方で政党進出防止策

　　　　　　　・文官任用令改正（1899，高級官僚の自由任用制限）

　　　　　　　・軍部大臣現役武官制制定（1900，軍部大臣の任用を現役の

　　　　　　　　大・中将に限定）

伊藤④内閣　➡　憲政党を基盤に立憲政友会を結成，組閣（1900）

第4章：近・現代

■ 地方制度の整備

> ❗ 地方制度が整備された順序をおさえよう。 ▶ 年代 p.276

1875年	大阪会議で地方官会議の開設決定
1878年	三新法制定 ┌ 郡区町村編制法（従来の大区・小区廃止） └ 府県会規則・地方税規則
1888年	市制・町村制制定（市町村会議員の選挙は制限選挙）
1890年	府県制・郡制制定（府県知事・郡長は官僚から任命）

■ 民法の編纂

> ❗ 新民法では戸主権が絶大であったことを理解しよう。

公布（1890） ➡ ボアソナードがフランス流民法を起草

民法典論争 ➡ 反対派穂積八束「民法出デ、忠孝亡ブ」

修正（1898） ➡ 家父長制的な家制度を残した新民法公布・施行

史料をチェック

★ **山県有朋が軍備拡張予算を主張した意図**を読み取ろう！

　蓋国家独立自衛ノ道ニ二途アリ。第一ニ ① 主権線ヲ守禦スルコト，第二ニハ ② 利益線ヲ保護スルコトデアル。……巨大ノ金額ヲ割イテ，陸海軍ノ経費ニ充ツルモ，亦此ノ趣意ニ外ナラヌコトト存ジマス。寔ニ是ハ止ムヲ得ザル必要ノ経費デアル。

（1890年，山県首相の施政方針演説）

注 ①国境　②朝鮮半島

🔽 思考力を鍛える POINT

第1回衆議院議員選挙結果は？

旧自由民権派の政党が大勝し，第一議会では立憲自由党・立憲改進党を中心とする民党が衆議院の過半数を占め，政府を支持する吏党を圧倒した。

5
明治政府と政党の対立・接近

209

演習問題

問1 最初の衆議院議員選挙について述べた文として正しいものを，次の①〜④のうちから一つ選べ。

① 日本の総人口に対して有権者の占める比率は，約10％であった。

② 選挙人は，直接国税15円以上を納入する25歳以上の男子であった。

③ 当選者の過半数は，都市に住む上層の商工業者たちであった。

④ 民党の議席よりも，政府を支持する吏党の議席の方が多かった。

問2 1889〜1900年の政府と議会の関係について述べた文として誤っているものを，次の①〜④のうちから一つ選べ。

① 黒田清隆首相は大日本帝国憲法の発布直後に，政府は政党の存在に左右されず政策を行うという超然主義の立場を声明した。

② 開設された議会では，民力休養を主張する民党勢力と政府が対立し，第二議会の議会解散後の選挙では，政府による大干渉が行われた。

③ 政府のなかには超然主義を維持しようとする勢力も強く，山県有朋内閣は文官任用令を改正し，また軍部大臣現役武官制を定めた。

④ 日清戦争後になると，政府と政党のあいだには妥協が進み，政党結成をめざした大隈重信と憲政党の提携によって立憲政友会が結成された。

問3 1880年代から90年代にかけての地域社会に関連して，このころの地域社会に関して述べた次の文ア〜エについて正しいものの組合せを，下の①〜⑥のうちから一つ選べ。

ア 制限選挙制にもとづく地方議会の制度が整い，市町村会が開かれた。

イ 府県制が定められ，府県の知事が制限選挙のもとで公選された。

ウ 地方自治の拡大を目指して，地方改良運動が展開した。

エ 民党系の代議士は，地域社会の租税軽減要求を背景に，帝国議会で「民力休養」を主張した。

① ア・イ　　② ア・ウ　　③ ア・エ

④ イ・ウ　　⑤ イ・エ　　⑥ ウ・エ

問4 1890年に公布された民法に関して述べた文として正しいものを，次の①〜④のうちから一つ選べ。

第4章：近・現代

① 条約改正交渉に成功し，日英通商航海条約を締結したあと，政府はこの民法の編纂（へんさん）を急いだ。

② 最初に公布されたこの民法は，とりわけイギリスの法典の影響を強く受けたものであった。

③ この民法に対し，高山樗牛は「民法出デヽ忠孝亡（ほろ）ブ」として批判を行った。

④ この民法を大幅に修正した上で公布・施行された新民法は，家父長制的な家制度を重視する内容のものであった。

5

明治政府と政党の対立・接近

解答・解説

問1 **正解** ②

① ［×］ 最初の総選挙での有権者は全人口の1.1%。

② ［○］ **UP** 衆議院議員選挙法公布は黒田清隆内閣，最初の衆議院議員選挙実施は第1次山県有朋内閣の時。

③ ［×］ 当選者の多くは，直接国税の大半を占める地租を納税した地主。

④ ［×］ 立憲自由党・立憲改進党などの民党の議席が過半数を占めた。

問2 **正解** ④

① ［○］

② ［○］ **UP** 内相品川弥二郎の選挙干渉があったが，民党優位は崩れなかった。

③ ［○］ **UP** さらに治安警察法を公布して，政治・労働運動の規制を強化した。

④ ［×］ 憲政党と提携して立憲政友会を結成したのは伊藤博文。

問3 **正解** ③

ア ［○］ **UP** 1888年に山県有朋内相の尽力で市制・町村制制定。

イ ［×］ 府県知事は中央政府によって官僚の中から任命された（官選）。

ウ ［×］ 地方改良運動は日露戦争後に地方自治体の財政再建を目的に実施された。

エ ［○］ **UP** 民党は，行政費の節約と地租軽減・地価修正を求めた。

問4 **正解** ④

① ［×］ 日英通商航海条約調印は1894年。諸法典の整備後，諸外国との条約改正交渉は円滑に進んだ。

② ［×］ 最初の民法はフランス法系の影響。

③ ［×］ 「民法出デヽ忠孝亡ブ」とフランス流民法を批判したのは穂積八束。

④ ［○］ **UP** 1890年に公布されたフランス流民法は結局施行されなかった。

211

6 　条約改正交渉と日清戦争

知識を整理！

■ 条約改正交渉の内容と結果

❗ 担当者の交渉内容・結果を混同しないようにしよう。 ▶ 図版 p.280

寺島宗則　アメリカは関税自主権回復に同意

　　　　　→イギリス・ドイツの反対で無効

井上　馨　外国人判事の任用と外国人の内地雑居を条件に交渉

　　　　　→欧化政策(鹿鳴館外交)に対する批判

　　　　　　民権派は三大事件建白運動を展開

大隈重信　外国人判事の任用を大審院に限定して交渉

　　　　　→大隈が右翼団体の襲撃を受けて挫折

青木周蔵　イギリスは同意(ロシアの南下策を警戒して日本に接近)

　　　　　→大津事件(1891，ロシア皇太子襲撃)で挫折

　　　　　　大審院長児島惟謙は，政府の圧力に屈せずに司法権の独立

　　　　　　を固守

陸奥宗光　イギリスと日英通商航海条約に調印(1894)

　　　　　領事裁判権を撤廃

小村寿太郎　アメリカと日米通商航海条約を改正(1911)

　　　　　関税自主権を回復

■ 1880年代の朝鮮情勢

❗ 1880年代の朝鮮情勢の順序をおさえよう。 ▶ 年代 p.276

壬午軍乱(1882) ➡ 大院君一派が閔妃政権にクーデタ←清が鎮圧

甲申事変(1884) ➡ 親日派の独立党がクーデタ←清が鎮圧

天津条約(1885) ➡ 日清間の関係悪化打開と甲申事変後の処理

　　　　　　　　　日清両軍の朝鮮からの撤退，出兵時の相互通告

第4章：近・現代

■ 日清戦争の発端と結果

❗ 日清戦争後の東アジア関係を史料で確認しよう。 ▶ 史料 ▶ 図版 p.281

［発端］　朝鮮政府，**防穀令**を発し(1889)，日本への穀物輸出を禁止

　　　　　朝鮮で**甲午農民戦争**勃発(1894)→日清両軍が出兵，衝突

［結果］　下関条約調印(1895)　**伊藤博文**と**李鴻章**が全権

　　　　　・清国は**朝鮮**の独立を承認
　　　　　・**遼東半島**・**澎湖諸島**・**台湾**を日本に割譲
　　　　　・賠償金**2億両**を日本に支払う
　　　　　・**重慶**・沙市・蘇州・杭州の開市・開港

　　　　　三国干渉(1895)

　　　　　→ロシア・ドイツ・フランスが**遼東半島**の清国返還を勧告

史料をチェック ▶

★**ロシアが日本の中国・朝鮮への進出を警戒していたこと**を読み取ろう！

　露国皇帝陛下ノ政府ハ，日本国ヨリ清国ニ向テ求メタル講和条約ヲ査閲スルニ，其要求ニ係ル遼東半島ヲ日本ニテ所有スルコトハ，常ニ清国ノ都ヲ危フクスルノミナラズ，之ト同時ニ朝鮮国ノ独立ヲ有名無実トナスモノニシテ，右ハ将来永ク極東ノ永久ノ平和ニ対シ，障害ヲ与フルモノト認ム。随テ，露国政府ハ，……茲ニ日本国政府ニ勧告スルニ，遼東半島ヲ確然領有スルコトヲ放棄スベキコトヲ以テス。

（三国干渉　ロシア公使の勧告）

🔻 思考力を鍛える POINT ━━━━

日清戦争の賠償金はどのように使われたか？

　賠償金の大部分は軍備拡張費として使われた。そのほか獲得した賠償金を準備金として1897年に**金本位制**が確立された。また，鉄鋼の国産化を目的に官営の**八幡製鉄所**が設立され，1901年から操業が開始された。

演習問題

問1 条約改正交渉に関連して述べた文として正しいものを，次の①〜④のうちから一つ選べ。

① 関税の自主的決定権が認められていなかったため，日本は小村寿太郎外相のもとで条約改正が完成するまで輸入品に関税を課すことができなかった。

② 一方的な最恵国待遇が規定されていたため，日本はアジア諸国に対しても，欧米諸国と同等の待遇を与える条約を結んだ。

③ 大隈重信外相は，大審院に限り外国人判事の任用を認める方針で条約改正交渉にのぞんだが，国内の反対の声が強く，交渉の挫折を余儀なくされた。

④ 青木周蔵外相は，ロシアとの条約改正交渉が大津事件によって挫折したため，交渉相手をアメリカに変更し領事裁判権の撤廃を実現させた。

問2 『ベルツの日記』にある「明治十七年は韓国との難問題」について述べた文として正しいものを，次の①〜④のうちから一つ選べ。

① 朝鮮で大規模な農民の反乱が起こり，清国と日本は朝鮮に出兵した。

② 朝鮮で大院君らの親日派が台頭したが，同時に反日運動も起き，日本公使館がおそわれた。

③ 日本は朝鮮に国交をもとめたが，朝鮮は日本の交渉態度を不満として拒絶した。

④ 朝鮮の独立党は日本公使館の援助をえてクーデタを起こしたが，清国軍の攻撃で失敗した。

問3 清国と戦った日本が，同国と結んだ講和条約の内容として**誤っているもの**を，次の①〜④のうちから一つ選べ。

① 清国は，朝鮮が独立国であることを認める。

② 清国は，山東半島・遼東半島・台湾および澎湖諸島を日本に割譲する。

③ 清国は，賠償金2億両(テール)(当時の日本円で約3億円)を日本に支払う。

④ 清国は，新たに重慶などの4市を開市・開港する。

214

第4章：近・現代

問4　日清戦争後の資本主義の発達について説明した文として誤っているもの
　　を，次の①〜④のうちから一つ選べ。

①　鉄道の発達が著しく，日露戦争の後には主要な私鉄が国有化された。

②　日清戦争の賠償金を基礎として，日本銀行が設立された。

③　官営八幡製鉄所が創設され，生産を開始した。

④　製糸業において，器械製糸の発展が著しかった。

6

条約改正交渉と日清戦争

解答・解説

問1　**正解**　③

①［×］協定関税制度の下では関税率を独自に決定できなかった。

②［×］アジア諸国に対して片務的な最恵国待遇を与えることはなかった。

③［○］

④［×］青木外相はイギリスと交渉。陸奥宗光外相が日英通商航海条約調印。

問2　**正解**　④

①［×］日清戦争の発端となった甲午農民戦争は1894年のこと。

②［×］親日策をとる閔妃に対し起こされた壬午軍乱は1882年のこと。

③［×］朝鮮が国交樹立の求めを拒否したため，1873年征韓論が提唱された。

④［○］**Up** 甲申事変は1884（明治17）年のこと。

問3　**正解**　②

①［○］

②［×］下関条約に山東半島割譲の規定はない。

③［○］**Up** 賠償金の一部を準備金として，1897年に金本位制を確立した。

④［○］**Up** 4市とは，重慶のほか，沙市・蘇州・杭州。

問4　**正解**　②

①［○］**Up** 日露戦争後の1906年に鉄道国有法が制定され，私鉄が国有化。

②［×］日本銀行の設立は1882年のこと。

③［○］**Up** 大冶鉄山の鉄鉱石を安価で入手して原料とした。

④［○］**Up** 1894年に器械製糸の生産量が座繰製糸を上回った。

215

7	**日露戦争と戦後の対外関係**

知識を整理！

■ 列強の中国分割と中国の対応

> ❗ 列強の中国租借地を混同しないようにしよう。

ロシア ➡ 旅順・大連租借(1898)

ドイツ ➡ 膠州湾租借(1898)

イギリス ➡ 威海衛・九竜半島租借(1898)

フランス ➡ 広州湾租借(1899)

アメリカ ➡ ジョン゠ヘイが中国の門戸開放を提唱(1899)

中　国 ➡ 列強の中国分割に抵抗して，1899年に義和団事件が起こり，
翌1900年北清事変に発展したが降伏

■ 主戦論と非戦論

> ❗ 『万朝報』が反戦論から主戦論へ転換したこともおさえよう。

主戦論 ➡ 対露同志会(近衛篤麿ら)，東大七博士(戸水寛人ら)

非戦論 ➡ 社会主義者　：『平民新聞』(幸徳秋水・堺利彦ら)
　　　　　文学者　　　：「君死にたまふことなかれ」(与謝野晶子)
　　　　　キリスト教徒：内村鑑三

■ 日露戦争の結果

> ❗ 戦費は国内外の国債と増税で負担したこともおさえよう。 ▶ 図版 p.281

講　和 ➡ ポーツマス条約調印(1905)
　　　　アメリカのポーツマスで小村寿太郎とウィッテが調印
　　　　セオドア゠ローズヴェルト(米大統領)が仲介
　　　　・韓国に対する日本の指導・監督権の承認
　　　　・旅順・大連租借権，長春以南の鉄道と付属利権譲渡
　　　　・北緯50度以南の樺太割譲

国　民 ➡ 賠償金なしに対する不満→日比谷焼打ち事件(1905)

216

第4章：近・現代

■ 韓国併合までの経過

❗ 第1次～3次日韓協約の内容を混同しないようにしよう。

第1次日韓協約（1904） ➡ 日本政府推薦の<u>財政・外交顧問</u>設置

第2次日韓協約（1905） ➡ <u>外交権</u>接収

<u>統監府</u>を設置（初代統監伊藤博文）

┌ 列強による日本の韓国保護国化承認を背景
└ アメリカと<u>桂・タフト協定</u>，イギリスと<u>第2次日英同盟</u>調印

第3次日韓協約（1907） ➡ <u>内政権</u>接収，秘密協定で韓国軍隊解散

韓国で義兵運動とよばれる反日運動

└ ［ハーグ密使事件を口実］

韓国併合条約（1910） ➡ <u>朝鮮総督府</u>を設置（初代総督寺内正毅）

<u>土地調査事業</u>を朝鮮全土で実施

└ ［安重根による伊藤博文暗殺を口実］

■ 満州経営

❗ 南満州鉄道設立と同年に鉄道国有法が制定されたこともおさえよう。

関東州統治 ➡ 旅順に<u>関東都督府</u>を設置（1906）

鉄道経営 ➡ 半官半民の<u>南満州鉄道株式会社</u>を設立（1906）

🔻 思考力を鍛える POINT

日露戦争が勃発した背景は？

ロシアは北清事変後も<u>満州</u>駐屯を継続して満州を勢力圏におさめようとし，さらに<u>韓国</u>にも勢力を伸ばそうとしたため，韓国での権益確保をめざす日本との対立を深めた。日本はロシアの南下策に対抗してイギリスと提携し，1902年，<u>日英同盟</u>に調印すると，日露両国の衝突は避けられない状況となった。

日露戦争後の日米関係は？

<u>南満州の利権</u>をめぐってアメリカとの関係は悪化し，1906年にはサンフランシスコで日本人学童隔離問題が発生するなど，日本人移民に対する排斥が強まった。

217

演習問題

問1 日露戦争の講和について述べた文として**誤っている**ものを，次の①～④のうちから一つ選べ。

① 講和会議がイギリスで開かれることとなった。

② 日本の全権小村寿太郎とロシアの全権ウィッテとの間で条約交渉が行われた。

③ 講和条約で，旅順・大連の租借権，樺太南半分の領有などが日本に認められた。

④ 講和条件に賠償金が含まれていないことが判明すると，日本では講和反対の声がもりあがった。

問2 日露戦争当時の主戦論が生まれた背景について述べた文として**誤っている**ものを，次の①～④のうちから一つ選べ。

① 日本公使らによる閔妃殺害事件以降，朝鮮における反日気運がいっそう高まった。

② ロシア軍が満州(中国東北部)に駐屯し，満州を勢力圏におさめようとした。

③ ヨーロッパにおいて三国協商が成立したのを機に，日英同盟が締結された。

④ 義和団事件の鎮圧を機に，列強による清国の勢力圏分割が進んだ。

問3 夏目漱石が1909年に新聞に連載した小説『それから』の一節で，主人公が日露戦争後の日本の姿について述べた「一等国だけの間口を張ってしまった。なまじい張れるから，なお悲惨なものだ。」のセリフが示すような時代背景について述べた文として**正しい**ものを，次の①～④のうちから一つ選べ。

① 鉄道国有法が公布され，神戸・大阪・京都間に鉄道が開通したが，不況のため民間に払い下げられた。

② 戦費は，外国債以外に内債や増税によってまかなわれ，それにより国民の負担は重くなった。

③ 日本は，韓国での民族的抵抗を受けながらも，第1次日韓協約により韓国の内政権を掌握した。

第4章：近・現代

④ 戦勝によって日本は南満州の権益を独占しようとしたために，日英関係は悪化した。

問4 日露戦争終結ののち，日本は韓国を保護国化して統監府を置いた。これに関連して述べた文として正しいものを，次の①〜④のうちから一つ選べ。

① 石井・ランシング協定によって，アメリカは日本の韓国保護国化を承認した。

② 日英同盟（日英同盟協約）が改定され，イギリスは日本の韓国保護国化を承認した。

③ 統監府は，義和団事件を鎮圧した。

④ 統監府は，韓国での土地調査事業を完了した。

解答・解説

問1 **正解** ①
① ［×］ ポーツマス講和会議はアメリカで開催。
② ［○］
③ ［○］ **UP** ロシアは1898年に中国から旅順・大連を租借していた。
④ ［○］ **UP** 講和反対国民大会が暴動化して日比谷焼打ち事件が起きた。

問2 **正解** ③
① ［○］ **UP** 閔妃殺害事件後の政変で，朝鮮では親露政権が発足した。
② ［○］
③ ［×］ 日英同盟はロシアの南下策に対抗して調印された。
④ ［○］ **UP** 義和団事件・北清事変後，列強の中国進出はさらに進んだ。

問3 **正解** ②
① ［×］ 鉄道国有法の制定によって民間鉄道の多くが国有化された。
② ［○］
③ ［×］ 韓国の内政権が接収されたのは第3次日韓協約。
④ ［×］ 日露戦争後，南満州利権をめぐって日本と対立したのはアメリカ。

問4 **正解** ②
① ［×］ アメリカが日本の韓国保護国化を承認したのは桂・タフト協定。
② ［○］
③ ［×］ 義和団事件の発生と統監府は無関係。
④ ［×］ 土地調査事業を実施したのは，統監府でなく朝鮮総督府。

8 資本主義の発展

知識を整理！

■ 殖産興業政策

> ❗ 金本位制は日清戦争後の1897年に確立したこともおさえよう。

官庁 ➡ 工部省（鉱工業・交通）と内務省（製糸・紡績業）

貨幣 ➡ 新貨条例＝円銭厘の十進法を採用，金本位制を企図（1871）

　　　　国立銀行条例＝アメリカの制度がモデル，民間銀行を設立（1872）

　　　　日本銀行設立＝銀兌換銀行券を発行，銀本位制確立（1885）

郵便 ➡ 前島密の建議で発足

海運 ➡ 岩崎弥太郎が三菱汽船会社を設立

　　　　→政府系の共同運輸会社と合併して日本郵船会社を設立

■ 官営事業と払下げ先

> ❗ 官営事業の払下げ先を混同しないようにしよう。

官営鉱山 ➡ 佐渡金山・生野銀山（三菱に払下げ）

　　　　　　高島炭鉱（三菱に払下げ）・三池炭鉱（三井に払下げ）

官営軍事
工場 ➡ 東京砲兵工廠（兵器製造を目的）

　　　　長崎造船所（幕府の長崎製鉄所接収，三菱に払下げ）

　　　　横須賀造船所（幕府の横須賀製鉄所接収）

官営模範
工場 ➡ 富岡製糸場（輸出製品である生糸の生産拡大が目的，

　　　　フランスの技術導入，三井に払下げ）

■ 鉄道事業の進展

> ❗ 鉄道国有法制定により，営業キロ数で官営が民営を上回ったことをおさえよう。

1872年	東京（新橋）〜横浜間で最初の鉄道開通（官営）
1881年	華族出資の日本鉄道会社設立→民営鉄道会社設立ブーム
1889年	官営の東海道線全通，営業キロ数で民営が官営を上回る
1906年	鉄道国有法制定（民営鉄道を買収して国有化）

第4章：近・現代

■ 製糸業と紡績業の発展

> ❗ 生産量や輸出量の変化に関する年代もおさえよう。 ▶グラフ ▶年代 p.276

製糸	1894年	器械製糸の生産量が座繰製糸を上回る
	1909年	生糸の輸出量世界第1位（アメリカへの輸出拡大）
紡績	1877年	内国勧業博覧会でガラ紡（臥雲辰致が発明）の改良機が最高賞
	1883年	大阪紡績会社開業（民間の出資）
		（イギリスの紡績機械輸入，蒸気機関を利用）
	1890年	綿糸の生産量が輸入量を上回る（原料の綿花は中国・インドから輸入）
	1897年	綿糸の輸出量が輸入量を上回る（中国・朝鮮への輸出拡大）

グラフをチェック 19世紀後半から20世紀初めまでの貿易

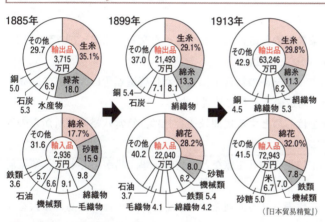

★主要輸出品である生糸を生産する製糸業や，綿糸を生産する紡績業が発達し，輸出が増加した。ただし，紡績業は原料である綿花を安価な輸入品に依存したため，綿業貿易は輸入超過であった。

（『日本貿易精覧』）

▼ 思考力を鍛える POINT

工場払下げ概則の制定により払下げは進んだか？

政府は1880年に工場払下げ概則を制定し，赤字経営の官営事業を民間に払下げることを決定した。しかし，投資額の回復を目的としたために円滑には進まず，逆に1884年に概則が廃止されたことで払下げが本格化した。

松方財政は農民層の分解にどのような影響を与えたか？

1880年代前半，大蔵卿松方正義の緊縮財政で米価が下落し，不況が全国に及んだ。地租は定額金納のため農民の負担は重くなり，土地を手放す自作農が増大し，地主への土地集中が進んだ。やがて大地主が耕作から離れて小作料を資本に投下する寄生地主制の成立をうながした。

演習問題

問1 明治政府の殖産興業政策について述べた文として正しいものを，次の①
　　　～④のうちから一つ選べ。

① 輸出産業としての製糸業を発展させるために，フランスから技術を導入
　し富岡製糸場を開設した。

② 幕府や諸藩から受け継いだ佐渡・生野・高島・三池などの鉱山を，民間
　産業を育成するためにすみやかに民営に移した。

③ 幕府が，イギリスの援助を受けて建設を始めていた横須賀製鉄所などを
　基礎に，官営事業として軍需産業の拡充を急いだ。

④ 民間産業を育成するために工場払下げ概則を定め，官営模範工場のすみ
　やかな払下げを図った。

問2 近代日本の産業発展の軌跡に関連して述べた文として誤っているものを，
　　　次の①～④のうちから一つ選べ。

① 官業払下げによって三菱の経営下に入った長崎造船所は，政府の助成を
　受けつつ有力な民間造船所として発展した。

② 日本鉄道会社をはじめとする民間鉄道会社は，官営八幡製鉄所からの鉄
　鋼の供給を前提に設立された。

③ 軍需工業は，主に東京砲兵工廠などの官営軍事工場が中心となって発展
　した。

④ 日本郵船会社に代表される海運業の発展も，日本の海外貿易の拡大を支
　えた。

問3 鉄道業に関して述べた文として誤っているものを，次の①～④のうちか
　　　ら一つ選べ。

① 明治初期には，日本最初の鉄道として，東京（新橋）・横浜間の官営鉄道
　が開通した。

② 日本鉄道会社の成功をうけて，民営による幹線鉄道敷設が進み，1890年
　代には民鉄が官鉄を大きく上回るようになった。

③ 日露戦争後に，東海道線が全通するなど官営による幹線鉄道の建設が大
　きく進展したため，再び官民の比重が逆転した。

④ 第一次世界大戦中から大戦後にかけて，都市化の進展を背景に大都市圏

222

第4章：近・現代

に郊外電車が発達し，都市近郊に住む人々の通勤の足となった。

問4　明治期の農村について述べた文として正しいものを，次の①～④のうち
　　から一つ選べ。

① 松方財政によって物価が高騰し，多くの自作農が没落し小作農となった。
② 資本主義の発展とともに，地主は企業への投資を拡大していった。
③ 地租が物納であったため，地主は米価の変動の影響を受けなかった。
④ 綿糸紡績業の発展とともに，農村では綿花の栽培が拡大した。

8
資本主義の発展

解答・解説

問1　**正解**　①

① ［○］
② ［×］明治政府は幕府や諸藩から継承した鉱山を当初は官業として経営。
③ ［×］横須賀製鉄所は幕府がフランスの援助を受けて建設。
④ ［×］工場払下げ概則の廃止以降に民間への払下げが本格化。

問2　**正解**　②

① ［○］
② ［×］民間鉄道会社の建設は1880年代。八幡製鉄所の操業は1901年。
③ ［○］
④ ［○］

問3　**正解**　③

① ［○］**UP** イギリスから資金援助を受けた。
② ［○］**UP** 会社設立ブームが起き，1889年に営業キロ数で民営が官営を上回った。
③ ［×］東海道線全通は1889年で，日清戦争前のこと。
④ ［○］**UP** 郊外に住む中流階級層では和洋折衷の文化住宅が流行した。

問4　**正解**　②

① ［×］松方デフレ政策によって米価や繭価などは下落した。
② ［○］**UP** 地主は小作料収入をもとに企業などに投資した。
③ ［×］地租は金納。小作料は物納であったため米価上昇によって地主の取り分
　　　は増大した。
④ ［×］綿糸の原料である綿花は中国やインドから安価で輸入されたため，国内
　　　の綿花栽培は衰退した。

9　明治・大正期の社会運動

知識を整理！

■ 社会問題の実態を描いた著書

❗ 『日本之下層社会』の内容を史料で読み取ろう。 ▶ 史料

『日本之下層社会』 ➡ 横山源之助著(1899)，貧民層の実態ルポ

『職工事情』 ➡ 農商務省刊(1903)，工場労働者の実態調査

『女工哀史』 ➡ 細井和喜蔵著(1925)，紡績女工の実態

■ 明治期の社会運動と政府の対応

❗ 社会民主党と日本社会党の性格を混同しないようにしよう。

社会問題の発生

高島炭鉱問題 ➡ 雑誌『日本人』が坑夫の惨状を発表

足尾鉱毒問題 ➡ 田中正造が明治天皇に直訴(1901)

労働団体の結成

労働組合期成会 ➡ 高野房太郎らが結成，組合の結成相次ぐ

社会主義政党の結成

社会民主党(1901) ➡ 最初の社会主義政党→治安警察法で禁止

日本社会党(1906) ➡ 最初の合法的社会主義政党←宥和政策

政府の対応

治安警察法制定(1900)＝労働者の団結権・スト権を制限

大逆事件(1910)＝社会主義者ら検挙，翌年幸徳秋水を死刑

工場法公布(1911)＝12時間労働制・12歳未満の就業禁止

15人未満の工場は適用外→内容不徹底

■ 大正デモクラシーの指導理論

❗ 天皇機関説の政治問題化は1930年代であることをおさえよう。

吉野作造 ➡ 民本主義を提唱し，普選実施と政党内閣実現を目標

美濃部達吉 ➡ 帝国憲法を自由主義的に解釈して天皇機関説を提唱

第4章：近・現代

■ 大正期の社会運動

> **!** 組織の結成に関わった人物を正確におさえよう。

労働運動 → 1912年 鈴木文治，友愛会結成（全国組織の労働団体）

1921年に日本労働総同盟に発展

農民運動 → 1922年 賀川豊彦・杉山元治郎，日本農民組合結成

部落解放運動 → 1922年 全国水平社結成

婦人運動 → 1911年 平塚らいてう，青鞜社結成（文学的啓蒙団体）

1920年 平塚・市川房枝，新婦人協会結成

治安警察法改正要求

→のち婦人の政談参加が認められる（1922）

1921年 山川菊栄，赤瀾会結成（女性社会主義団体）

9
明治・大正期の社会運動

史料をチェック

★製糸業の劣悪な労働条件が指摘されていることを読み取ろう！

①余嘗て桐生・足利の機業地に遊び，聞いて極楽，観て地獄，職工自身が然かく口にせると同じく，余も赤たその境遇の甚しきを見て之を案外なりとせり。而も足利・桐生を辞して前橋に至り，［製糸職工］に接し，更に織物職工より甚しきに驚ける也。

（『日本之下層社会』）

注 ①横山源之助

▼ 思考力を鍛える POINT

ストライキが発生した時期は？

日清戦争前後の産業革命期になると，労働者の階級的な自覚が次第に強まり，労働者の待遇改善や賃上げを求めるストライキが各地で発生するようになった。

工場法は公布後すぐに施行されたか？

工場法は1911年に公布されたが，紡績業・製糸業の資本家らの反対を受けたため，5年余の猶予期間をおいて，1916年になってようやく施行された。

225

演 習 問 題

問1 次の表は，近代の各時期の子供の状態や義務教育についての説明を時代順に並べたものである。年少労働者の実態を紹介した『日本之下層社会』が刊行された時期として正しいものを，次の①〜④のうちから一つ選べ。

> 小学唱歌がつくられ，音楽教育が始まった。
> ①
> 教育勅語が出された。
> ②
> 小学校の教科書が国定化された。
> ③
> 日中戦争下に満蒙開拓青少年義勇軍が創設された。
> ④
> 6・3制の義務教育が実施された。

問2 産業革命期の労働者に関連して述べた文として正しいものを，次の①〜④のうちから一つ選べ。

① 工場労働者の中心は繊維産業の女子労働者で，彼女らの多くは低賃金で働かされていたが，1日平均の労働時間は8時間だった。

② 労働者が，賃金の引き上げや待遇改善を求めるストライキをおこすようになったのは，第一次世界大戦後からである。

③ 日露戦争後，労働者の保護を目的とする工場法が制定され，即時に施行された。

④ 各地の工場労働者の実態を調査した報告書である『職工事情』が刊行された。

問3 大正期の政治思想に大きな影響を与えた吉野作造が，デモクラシーの訳語にあてて提唱した用語として正しいものを，次の①〜⑤のうちから一つ選べ。

① 民生主義　　② 民族主義　　③ 民主主義

④ 共和主義　　⑤ 民本主義

第4章：近・現代

問4　社会運動に関連して述べた文として正しいものを，次の①～④のうちから一つ選べ。

① 労資協調を掲げた日本労働総同盟が，友愛会と改称された。

② 被差別部落民によって，部落差別の撤廃をめざす全国水平社が結成された。

③ 社会主義を宣伝する赤瀾会が，高野房太郎らによって結成された。

④ 植民地の朝鮮では，日本からの独立を求める五・四運動が起こった。

9
明治・大正期の社会運動

解答・解説

問1　**正解** ②

唱歌教育の開始は1880年，教育勅語の発布は1890年，小学校教科書の国定化は1903年，満蒙開拓青少年義勇軍の発足は1937年，義務教育9年制を規定した教育基本法と六・三・三・四の学校体系を規定した学校教育法が制定されたのは1947年。

横山源之助が『日本之下層社会』を著したのは日清戦争後の1899年のこと。

問2　**正解** ④

① ［×］繊維産業に従事する女子労働者の労働条件は苛酷をきわめ，1日の労働時間は8時間を大きく上回った。

② ［×］工場労働者によるストライキの発生は日清戦争前後のこと。

③ ［×］工場法の施行は公布から5年後の1916年。

④ ［○］ **UP** 『職工事情』は工場法立案の基礎資料となった。

問3　**正解** ⑤

問4　**正解** ②

① ［×］労資協調主義の友愛会が階級闘争主義の日本労働総同盟に発展。

② ［○］全国水平社は西光万吉らによって結成された。

③ ［×］赤瀾会を結成したのは山川菊栄・伊藤野枝ら女性運動家。

④ ［×］第一次世界大戦後の1919年に朝鮮全土に広がった独立運動は三・一運動。五・四運動は中国で展開された反帝国主義運動。

227

10　大正期の政治

知識を整理！

■ 第一次護憲運動(1912〜13)の経過

> ❗ 尾崎行雄の弾劾演説を史料で読み取ろう。 ▶ 史料

背　景	➡	西園寺公望②内閣が陸軍と対立して総辞職
		桂太郎が官僚・軍部を基盤に3たび組閣
スローガン	➡	「閥族打破・憲政擁護」
中　心	➡	立憲国民党の犬養毅，立憲政友会の尾崎行雄
		桂は新党立憲同志会を組織して対抗
結　果	➡	都市民衆が国会を包囲→内閣退陣(大正政変)

■ 大正期の内閣の重要事項

> ❗ 山本内閣によって山県②内閣の政党進出防止策が緩和されたことをおさえよう。

山本権兵衛①内閣	➡	政党の影響力を拡大させる方針
		・軍部大臣現役武官制の改正(現役条項削除)
		・文官任用令の再改正(高級官僚の自由任用)
		ジーメンス事件(海軍高官の収賄)で辞職
大隈重信②内閣	➡	第一次世界大戦に参戦(1914)
寺内正毅内閣	➡	米騒動(1918)の鎮圧に軍隊出動→総辞職

■ 原敬内閣の政策

> ❗ 原内閣が普通選挙に対して時期尚早という立場をとったことをおさえよう。

性　格	➡	立憲政友会を基盤とした最初の本格的政党内閣
		(陸相・海相・外相を除いた閣僚は政友会員)
積極政策	➡	教育拡充・交通機関整備・産業振興・国防充実
外　交	➡	パリ講和会議でヴェルサイユ条約に調印(1919)
		朝鮮全土の三・一独立運動を弾圧

第4章：近・現代

史料をチェック ➡

★**天皇の権威を利用して政敵を攻撃する内閣の姿勢を糾弾（きゅうだん）する様子**を読み取ろう！

　①彼等（かれら）ハ常ニ口ヲ開ケバ直（ただち）ニ忠愛ヲ唱（とな）ヘ，恰モ忠君愛国ハ自分ノ一手専売ノ如ク唱ヘテアリマスルガ，其為（そのな）ストコロヲ見レバ，常ニ玉座ノ蔭（かげ）ニ隠レテ，政敵ヲ狙撃（そげき）スルガ如キ挙動ヲ執（と）ッテ居（お）ルノデアル。彼等ハ玉座ヲ以テ胸壁（もっきょうへき）トナシ，詔勅ヲ以テ弾丸（だんがん）ニ代ヘテ政敵ヲ倒サントスルモノデハナイカ。

（尾崎行雄の桂首相弾劾（だんがい）演説）

　注　①**第3次桂太郎内閣**（藩閥政府）

10

大正期の政治

🔻 思考力を鍛える POINT

第2次西園寺公望内閣が退陣に追いこまれた原因は？

第2次西園寺公望（さいおんじきんもち）内閣は，行財政整理を理由に，陸軍が要求した朝鮮駐留の二個師団の増設を拒否した。これに抗議した陸相上原勇作は単独辞職し，陸軍も軍部大臣現役武官制を利用して後任を出さなかったため，内閣は総辞職に追い込まれた。

米騒動が発生した背景は？

第一次世界大戦中の好景気は物価上昇をまねき，とくに米価はシベリア出兵に伴う米の買占めを理由に激しく値上がりした。富山県の漁民の主婦らが米の安売りを求めた事件が新聞報道されると，都市民衆も米屋を襲撃するなど，米騒動は全国に広がりをみせた。

原敬内閣は普通選挙に対してどのような姿勢をとったか？

普通選挙実施に対して時期尚早（しょうそう）の態度をとり，選挙権の納税者資格を直接国税3円に引き下げるにとどめた。一方で，与党に有利な小選挙区制を導入して，政友会勢力の拡大をはかる政策を展開した。それは政友会にからむ汚職事件の多発をまねくことにもなった。

演習問題

問1 第2次西園寺内閣の瓦解をもたらすことになった出来事を述べた文として正しいものを，次の①～④のうちから一つ選べ。

① 虎の門事件により内務大臣が辞職した。

② 2個師団増設問題で陸軍大臣が辞職した。

③ ジーメンス事件により海軍大臣が辞職した。

④ 選挙干渉問題で内務大臣が辞職した。

問2 第一次護憲運動の過程で尾崎行雄が行った演説の一節として正しいものを，次の①～④のうちから一つ選べ。

① 「詔勅を以て弾丸に代えて政敵を倒さんとするものではないか。」

② 「政府は常に一定の方向を取り，超然として政党の外に立ち至公至正の道に居らざるべからず。」

③ 「今日の革命は労働者の革命である。労働者は議会に上るの必要はない。」

④ 「運動の綱領は大政翼賛の臣道実践ということに尽きる。」

問3 第1次山本権兵衛内閣は文官任用令を改正した。それ以前に同令を改正し，政党員の高級官僚への登用の制限を強化した内閣として正しいものを，次の①～④のうちから一つ選べ。

① 第2次山県有朋内閣　　② 第1次大隈重信内閣

③ 第3次伊藤博文内閣　　④ 第2次松方正義内閣

問4 米騒動に関連した次の新聞記事史料ア～ウについて，古いものから順に正しく配列したものを，下の①～⑥のうちから一つ選べ。

ア　東京市ついに不穏に陥る。群集，米屋町へ向かう。

イ　内閣はいよいよ総辞職に決し，首相は各大臣の辞表を一括し（下略）。

ウ　漁夫の稼ぎ先なる樺太方面は非常に不漁にして，昨今の米価高騰にて家族は生活の困難はなはだしく，漁師町一帯の女房連は海岸に集合し（下略）。

① ア－イ－ウ　　② ア－ウ－イ　　③ イ－ア－ウ

④ イ－ウ－ア　　⑤ ウ－ア－イ　　⑥ ウ－イ－ア

第4章：近・現代

問5　本格的な政党内閣について述べた文として誤っているものを，次の①
　　〜④のうちから一つ選べ。

①　この内閣は，与党の支持基盤を固めるために小選挙区制を導入したが，
　民衆や野党が要求していた普通選挙には反対した。

②　この内閣は，膨大な予算を計上し，交通機関の整備，産業の振興，軍備
　の充実などの積極政策を推進した。

③　この内閣は，軍部大臣現役武官制を改正し，政党の軍部に対する影響力
　を強化しようとしたが，汚職事件が原因で総辞職に追い込まれた。

④　この内閣は，朝鮮全土にひろがった三・一独立運動に対し，武力を行使
　して徹底的に弾圧した。

10

大正期の政治

解答・解説

問1　**正解**　②
　①［×］1923年の虎の門事件で総辞職したのは第2次山本権兵衛内閣。
　②［○］
　③［×］1914年のジーメンス事件で総辞職したのは第1次山本権兵衛内閣。
　④［×］1892年に実施された総選挙で選挙干渉を行った内相は品川弥二郎。

問2　**正解**　①

問3　**正解**　①　UP　1899年のことである。

問4　**正解**　⑤
　　　米騒動は富山県の漁民の主婦蜂起に端を発し(ウ)，東京・大阪などの都市部で
　　も米屋を襲撃する事件が相次いだ(ア)。寺内正毅内閣は軍隊を出動させて鎮圧し
　　たが，世論の批判を受けて総辞職した(イ)。

問5　**正解**　③
　①［○］UP　本格的政党内閣とは，政友会の原敬内閣。
　②［○］UP　積極政策の背景には大戦景気があった。
　③［×］軍部大臣現役武官制を改正しジーメンス事件で総辞職したのは，第一次
　　　　護憲運動後に成立した第1次山本権兵衛内閣。
　④［○］UP　三・一独立運動は，1919年3月1日からはじまった。

231

11　第一次世界大戦と国際関係

知識を整理！

■ 第一次世界大戦中の日本の中国進出

❗ 大戦勃発の際の元老井上 馨の提言を史料で読み取ろう。 ▶ 史料

大戦への参戦 ➡ 日英同盟を口実にドイツに宣戦布告(1914)
青島を占領し，山東省のドイツ権益を入手

二十一カ条の要求 ➡ 袁世凱政府に最後通牒を発して受諾させる(1915)
- ・山東省のドイツ権益継承
- ・旅順・大連の租借と南満州鉄道利権の期限延長
- ・漢冶萍公司の日中合弁化

中国国民は受諾日を国恥記念日に制定

西原借款 ➡ 寺内正毅内閣が中国の段祺瑞政権に多額の借款

列強と対中国 ➡ ロシアと第4次日露協約調印(1916)
利害の調整
アメリカと石井・ランシング協定調印(1917)

■ パリ講和会議の内容

❗ 山東省の権益は九カ国条約で中国に返還されたことをおさえよう。

ヴェルサイユ条約 ➡ 日本が獲得した権益
調印(1919)
- ・山東省の旧ドイツ権益の継承
- ・赤道以北のドイツ領南洋諸島の委任統治権

国際連盟発足 ➡ アメリカ大統領ウィルソンの提唱
(1920)
日・英・仏・伊の4カ国が常任理事国

■ アジアにおける民族自決主義の風潮

❗ 朝鮮と中国における民族運動を混同しないようにしよう。

朝鮮 ➡ 三・一独立運動(日本からの独立を求めた民族運動)
中国 ➡ 五・四運動(山東省処理問題に対する不満)

第 4 章：近・現代

■ ワシントン会議（1921～22）で調印された条約の内容

❗ 各条約の目的が日本の勢力抑制にあったことを理解しよう。

四カ国条約 ➡ 太平洋の現状維持→日英同盟の廃棄

九カ国条約 ➡ 中国の領土と主権尊重

➡ { 石井・ランシング協定の廃棄
　　山東省のドイツ権益を中国に返還

海軍軍縮条約 ➡ 主力艦の保有量制限（米英 5：日 3：仏伊1.67）

史料をチェック ➤

★大戦を利用して中国進出をはかる日本の意図を読み取ろう！

一、今回①欧州ノ大禍乱ハ，日本国運ノ発展ニ対スル大正新時代ノ②天佑ニシテ，……。

一、此戦局ト共ニ，③英・仏・露ノ団結一致ハ更ニ強固ニナルト共ニ，日本ハ右三国ト一致団結シテ，茲ニ東洋ニ対スル日本ノ利権ヲ確立セザルベカラズ。

（元老井上馨の提言）　注　①第一次世界大戦　②天の助け　③三国協商

🔻 思考力を鍛える POINT ━━━━━━━

| 国際連盟にアメリカとソ連は参加したか？ | アメリカは上院の反対によって連盟に参加せず，また，敗戦国のドイツやロシア革命によって成立したソ連も当初は加盟が認められなかった。このため，連盟の国際政治に対する影響力は弱かった。 |

憲政会・立憲民政党内閣の外相幣原喜重郎は，イギリスやアメリカなど列国との協調をはかりながら，中国に対しては内政不干渉をとる協調外交とよばれる独自の外交路線を展開した。

国際協調の風潮はどのような外交を生んだか？

三・一独立運動が植民地策に与えた影響は？

三・一独立運動を契機に，朝鮮総督府は武断的な統治政策を改めて文化政治を実施し，表面上は民族運動の高揚に対して宥和的な姿勢をとった。

演習問題

問1 元老井上馨の提言にある「茲に東洋に対する日本の利権を確立せざるべからず」を具体化した政策のうち，第一次世界大戦の時期に該当する文として誤っているものを，次の①～④のうちから一つ選べ。

① 袁世凱政権に対し，最後通牒を発して，中国における各種権益の拡大・強化をめざした要求を認めさせた。

② 中国における権益の拡大をめざし，段祺瑞政権に対し，西原亀三を介して巨額の借款を与えた。

③ アメリカと石井・ランシング協定を結び，日本の中国における特殊権益を確認しあった。

④ 日本人居留民保護をかかげて，中国への出兵を行うとともに，中国関係の外交官や軍人などをあつめた東方会議をひらいた。

問2 二十一カ条の要求に関連して述べた文として正しいものを，次の①～④のうちから一つ選べ。

① この要求は，欧米諸列強が東アジアをかえりみる余裕がないのを好機として，寺内正毅内閣が段祺瑞政府に提出したものである。

② この要求に対する列強の反感を緩和するために，日本政府は日露協約を更新し，不戦条約などを結んだ。

③ この要求が公表された直後，中国全土で日本商品ボイコットなどを行う五・四運動がおこった。

④ 日本政府の最後通牒によって中国政府がこの要求の大部分を受諾した日を，中国国民は国恥記念日とした。

問3 空欄 ア ～ ウ に入る語句として最も適当なものの組合せを，次の①～④のうちから一つ選べ。

　ヨーロッパで勃発した第一次世界大戦を契機に，日本は中国に勢力を伸ばそうとドイツの軍事拠点であった山東半島を占領した。山東半島の権益はパリ講和会議で承認されたが，ワシントン会議では ア に返還されることになった。他方，中国に二十一カ条を要求して，旅順・大連の租借期限と イ の経営期限を99か年に延長させた。また ウ を日中合弁とし，その支配権を安定化させて安価な石炭や鉄鉱石を輸入しようとした。

第4章：近・現代

		ア		イ		ウ	
①	ア	ド イ ツ	イ	南満州鉄道	ウ	漢冶萍公司
②	ア	ド イ ツ	イ	鞍山製鉄所	ウ	南満州鉄道
③	ア	中 国	イ	南満州鉄道	ウ	漢冶萍公司
④	ア	中 国	イ	鞍山製鉄所	ウ	南満州鉄道

問4　三・一独立運動に関連して，当時の国際情勢について説明した次の文Ⅰ
　　～Ⅲについて，その正誤の組合せとして正しいものを，下の①～④のうち
　　から一つ選べ。

Ⅰ　中国でも，山東省の旧ドイツ権益の返還を求める民族運動が起こった。

Ⅱ　第一次世界大戦後にはロシア革命の影響もあり，民族自決の国際世論が
　　盛り上がった。

Ⅲ　国際連盟が設立され，アメリカとソ連を中心に国際紛争が調停されるよ
　　うになった。

①	Ⅰ 正	Ⅱ 正	Ⅲ 誤	②	Ⅰ 正	Ⅱ 誤	Ⅲ 誤
③	Ⅰ 誤	Ⅱ 正	Ⅲ 正	④	Ⅰ 誤	Ⅱ 誤	Ⅲ 正

解答・解説

問1　**正解** ④

①［○］**UP** 第2次大隈重信内閣は1915年に二十一カ条の要求を提出した。

②［○］**UP** 寺内正毅内閣は1917～18年に西原借款を実施。

③［○］**UP** 寺内正毅内閣の時である。

④［×］山東出兵と東方会議開催は，1927～28年の田中義一内閣の政策。

問2　**正解** ④

①［×］二十一カ条の要求は，第2次大隈重信内閣が袁世凱政権に提出。

②［×］日本は第4次日露協約と石井・ランシング協定に調印。

③［×］五・四運動が起こったのは第一次世界大戦後の1919年のこと。

④［○］

問3　**正解** ③

問4　**正解** ①

Ⅰ［○］**UP** 五・四運動のこと。

Ⅱ［○］**UP** アメリカ大統領ウィルソンは民族自決主義などの平和原則を提唱。

Ⅲ［×］国際連盟が設立された時，アメリカは不参加，ソ連は排除。

235

12 恐慌の到来

知識を整理！

■ 大戦景気(1915〜18)の分野別の特色

❗ 大戦を契機に日本が債務国から債権国に転じたことを理解しよう。 ▶ 図版 p.281

貿　易	➡	大幅な**輸出**超過(列強のアジア市場撤退，軍需注文増大)
鉄鋼業	➡	満鉄が中国に**鞍山製鉄所**を設立(1918)
造船・海運業	➡	世界第3位の海運国，**船成金**登場 ←世界的な船舶不足
化学工業	➡	薬品・染料・肥料などの国産化 ←ドイツからの輸入途絶
製糸業	➡	**アメリカ**への生糸輸出拡大 ←アメリカの好景気
綿工業	➡	**アジア**への綿織物輸出拡大 ←イギリスが市場から撤退 **在華紡**(日本資本が中国に建設した紡績工場)の進出
電　力	➡	猪苗代**水力**発電所完成 →工業原動力が蒸気力から電力へ

■ 戦後恐慌と震災恐慌

❗ 大戦前後の貿易の動向をグラフで確認しよう。 ▶ グラフ

戦後恐慌 (1920)	➡	ヨーロッパ商品がアジア市場に再登場 →貿易は**輸入**超過，輸出を支えた綿糸・生糸価格が暴落
震災恐慌 (1923)	➡	関東大震災による日本経済への打撃 →震災手形の処理が懸案

■ 金融恐慌(1927)の経過

❗ 若槻①内閣と田中義一内閣の対応を混同しないようにしよう。

原　因	➡	震災手形の未決済，蔵相の失言(不良経営の銀行暴露)
経　過	➡	取付騒ぎ発生→中小銀行の休業・倒産 商社の**鈴木商店**が倒産，融資していた**台湾銀行**は休業
対　策	➡	若槻礼次郎①内閣が台湾銀行救済の**緊急勅令**案を提出 →枢密院否決(内閣の協調外交を不満)，内閣総辞職
収　束	➡	田中義一内閣が**モラトリアム**を発令して鎮静化

第4章：近・現代

■ 昭和初期の経済政策

> ❗ 緊縮財政策と積極財政策を混同しないようにしよう。

浜口雄幸内閣 ➡ 蔵相井上準之助による緊縮財政・産業合理化
　　　　　　　　金解禁(1930)，重要産業統制法制定(1931)
犬養毅内閣 ➡ 蔵相高橋是清による積極財政
　　　　　　　　金輸出再禁止(1931)→管理通貨制度へ移行

12 恐慌の到来

■ 昭和恐慌(1930〜)が及ぼした社会問題

> ❗ 昭和恐慌による農村と都市の様相を理解しよう。

原　因 ➡ 世界恐慌(1929)の影響，金解禁失敗による不況
農　村 ➡ 農産物価格下落，アメリカ向け生糸の輸出激減で繭価暴落
　　　　　生活困窮→欠食児童や女子の身売り，小作争議の頻発
都　市 ➡ 企業の操業短縮・倒産→失業者増大，労働争議の頻発

グラフをチェック　第一次世界大戦前後の貿易

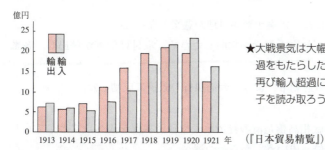

★大戦景気は大幅な輸出超過をもたらしたが，戦後再び輸入超過に転じる様子を読み取ろう。

(『日本貿易精覧』)

▼ 思考力を鍛える POINT

大戦景気が産業構造にもたらした変化は？	工業生産の躍進によって，工業生産額が農業生産額を上回り，重化学工業の生産額も30%の比重を占めるようになった。工業労働者数も150万人を超え，とくに男性労働者の増加が著しかった。
金融恐慌が金融界に与えた影響は？	恐慌で打撃を受けた中小銀行が大銀行に吸収され，財閥系の五大銀行(三井・三菱・住友・安田・第一)が金融界での支配権を確立した。

237

演習問題

問1 第一次世界大戦ころの日本経済の動向について述べた文として誤っているものを，次の①〜④のうちから一つ選べ。

① ヨーロッパ諸国がアジア市場から撤退したり軍需注文を増大させたりしたので，貿易は大幅な輸出超過となった。

② 軍需生産が大幅に拡充される一方，民需品の生産が制限されるなど経済統制が強化された。

③ 世界的な船舶不足から，造船・海運業は空前の好況となり，いわゆる船成金が生まれた。

④ ヨーロッパ諸国からの輸入がとだえたために，染料・薬品などの化学工業が勃興した。

問2 恐慌について述べた文として誤っているものを，次の①〜④のうちから一つ選べ。

① 第一次世界大戦による好況が続いたあと，貿易は輸入超過に転じ，戦後恐慌が起きた。

② 関東大震災後には，震災手形の処理が懸案となった。

③ 一部の銀行の不健全な経営が判明したため，取付け騒ぎが続出し，金融恐慌が起きた。

④ 若槻内閣は，緊急勅令により，台湾銀行の救済に成功した。

問3 犬養毅内閣の蔵相高橋是清の経済政策や経済状況を述べた文として正しいものを，次の①〜④のうちから一つ選べ。

① 犬養毅内閣は，物価を引き下げ，産業を合理化して景気を回復しようとした。

② 価格統制などの計画経済化が進行する一方で，闇価格が横行した。

③ 産業報国会が工場・職場に結成された。

④ 金輸出を再禁止し，管理通貨制度へ移行した。

第4章：近・現代

問4　昭和恐慌当時の農村の状況を述べた次の文ア～エについて，正しいもの
　　　の組合せを，下の①～⑥のうちから一つ選べ。
　　ア　都市では工場閉鎖や解雇によって失業者が増大し，そのため帰村しなけ
　　　ればならなかった女工も多かった。
　　イ　生糸だけはアメリカへの輸出が増大していたため，養蚕業に活路を見い
　　　だす農家が多かった。
　　ウ　価格の高騰によって農作物が売れなかったため，農村の生活は極度に苦
　　　しかった。
　　エ　不況に見舞われた農村では小作争議が増加した。
　　①　ア・イ　　　②　ア・ウ　　　③　ウ・エ
　　④　イ・ウ　　　⑤　イ・エ　　　⑥　ア・エ

12
恐慌の到来

解答・解説

問1　**正解**　②
　　①［○］**Up**　イギリスが後退したアジア市場には，綿織物の輸出が増大した。
　　②［×］経済統制が強化されるのは日中戦争開始以後のこと。
　　③［○］
　　④［○］**Up**　ドイツからの輸入が途絶えた影響で，化学工業が勃興した。

問2　**正解**　④
　　①［○］
　　②［○］
　　③［○］**Up**　蔵相片岡直温の失言が原因。
　　④［×］第1次若槻礼次郎内閣（憲政会）が提出した緊急勅令案は，内閣の協調外
　　　　　　交路線に不満をもつ枢密院によって否決された。

問3　**正解**　④
　　①［×］緊縮財政による物価引下げや産業合理化は浜口雄幸内閣の政策。
　　②［×］価格等統制令が出て闇価格が生じるのは，1939年以降。
　　③［×］産業報国会が結成されたのは，1938年以降。
　　④［○］**Up**　金解禁は浜口雄幸内閣の蔵相井上準之助が実施。

問4　**正解**　⑥
　　ア［○］
　　イ［×］アメリカ向け生糸の輸出が激減したため，繭価が暴落した。
　　ウ［×］農産物価格の下落によって農村の生活は困窮を深めた。
　　エ［○］**Up**　1922年には，小作人組合の全国組織である日本農民組合が結成された。

13 大正末～昭和初期の内閣

知識を整理！

■ 第2次山本権兵衛内閣の政策

❗ 震災混乱時に発生した虐殺事件の内容を理解しよう。

内　政　➡　関東大震災(1923)後の復興事業

震災混乱時に虐殺事件

・自警団による朝鮮人殺害

・憲兵が無政府主義者大杉栄を殺害(甘粕事件)

・労働運動の指導者を殺害(亀戸事件)

総辞職　➡　虎の門事件(1923)＝無政府主義者難波大助が摂政宮裕仁を狙撃

■ 第二次護憲運動(1924)の経過

❗ 中心メンバー・政党を第一次護憲運動と混同しないようにしよう。

背　景　➡　貴族院中心の清浦奎吾内閣を打倒

中　心　➡　立憲政友会高橋是清，革新倶楽部犬養 毅，憲政会加藤高明

結　果　➡　総選挙で護憲三派が圧勝→加藤高明内閣成立

以後，憲政の常道にもとづく政党内閣の慣行が続く

(1932年の五・一五事件で犬養毅内閣が崩壊するまで)

■ 加藤高明内閣(護憲三派)の政策

❗ 衆議院議員選挙法改正の変遷を表で確認しよう。▶ 表

内　政　➡　普通選挙法公布(1925)＝25歳以上の男性に選挙権

(婦人参政権は第二次世界大戦後)

治安維持法公布(1925)＝共産主義運動を弾圧

宇垣軍縮実施(1925)＝中等学校以上に軍事教練導入

外　交　➡　日ソ基本条約調印(1925)＝日ソ国交樹立

幣原喜重郎外相のもとに協調外交(中国内政に不干渉)を展開

240

第4章：近・現代

■ 田中義一内閣（立憲政友会）の政策

> ❗ 憲政会・民政党内閣が協調外交，政友会内閣が積極外交方針であることをおさえよう。

内　政 ➡ 最初の普通選挙実施(1928)＝無産政党から8人当選

　　　　→ 【弾圧強化】 三・一五事件と四・一六事件で共産党員検挙

　　　　　　　　治安維持法改正＝最高刑に死刑を追加

　　　　　　　　全国に特別高等警察を設置＝思想警察

外　交 ➡ 積極外交（中国に対する強硬外交）を展開

　　　　　・山東出兵(1927〜28)＝北伐阻止を目的に3度出兵

　　　　　・東方会議(1927)＝「対支政策綱領」決定

総辞職 ➡ 張作霖爆殺事件(1928)の処理に対する昭和天皇の叱責

■ 浜口雄幸内閣（立憲民政党）の政策

> ❗ 浜口内閣の金解禁・産業合理化など緊縮財政策もおさえよう。

外　交 ➡ 協調外交（外相幣原喜重郎）の復活

　　　　　ロンドン海軍軍縮条約調印(1930)＝補助艦保有量制限

総辞職 ➡ 軍部が内閣の条約調印を統帥権干犯と批判→浜口首相狙撃

表をチェック ▶ 衆議院議員選挙法における選挙人資格の変遷

公布年	内閣名	性別・年齢	納税資格	選挙区
1889年	黒田清隆内閣	男性25歳以上	直接国税15円以上	小選挙区
1900年	山県有朋②内閣	男性25歳以上	直接国税10円以上	大選挙区
1919年	原　敬内閣	男性25歳以上	直接国税3円以上	小選挙区
1925年	加藤高明①内閣	男性25歳以上	制限なし	中選挙区
1945年	幣原喜重郎内閣	男女20歳以上	制限なし	大選挙区

🔻 思考力を鍛える POINT

政府が治安維持法を制定した目的は？

普通選挙の実施や日ソ基本条約の調印によって共産主義思想が浸透し，無産政党（労働者階級を代表する政党）の勢力が伸張することを予防するため。

13

大正末〜昭和初期の内閣

演習問題

問1 「難波大助の兇悪（きょうあく）」について述べた文として正しいものを，次の①〜④のうちから一つ選べ。

① これは亀戸事件とよばれ，難波大助が明治天皇を狙撃（そげき）した事件である。

② この事件の責任をとって，第2次山本内閣は総辞職した。

③ これは虎の門事件とよばれ，難波大助が伊藤博文を狙撃した事件である。

④ この事件の直後，皇位継承権を明確化するために皇室典範が制定された。

問2 衆議院議員選挙法改正に関連して述べた文として誤っているものを，次の①〜④のうちから一つ選べ。

① 1919年の選挙法改正により，大選挙区制が小選挙区制になった。

② 1919年の選挙法改正ののち，憲政会と立憲国民党は普通選挙の実現を要求した。

③ 1925年の選挙法改正に基づく最初の衆議院議員選挙で，無産政党は議席を獲得できなかった。

④ 1925年の選挙法改正により普通選挙が実現したが，普通選挙論を唱えた政治学者には，吉野作造がいた。

問3 第一次世界大戦後から第二次世界大戦敗戦までの法と社会について述べた文として正しいものを，次の①〜④のうちから一つ選べ。

① 社会運動の取締りにあたる特別高等警察（特高）が全国に設置された。

② 十月事件などによって，自由主義的な思想・学問の弾圧が強化された。

③ 労働者の争議権を制限した治安維持法が制定された。

④ 無政府主義を掲げる政党が，衆議院に進出した。

問4 第一次世界大戦から昭和初期にかけての政治と社会に関連して述べた文として誤っているものを，次の①〜④のうちから一つ選べ。

① 関東大震災の混乱下，憲兵が無政府主義者を殺害する事件が起こった。

② 大都市ではサラリーマン（給与生活者）が増え，百貨店が人気をよんだ。

③ 浜口内閣は，軍縮をめざしたが，議会で統帥権干犯問題の追及を受けた。

④ 第2次山本内閣は，選挙権の納税資格の引下げと復興事業を行った。

第4章：近・現代

問5 第一次世界大戦後，国際協調や軍備縮小の気運が高まるとともに，日本も □ 外相のもとに協調外交を進め，ワシントン体制と呼ばれる国際秩序がアジアで維持された。文章の空欄 □ に入れる人名として正しいものを，次の①～⑤のうちから一つ選べ。

① 小村寿太郎　　② 石井菊次郎　　③ 幣原喜重郎
④ 広田弘毅　　　⑤ 加藤高明

13
大正末～昭和初期の内閣

解答・解説

問1　**正解**　②

① ［×］亀戸事件は，労働運動指導者に対する関東大震災時の虐殺事件。

② ［○］**UP** 第1次山本内閣はジーメンス事件，第2次は虎の門事件で総辞職。

③ ［×］虎の門事件で狙撃されたのは摂政裕仁親王（のちの昭和天皇）。

④ ［×］皇室典範は大日本帝国憲法と同時に1889年に公布。

問2　**正解**　③

① ［○］**UP** 原敬内閣によって小選挙区制が導入され，1920年の総選挙では立憲政友会が圧勝した。

② ［○］**UP** 野党である憲政会や立憲国民党も普通選挙を要求したが，原敬内閣は時期尚早の立場をとった。

③ ［×］1928年実施の第1回普通選挙で無産政党から8人の当選者が出た。

④ ［○］**UP** 第1次加藤高明内閣が普通選挙法を成立させた。

問3　**正解**　①

① ［○］**UP** 特高が警視庁に置かれたのは1911年，全国設置は1928年。

② ［×］十月事件(1931)は満州事変に呼応する軍部急進派のクーデタ計画。

③ ［×］治安維持法の目的は共産主義の弾圧。1900年公布の治安警察法に，労働者の団結権・同盟罷業権の制限が規定された。

④ ［×］衆議院に進出したのは無産政党。

問4　**正解**　④

① ［○］**UP** 無政府主義者大杉栄が殺害された甘粕事件のこと。

② ［○］

③ ［○］**UP** ロンドン海軍軍縮条約調印に際して，統帥権干犯問題が発生した。

④ ［×］第2次山本権兵衛内閣は大震災後の復興事業は行ったが，衆議院議員選挙法の改正はしていない。

問5　**正解**　③

243

14 ファシズムの進展

知識を整理！

■ 満州事変から日中戦争までの経過

> ❗ 満州事変と日中戦争の発端の事件を混同しないようにしよう。

満州事変	1931年	柳条湖事件で関東軍が満鉄線路を爆破
	1932年	関東軍が満州国を建国(執政に溥儀)
		→政府も日満議定書に調印して満州国を承認
	1933年	国際連盟がリットン報告書にもとづいた対日勧告案
		可決(日本軍撤兵と満州国否定)→国際連盟脱退
日中戦争	1937年	盧溝橋事件で日中両軍が衝突
		→中国で第二次国共合作,抗日民族統一戦線結成
	1940年	汪兆銘が南京政府樹立

■ テロとクーデタ事件の性格

> ❗ それぞれの事件で暗殺された要人を混同しないようにしよう。

三月・十月事件(1931) ➡ 桜会が軍部政権樹立のクーデタ計画

血盟団事件　(1932) ➡ 前蔵相井上準之助・財閥指導者団琢磨を暗殺

五・一五事件　(1932) ➡ 海軍青年将校が犬養毅首相を暗殺

二・二六事件　(1936) ➡ 陸軍皇道派青年将校が蔵相高橋是清らを暗殺

　　　　　　　　　　　　(国家主義者北一輝の思想的影響)

　　　　　　　　　　➡ 事件後,統制派が陸軍の実権

■ 戦時経済体制の強化策

> ❗ 日中戦争の長期化によって戦時体制が強化されたことを理解しよう。

国民精神総動員運動(1937) ➡ 戦争目的のために国民思想を統一

国家総動員法(1938) ➡ 企画院が立案,政府が物資と労働力を動員

国民徴用令(1939) ➡ 国民を軍需工場に強制動員

価格等統制令(1939) ➡ 物価据え置き→物資不足で闇取引が横行

第4章：近・現代

■ 近衛文麿による新体制運動

❗ 第1次近衛内閣の国民精神総動員運動・国家総動員法と混同しないようにしよう。

大政翼賛会
（1940）
→ 既成政党をすべて解散，官製の上意下達機関

　総裁は首相，下部組織＝町内会・部落会・隣組

大日本産業
報国会（1940）
→ 既成の労働組合をすべて解散

　総裁は厚相，産業報国会の全国連合体

■ 学説によって弾圧を受けた学者たち

❗ 学者が批判されることとなった原因を混同しないようにしよう。

滝川事件（1933） → 滝川幸辰の自由主義的刑法学説を攻撃

天皇機関説問題
　　　　（1935）
→ 美濃部達吉の憲法学説を攻撃

　　　　→岡田啓介内閣が国体明徴声明を発表

矢内原事件（1937） → 矢内原忠雄の植民地政策批判を攻撃

河合事件（1939） → 河合栄治郎のファシズム批判を攻撃

津田事件（1940） → 津田左右吉の日本古代史研究を攻撃

🔻 思考力を鍛える POINT

**二・二六事件が
その後の政治に
与えた影響は？**

軍部が政治的発言力を強めて，二・二六事件後に成立した広田弘毅内閣の政策に干渉し，軍部大臣現役武官制を復活させるとともに，対外的には日独防共協定を締結させて大規模な軍備拡張計画を開始した。

**国家総動員法の
成立で政府が得
た権限は？**

政府は，戦時に際し，議会の承認を必要とせずに，勅令だけで戦争遂行のために必要な人的・物的資源を統制・運用できる権限を得た。

14

ファシズムの進展

245

演習問題

問1　1925年〜35年の対外政策について述べた文として正しいものを，次の①〜④のうちから一つ選べ。

① 国民革命軍の北伐をおさえるため，3度にわたる満州出兵が行われた。

② ワシントン軍縮条約の調印に対し，軍部は統帥権干犯であると非難した。

③ 軍部は満州事変をひきおこし，「満州国」を設立する工作をすすめた。

④ 日本軍撤兵の勧告が総会で採択されると，日本は国際連合から脱退した。

問2　二・二六事件前後の状況および出来事を述べた文として誤っているものを，次の①〜④のうちから一つ選べ。

① 岡田啓介内閣は，日独防共協定を締結した。

② 二・二六事件をおこした将校は，北一輝の思想的影響を受けていた。

③ 二・二六事件後，統制派が陸軍の主導権を握った。

④ 広田弘毅内閣は，軍部大臣現役武官制を復活させた。

問3　国民を大量に動員するための組織づくりと運動について述べた文として誤っているものを，次の①〜④のうちから一つ選べ。

① 国民精神総動員運動は，官僚や警察が指導する官製国民運動であり，学徒出陣や学童疎開を促進した。

② 新体制運動が始まると，すべての合法政党がつぎつぎに解散し，大政翼賛会に参加した。

③ 大政翼賛会は，首相が総裁となり，のちには部落会・町内会・隣組を下部組織として利用し，政府の決定を伝える官僚的な組織となった。

④ 政府は労働組合を解散させるとともに，多くの労働者を大日本産業報国会に組織した。

問4　昭和期に自由主義的な学者たちが弾圧を受けた事態に関連して述べた文として誤っているものを，次の①〜④のうちから一つ選べ。

① 矢内原忠雄は，戦争に批判的な言動を攻撃されて，大学を追われた。

② 津田左右吉の古代史研究の著書が発禁処分となった。

③ 河合栄治郎は，その著作が発禁処分となり，大学も休職となった。

④ 久米邦武は，古代史研究上の主張のために大学を追われた。

第4章：近・現代

解答・解説

問1 正解 ③

① [×] 北伐阻止を目的に，1927〜28年の間に3度に及んだのは山東出兵。

② [×] 軍部は，浜口雄幸内閣のロンドン海軍軍縮条約調印を統帥権干犯と非難した。

③ [○]

④ [×] 日本が1933年に脱退したのは国際連盟。

問2 正解 ①

① [×] 岡田内閣は二・二六事件で総辞職。日独防共協定の調印は，二・二六事件後に成立した広田弘毅内閣の時。

② [○] UP 北一輝が国家改造方針を論じた著書は『日本改造法案大綱』。

③ [○] UP 二・二六事件を画策したのは皇道派。

④ [○] UP 軍は，二・二六事件後に成立した広田弘毅内閣に対する政治介入を強めた。

問3 正解 ①

① [×] 国民精神総動員運動は，日中戦争勃発後に第1次近衛文麿内閣が掲げた運動。学徒出陣や学童疎開は，太平洋戦争末期のこと。

② [○] UP 新体制運動を促進したのは第2次近衛文麿内閣。

③ [○]

④ [○] UP 大日本産業報国会の総裁は厚相。

問4 正解 ④

① [○] UP 矢内原忠雄は『帝国主義下の台湾』などで植民地政策を批判。

② [○] UP 『神代史の研究』，『古事記及日本書紀の研究』などが発禁。

③ [○] UP 『ファシズム批判』などが発禁。

④ [×] 久米邦武の論文「神道は祭天の古俗」が神道家から攻撃を受けたのは明治期のこと。

15　太平洋戦争への道

知識を整理！

■ 日米開戦への道

> ❗ 日米開戦に至るまでの経緯を正しく配列できるようにしよう。▶ 年代 p.277

1938年1月	第1次近衛声明発表「国民政府を対手とせず」
	→日中戦争長期化，アメリカ・イギリスとの関係悪化
1939年7月	アメリカが日米通商航海条約破棄を通告
8月	独ソ不可侵条約調印＝ドイツがソ連との対立を回避
	→平沼騏一郎内閣総辞職「欧州情勢は複雑怪奇」
9月	ドイツがポーランドへ侵入→第二次世界大戦勃発
1940年9月	北部仏印（フランス領インドシナ北部）進駐
	日独伊三国同盟調印←アメリカが屑鉄を対日禁輸
1941年4月	日ソ中立条約調印＝南進策のために北方の安全確保
6月	独ソ戦開始→関東軍特種演習（対ソ戦を準備）
7月	南部仏印進駐←アメリカが石油を対日禁輸
	＊軍部，経済制裁を「ＡＢＣＤ包囲陣」と批判
	（A＝アメリカ，B＝イギリス，C＝中国，D＝オランダ）
10月	日米交渉失敗，近衛文麿③内閣総辞職→東条英機内閣
12月	マレー半島上陸，真珠湾攻撃→太平洋戦争開始

■ 太平洋戦争の経過

> ❗ 開戦から敗戦に至るまでの経過を正しく配列できるようにしよう。

1942年6月	ミッドウェー海戦で敗北→戦局はアメリカ優勢に転換
1944年7月	サイパン島陥落→本土空襲開始（45年3月東京大空襲）
1945年4月	米軍，沖縄本島上陸→非戦闘員県民に多くの犠牲者
	男子生徒を鉄血勤皇隊，女子生徒をひめゆり隊に編成
1945年8月	広島原爆（6日），ソ連対日参戦（8日），長崎原爆（9日）
	鈴木貫太郎内閣がポツダム宣言を受諾（14日）

第4章：近・現代

■ 戦時下の国民生活

> ❗ それぞれの措置の目的を混同しないようにしよう。

勤労動員 ➡ 学生・生徒を軍需工場に動員(1943)
女子挺身隊 ➡ 未婚女性を軍需工場に動員(1943)
学徒出陣 ➡ 文系学生の徴兵猶予を停止，戦闘参加命令(1943)
学童疎開 ➡ 空襲を避けるために都会の学童を集団疎開(1944)

15
太平洋戦争への道

■ アジアの人々への抑圧

> ❗ 日本政府のアジアの人々に対する抑圧策をおさえよう。

大東亜共栄圏 ➡ 侵略戦争正当化のスローガン→大東亜会議開催(1943)
皇民化政策 ➡ 朝鮮人に創氏改名・日本語教育などを強制
強制連行 ➡ 朝鮮人・中国人を連行して鉱山・工場で重労働
　　　　　　 女子は挺身隊や従軍慰安婦として連行
徴兵制 ➡ 戦局の悪化に伴い朝鮮・台湾で実施
泰緬鉄道建設 ➡ タイ・ビルマ軍用鉄道建設にアジア人労務者などを酷使

■ 戦争終結に向けた国際会議

> ❗ 国際会議が開催された順序をおさえよう。 ▶ 年代 p.277

カイロ会談 ➡ 日本に対する徹底攻撃と領土限定(1943)
└ローズヴェルト(米)・チャーチル(英)・蔣介石(中)が会談
ヤルタ会談 ➡ ドイツ降伏後のソ連の対日参戦(1945.2)
└ローズヴェルト(米)・チャーチル(英)・スターリン(ソ連)が会談
ポツダム会談 ➡ 日本の無条件降伏を勧告(1945.7)
└トルーマン(米)・チャーチル(のちアトリー，英)・スターリン(ソ連)が会談
　ポツダム宣言を米・英・中の名で発表

249

演習問題

問1　次のⅠ～Ⅳは，新聞の見出しを年代順に配列したものである。

Ⅰ　支那軍満鉄を爆破し奉天の日支両軍激戦中　我軍遂に奉天城攻撃開始

Ⅱ　片言隻句を捉へて反逆者とは何事　美濃部博士諄々と憲法を説き貴族院で一身上の弁明

Ⅲ　近衛総裁烈々の気魄　けふ大政翼賛会発会式

Ⅳ　西太平洋に戦闘開始　布哇米艦隊航空兵力を痛爆

次の新聞の見出しが掲載された時期として正しいものを，下の①～④のうちから一つ選べ。

「平沼内閣総辞職　独ソ条約の責任痛感」

① 　ⅠとⅡの間　　② 　ⅡとⅢの間　　③ 　ⅢとⅣの間　　④ 　Ⅳのあと

問2　日米開戦にいたる時期の出来事を説明した文として正しいものを，次の①～④のうちから一つ選べ。

① 　アメリカのハルを団長とする調査にもとづき，日本軍の南満州鉄道付属地内への撤兵勧告が採択されると，日本は国際連盟からの脱退を通告した。

② 　アメリカの廃棄通告によって日米通商航海条約が失効するとただちに，日本は資源を求めてオランダ領東インド（インドネシア）に出兵した。

③ 　日本の侵略が南方にまで及んでくると，アメリカ・イギリス・カナダ・オランダは，いわゆるABCDラインを強化してこれに対抗した。

④ 　日本軍の中国からの撤退などをめぐって日米交渉が暗礁にのりあげるなかで，近衛文麿内閣は総辞職し，東条英機陸相が首相になった。

問3　戦時体制下の国内における男子労働力不足の対策について述べた文として誤っているものを，次の①～④のうちから一つ選べ。

① 　鉱山や工場などに，多くの朝鮮人や中国人が強制連行された。

② 　国民の軍需産業への就労は，国民徴用令によって強制された。

③ 　学童疎開によって，児童は各地の軍需工場に勤労動員された。

④ 　未婚の女性による女子挺身隊が編成され，軍需工場に動員された。

第4章：近・現代

問4　太平洋戦争下に実施された動員について述べた文として誤っているもの
　　　を，次の①〜④のうちから一つ選べ。

①　植民地では台湾人に対して徴兵制を実施し，朝鮮人には実施しなかった。

②　日本国内の労働力不足を補うため朝鮮人・中国人を強制連行し労働させ
　　た。

③　朝鮮人女性のなかには，従軍慰安婦として戦地に送られた人も少なくな
　　かった。

④　タイ・ビルマ間の軍用鉄道建設で連合軍捕虜・アジア人労務者を酷使し
　　た。

15

太平洋戦争への道

解答・解説

問1　**正解** ②

　　Ⅰは1931年の柳条湖事件，Ⅱは1935年の美濃部達吉の天皇機関説問題化，Ⅲは
1940年の大政翼賛会結成，Ⅳは1941年の真珠湾攻撃に関する新聞の見出し。独ソ
不可侵条約調印に際し，平沼騏一郎内閣が外交の方向性を見失って総辞職したの
は1939年のこと。

問2　**正解** ④

①[×] 満州事変調査のために国際連盟が派遣したのは，イギリスのリットンを
　　　　団長とする調査団。アメリカは国際連盟に加盟していない。

②[×] 日本が石油を求めてオランダ領東インドに出兵したのは太平洋戦争開始以
　　　　後のこと。

③[×] 「ＡＢＣＤ包囲陣」のＣは中国(China)をさす。

④[○] **UP** 東条英機内閣の時に太平洋戦争開戦。

問3　**正解** ③

①[○]

②[○] **UP** 1938年の国家総動員法にもとづき1939年に制定。

③[×] 学童疎開の目的は，都会に住む学童が空襲被害を避けるため。

④[○]

問4　**正解** ①

①[×] 朝鮮では1943年，台湾では1945年に徴兵制が実施された。

②[○]

③[○]

④[○]

251

16 　戦後占領期の改革

知識を整理！

■ 五大改革指令の具体策

❗ 五大改革指令にもとづく具体的な政策を理解しよう。

婦人解放 ➡ 婦人参政権(1945)＝<u>20</u>歳以上の男女に選挙権
→翌年の戦後初の総選挙で女性代議士39人が誕生
民法改正(1947)＝戸主制廃止，男女の同権

労働組合の結成奨励 ➡ <u>労働組合法</u>(1945)＝団結権・団体交渉権・争議権を保障
<u>日本労働組合総同盟</u>(右派)と<u>全日本産業別労働組合会議</u>(左派)
結成(1946)
<u>労働関係調整法</u>(1946)＝争議調整方法を規定
<u>労働基準法</u>(1947)＝最低労働条件を規定

教育の自由主義化 ➡ 修身・日本歴史・地理の授業停止，墨ぬり教科書(1945)
<u>教育基本法</u>(1947)＝教育の機会均等・男女共学
<u>学校教育法</u>(1947)＝六・三・三・四制の学校体系
教育委員会法(1948)＝教育委員<u>公選</u>制→1956年<u>任命</u>制

圧政的諸制度廃止 ➡ <u>人権指令</u>(治安維持法・特別高等警察の廃止)
国家と神道の分離・<u>天皇の人間宣言</u>(天皇の神格否定)
<u>公職追放</u>(公職から戦争協力者らを排除)

経済の民主化 ➡ 第2次農地改革
  在村地主の小作地保有限度は<u>1</u>町歩(北海道4町歩)
  →超過分は国家が強制買収して小作人に売り渡し
  不在地主の小作地保有は認めず
財閥解体(<u>持株会社整理委員会</u>が株式を民主化)
  <u>独占禁止法</u>(1947)＝持株会社・カルテルなどを禁止
  <u>過度経済力集中排除法</u>(1947)＝巨大独占企業の分割

第4章：近・現代

■ 経済の再建（1946〜47）

> ❗ 金融緊急措置令と傾斜生産方式の影響について理解しよう。

金融緊急措置令　➡　預金封鎖と新円発行→インフレ収拾には効果薄

傾斜生産方式　➡　重要産業（石炭・鉄鋼業など）に集中融資

　　　　　　　　　→インフレが進行

■ 占領政策の転換

> ❗ ドッジ=ラインはインフレの克服を課題としたことを理解しよう。

［日本経済の自立策（1948〜49）］

　連合国軍最高司令官総司令部（ＧＨＱ）が経済安定九原則を指示

　ドッジ=ライン　➡　超均衡予算・単一為替レート（1ドル＝360円）

　シャウプ勧告　➡　税制改革を勧告（直接税中心主義）

［労働運動の抑圧］

　二・一ゼネスト計画　➡　マッカーサーの命令で中止

　国鉄怪事件　➡　下山・三鷹・松川事件（1949）→運動に打撃

🔻 思考力を鍛える POINT

連合国軍の日本統治はどのような方式をとったか？

直接軍政をしかず，日本政府がＧＨＱの発する指令・勧告を受けて政治を行う間接統治の方式をとった。しかし，沖縄はアメリカの直接軍政下に置かれた。占領政策を決定する最高機関として極東委員会，最高司令官の諮問機関としては対日理事会が置かれた。

農地改革と財閥解体の結果は？

農地改革　寄生地主制が解体されて小作地が解放され，多くの自作農が生まれた。

財閥解体　占領政策の転換に伴って財閥解体策はゆるめられ，銀行が対象からはずされていたこともあって，銀行資本を中心に財閥の再編成が進んだ。

経済安定九原則の影響は？

緊縮財政によってインフレーションは収束したが，逆にデフレーションによる深刻な不況が生まれ，中小企業の倒産や人員整理による失業者が急増した。

16

戦後占領期の改革

253

演習問題

問1 第二次世界大戦後の女性の地位向上について述べた文として誤っているものを，次の①〜④のうちから一つ選べ。

① 労働組合法・労働基準法とともに制定された労働関係調整法は，男女同一労働同一賃金を定めた。

② 教育基本法が制定され，教育の機会均等とともに男女共学の原則が規定された。

③ 民法の改正により，戸主権が廃止され，婚姻や相続などにおける男女の平等がはかられた。

④ 戦後初の総選挙で，はじめての女性代議士が誕生した。

問2 農地改革について述べた次の文の空欄 ┃ ア ┃ イ ┃ に入る語句の組合せとして正しいものを，下の①〜④のうちから一つ選べ。

　政府は第2次農地改革において，連合国軍最高司令官総司令部（GHQ）の指導を受け入れ，北海道を除く地域における在村地主の小作地保有限度を平均 ┃ ア ┃ 町歩にしたため，寄生地主制は基本的に ┃ イ ┃ された。

① ア 1　イ 温存　　　② ア 1　イ 解体

③ ア 5　イ 温存　　　④ ア 5　イ 解体

問3 財閥解体に関連して述べた文として誤っているものを，次の①〜④のうちから一つ選べ。

① 財閥傘下の大銀行が，多数の中小銀行に分割された。

② 財閥を所有する資産家の保有株式が，強制的に売却させられた。

③ 財閥の本社の解体のために，持株会社整理委員会が作られた。

④ 財閥の復活を阻止する目的で，独占禁止法が制定された。

問4 ドッジ=ラインに関連して述べた文として誤っているものを，次の①〜④のうちから一つ選べ。

① この時期の日本経済はインフレーションの進行に悩まされており，その克服が重要な政策課題であった。

② ドッジ公使の来日と同じ時期にシャウプが来日して，大幅な税制の改革を指導した。

第4章：近・現代

③　ドッジ公使は来日の後，傾斜生産方式を考案し，日本政府にその実施を
要求した。

④　ドッジ公使の来日以後，日本経済の自立を目指して，1ドル360円の単
一為替レートが設定された。

問5　講和条約発効以前の占領政策について述べた文として正しいものを，次
の①～④のうちから一つ選べ。

①　連合国は，占領政策の最高決定機関として対日理事会を設置した。

②　アメリカは，マッカーサーを最高司令官として直接統治を行った。

③　連合国は，A級およびB・C級の戦犯容疑者を東京裁判で処罰した。

④　アメリカは，沖縄を日本本土から切り離し，軍政下に置いた。

解答・解説

問1　**正解**　①

① ［×］労働関係調整法は争議の調整方法，労働基準法は労働条件を規定。

② ［○］**UP** 教育基本法は教育理念を定め，学校教育法は六・三・三・四制の学
校体系を規定。

③ ［○］　　④ ［○］**UP** 39名の女性議員が誕生した。

問2　**正解**　②

問3　**正解**　①

① ［×］財閥解体策では，銀行は分割の対象外とされた。

② ［○］**UP** 持株会社整理委員会が財閥の持株を公売した。

③ ［○］　　④ ［○］

問4　**正解**　③

① ［○］**UP** 1948年に指令された経済安定九原則実行を目的にドッジ派遣。

② ［○］**UP** 直接税中心主義や累進所得税制が採用された。

③ ［×］傾斜生産方式が促進させたインフレ抑制のためにドッジが来日。

④ ［○］

問5　**正解**　④

① ［×］占領政策の最高決定機関は極東委員会。

② ［×］日本の統治方式は間接統治。

③ ［×］東京裁判で審理されたのはA級戦犯容疑者のみ。

④ ［○］

17 　戦後の政治

知識を整理！

■ 政党政治の復活

❗ 復活した政党の政治的立場を理解しよう。

日本共産党 ➡ 合法政党として活動

日本社会党 ➡ 旧無産政党を統合

日本自由党 ➡ 旧立憲政友会系を中心に結成（総裁鳩山一郎）

日本進歩党 ➡ 旧立憲民政党系を中心に結成（→のち民主党）

日本協同党 ➡ 労資協調（→のち国民協同党）

■ 戦後の総選挙

❗ 選挙の第一党と選挙後に組閣した首相をおさえよう。

戦後初の総選挙(1946) ➡ 日本自由党が第一党

公職追放を受けた鳩山一郎にかわって

吉田茂が総裁になり組閣（吉田①内閣成立）

憲法発布後初の
総選挙(1947) ➡ 日本社会党が第一党

日本社会党委員長片山哲を首班とする民主党・
国民協同党との連立内閣成立（ついで民主党芦田
均が同じ 3 党連立で組閣）

■ 戦後内閣の重要事項

❗ 戦後の内閣とその政策を整理しよう。

東 久邇宮稔彦内閣 ➡ 降伏文書調印，占領政策(1945)

幣原喜重郎内閣 ➡ マッカーサーから五大改革指令(1945)を指示される

吉田 茂内閣 ➡ ＜1 次＞日本国憲法公布(1947)

＜3 次＞サンフランシスコ平和条約調印(1951)

芦田 均内閣 ➡ 昭和電工事件で退陣(1948)

鳩山一郎内閣 ➡ 保守合同で自由民主党成立(1955)

日ソ共同宣言調印，国際連合加盟(1956)

256

第4章：近・現代

岸　信介内閣	➡	日米安全保障条約改定(1960)
池田勇人内閣	➡	所得倍増計画，「寛容と忍耐」提唱(1960) 東京オリンピック開催(1964)
佐藤栄作内閣	➡	日韓基本条約調印(1965)，小笠原諸島の日本復帰 (1968)，沖縄の日本復帰実現(1972)
田中角栄内閣	➡	日本列島改造論提唱，日中共同声明発表(1972) 第1次石油危機(1973)，金脈問題で退陣(1974)
三木武夫内閣	➡	第1回先進国首脳会議(サミット)参加(1975)
福田赳夫内閣	➡	日中平和友好条約調印(1978)
中曽根康弘内閣	➡	電電・専売公社民営化(1985)，国鉄民営化(1987)
竹下　登内閣	➡	消費税法公布(1989)，リクルート事件で退陣(1989)
海部俊樹内閣	➡	湾岸戦争の貢献問題で苦慮(1991)
宮沢喜一内閣	➡	国際平和維持活動(PKO)協力法成立(1992)
細川護熙内閣	➡	非自民8党派の連立(1993)，衆議院議員選挙に 小選挙区比例代表並立制を導入(1994)
村山富市内閣	➡	日本社会党・自由民主党・新党さきがけの連立(1994)
橋本龍太郎内閣	➡	消費税率を3％→5％に引き上げ(1997)
小泉純一郎内閣	➡	テロ対策特別措置法公布(2001)，郵政民営化(2005)
鳩山由紀夫内閣	➡	民主党・社会民主党・国民新党の連立(2009)
安倍晋三内閣	➡	＜3次＞安全保障関連法公布，集団的自衛権を容認 (2015)

17

戦後の政治

🔻 思考力を鍛える POINT

55年体制の成立と崩壊の経緯は？

成立　1955年の総選挙で社会党左右両派が改憲阻止に必要な3分の1の議席を確保すると，**日本民主党**と**自由党**が保守合同して**自由民主党**を結成し，鳩山一郎を首相に選出した。以後，保守と革新の2大政党が対立する**55年体制**とよばれる政治体制が約40年続いた。

崩壊　1993年の総選挙で自由民主党が大敗すると，日本新党の**細川護熙**を首班とする非自民8党派の連立政権が成立し，自民党の長期政権が終了した。

演習問題

問1 戦後政治について述べた文として誤っているものを，次の①～④のうちから一つ選べ。

① 昭和電工事件により，中道政治を進めてきた芦田均内閣は総辞職した。

② 日本自由党が結成され，戦後初の総選挙で第一党となった。

③ 自由民主党が結成されると，吉田茂が初代の総裁となった。

④ ＧＨＱの発する命令によって，二・一ゼネストが中止された。

問2 日本国憲法の施行を目前にして総選挙が行われ，その結果，社会主義政党の党首を首相とする内閣が成立した。その内閣として正しいものを，次の①～⑤のうちから一つ選べ。

① 東久邇内閣　　② 吉田内閣　　③ 片山内閣

④ 芦田内閣　　⑤ 鳩山内閣

問3 自由民主党について述べた文として正しいものを，次の①～④のうちから一つ選べ。

① この政党の初代総裁には，鳩山一郎が就任した。

② この政党は，自由党と社会民主党が合同して結成された。

③ この政党と日本共産党の2大政党を中心に，保守・革新の対立が続いた。

④ この政党は，1970年代に野党となったことがある。

問4 池田勇人内閣について述べた文として正しいものを，次の①～④のうちから一つ選べ。

① この内閣は，「寛容と忍耐」を唱えた。

② この内閣は，沖縄の日本への返還を実現させた。

③ この内閣のときに，リクルート事件が起こった。

④ この内閣のときに，第4次中東戦争が起こった。

第4章：近・現代

問5　田中角栄内閣について誤っているものを次の①〜④のうちから一つ選べ。
①　田中角栄は，のちにロッキード事件により逮捕された。
②　田中角栄は「日本列島改造論」を唱え，公共事業を推進した。
③　田中角栄内閣のとき，石油ショックが起き，狂乱物価にみまわれた。
④　田中角栄内閣のとき，経済協力開発機構（ＯＥＣＤ）に加盟した。

17
戦後の政治

解答・解説

問1　**正解** ③
①　[○]　**UP**　その後，第2次吉田茂内閣が成立した。
②　[○]　**UP**　憲法発布後最初の総選挙で第一党となったのは日本社会党。
③　[×]　日本民主党と自由党が合同して自由民主党となり，初代総裁は鳩山一郎。
④　[○]　**UP**　二・一ゼネスト計画の中止命令が出た時の首相は吉田茂。

問2　**正解** ③

問3　**正解** ①
①　[○]
②　[×]　合同したのは日本民主党と自由党。
③　[×]　55年体制は，自由民主党と日本社会党の2大政党を中心に，保守・革新の対立が続いた。
④　[×]　自由民主党が野党になったのは1993年の細川護熙内閣成立の時。

問4　**正解** ①
①　[○]　**UP**　池田勇人内閣は「寛容と忍耐」を掲げて野党との対話姿勢を打ち出した。
②　[×]　沖縄返還実現（1972）は，佐藤栄作内閣の時。
③　[×]　リクルート事件（1988〜89）が起こったのは，竹下登内閣の時。
④　[×]　第4次中東戦争（1973）が起こったのは，田中角栄内閣の時。

問5　**正解** ④
①　[○]　**UP**　田中角栄元首相がロッキード事件で逮捕されたのは三木武夫内閣の1976年。
②　[○]
③　[○]　**UP**　第4次中東戦争を契機に1973年に第1次石油危機が発生した。
④　[×]　経済協力開発機構への加盟は池田勇人内閣の1964年。

259

18 　戦後日本の国際関係

知識を整理！

■ 国際社会への復帰

> ❗ 奄美・沖縄・小笠原諸島の返還年の順序をおさえよう。

サンフランシスコ平和条約の調印 （1951，吉田茂③内閣）

48カ国
と調印 ➡ 調印拒否国＝ソ連・ポーランド・チェコスロバキア

　　　　　不参加国＝ユーゴスラビア・ビルマ・インド

　　　　　非招請国＝中華人民共和国・中華民国（台湾）

内　容 ➡ ・日本の主権回復

　　　　　・台湾，澎湖諸島，千島列島，南樺太などの領土権放棄

　　　　　・日本は朝鮮の独立を承認

　　　　　・奄美諸島・沖縄諸島・小笠原諸島はアメリカの施政権下

　　　　　　日本返還は奄美1953年，小笠原1968年，沖縄1972年

国際連合加盟 （1956，鳩山一郎内閣）

契　機 ➡ 日ソ共同宣言調印(1956)＝戦争状態の終結，国交回復

　　　　　（日本の国連加盟に消極的であったソ連が賛成）

■ アメリカとの関係

> ❗ 条約・協定調印後の国内の動向をおさえよう。

日米安全保障条約(1951) ➡ 平和条約と同時に調印，米軍の日本駐留継続

　　　　　　　　　　　　　翌年，警察予備隊を改編して保安隊設置

日米行政協定(1952) ➡ 安保条約の施行細則，米軍に基地提供

　　　　　　　　　　　→基地反対闘争(石川県内灘・東京都砂川)

ＭＳＡ協定調印(1954) ➡ 日本の防衛力増強義務づけ→自衛隊設置

日米新安全保障条約
　　　　　　　(1960) ➡ 安保改定，米軍の日本防衛義務

　　　　　　　　　　　岸信介内閣は条約批准案を衆議院で強行採決

　　　　　　　　　　　→安保改定反対運動の激化（米大統領訪日中止）

　　　　　　　　　　　→内閣は批准案自然成立直後に総辞職

260

第4章：近・現代

■ アジア諸国との関係

> ❗ 外交問題や条約調印の年代を正確におさえよう。

朝鮮

1950年～ | 朝鮮戦争勃発，1953年に板門店で休戦協定調印
→日本は繊維・金属から特需景気がはじまる
1965年 | 日韓基本条約調印＝大韓民国と国交樹立（佐藤栄作内閣）

中国

1972年 | 日中共同声明発表＝日中国交正常化（田中角栄内閣）
→1952年調印の日華平和条約を破棄（台湾と断交）
1978年 | 日中平和友好条約調印＝両国の友好（福田赳夫内閣）

■ 沖縄の返還

> ❗ 沖縄は日本の独立後もアメリカの施政権下に置かれていたことを理解しよう。

基地化 ➡ ベトナム戦争（1965～）でアメリカが沖縄を戦略基地化

復　帰 ➡ 1960年代，祖国復帰運動が高揚
　　　　　佐藤栄作内閣が沖縄返還協定に調印（1971）→翌年復帰

問題点 ➡ アメリカ軍基地の存続

🔻 思考力を鍛える POINT

朝鮮戦争が日本の政治や軍備に与えた影響は？

共産党幹部に対するレッド＝パージが行われ，逆に政財界要人や旧軍人の公職追放解除が進んだ。また，日本はアメリカ軍を中心とする国連軍の補給基地となり，ＧＨＱの指令で警察予備隊が設置された。

講和をめぐり国内でどのような対立が生じた？

全交戦国との講和を求めた全面講和論と，西側陣営との講和を優先する単独講和論とが対立したが，第3次吉田茂内閣は単独講和の方針をとった。

18
戦後日本の国際関係

演習問題

問1 朝鮮戦争勃発に関連する当時の日本の政策や社会状況について述べた文として誤っているものを，次の①～④のうちから一つ選べ。

① 在日米軍の出撃後，ＧＨＱの指令により警察予備隊が設置された。

② 日本経済は，繊維や金属から始まった特需景気により，好況に転じた。

③ 政財界人や旧軍人の公職追放は依然として継続された。

④ 平和運動の中では全面講和論が活発となり，再軍備反対も唱えられた。

問2 戦後の外交問題に関して述べた文として正しいものを，次の①～④のうちから一つ選べ。

① 大韓民国との間では，1953年の朝鮮休戦協定締結の年，国交が正常化したが，朝鮮民主主義人民共和国とは，国交のない状態が続いている。

② ソ連との間では，1956年の日ソ平和条約で，戦争状態の終結と国交回復が実現した。

③ 1951年のサンフランシスコ講和会議には，中華人民共和国など重要な関係国が招請されず，インドやビルマが参加しなかった。

④ 中華人民共和国とは，1952年に，日華平和条約を締結し，国交を正常化した。

問3 サンフランシスコ平和条約締結後もアメリカ合衆国の施政権下におかれた地域として誤っているものを，次の①～④のうちから一つ選べ。

① 小笠原諸島 　② 沖縄 　③ 奄美諸島 　④ 対馬

問4 1960年の日米相互協力及び安全保障条約（日米新安全保障条約）の締結と安保改定反対運動について述べた文として正しいものを，次の①～④のうちから一つ選べ。

① 日米新安全保障条約の批准が，衆議院で強行採決された。

② 日米新安全保障条約の批准案の衆議院通過後ただちに，安保改定に反対する運動は沈静化した。

③ 日米新安全保障条約の締結を祝い，アメリカ合衆国の大統領が来日した。

④ 日米新安全保障条約を成立させた結果，岸信介は長期政権を維持することになった。

第4章：近・現代

問5　沖縄返還に関連して述べた文として誤っているものを，次の①～④のうちから一つ選べ。

① 沖縄返還は佐藤栄作内閣の時に実現した。

② 沖縄返還時にも冷戦は終結しておらず，アメリカ軍基地は返還後も存続した。

③ 沖縄返還後，石川県内灘ではアメリカ軍基地反対運動がはじまった。

④ 沖縄返還前に，小笠原諸島は返還された。

18

戦後日本の国際関係

解答・解説

問1　**正解** ③

① ［○］ **ÚP** 警察予備隊は1952年に保安隊，1954年に自衛隊に改編された。

② ［○］ **ÚP** 特需景気は朝鮮戦争を契機に1950～53年まで続いた。

③ ［×］ 朝鮮戦争勃発に伴って，公職追放の解除が進んだ。

④ ［○］ **ÚP** こうした運動に対し，第3次吉田茂内閣は単独講和を選択した。

問2　**正解** ③

① ［×］ 韓国との国交正常化は1965年の日韓基本条約調印の時。

② ［×］ 日ソ両国間の戦争終結宣言は1956年の日ソ共同宣言調印の時。

③ ［○］ **ÚP** 1952年に日華平和条約，日印平和条約，1954年には日ビルマ平和条約が調印された。

④ ［×］ 中華人民共和国との国交正常化は1972年の日中共同声明調印の時。

問3　**正解** ④

問4　**正解** ①

① ［○］

② ［×］ 衆議院での強行採決により，安保改定に対する反対運動は激化。

③ ［×］ 安保闘争が激化したため，アメリカ大統領アイゼンハワーの来日は中止。

④ ［×］ 岸信介内閣は，条約批准案の自然成立直後に総辞職した。

問5　**正解** ③

① ［○］

② ［○］

③ ［×］ 内灘事件など米軍基地反対闘争が高揚したのは1950年代のこと。

④ ［○］ **ÚP** 沖縄返還は1972年，小笠原諸島返還は1968年のこと。

263

19 高度経済成長と現代日本

知識を整理！

■ 高度経済成長期の様相

❗ 経済成長率の推移をグラフで確認しよう。 ▶ **グラフ**

開放経済体制 ➡ 経済協力開発機構に加盟(1964)→資本自由化

国際通貨基金（ＩＭＦ）８条国に移行(1964)→貿易自由化

→国際競争力強化を目的に産業界を再編成

エネルギー革命 ➡ 石炭から石油へ転換→石炭産業は衰退

経済大国 ➡ 資本主義諸国で国民総生産（ＧＮＰ）第２位(1968)

公害問題 ➡ ４大公害訴訟(新潟水俣病，四日市ぜんそく，イタイイタイ病，水俣病)

公害対策基本法制定(1967)，環境庁設置(1971)

都市の過密化 ➡ 住宅難，交通地獄

■ 国際関係の変化が日本経済に与えた影響

❗ 戦後初のマイナス成長によって高度経済成長が終焉したことを理解しよう。

金・ドル交換
停止(1971) ➡ 固定相場制が崩壊し，変動相場制へ移行(1973)

→円高を招き日本企業の輸出不振

第４次中東戦争
　　　　(1973) ➡ 第１次石油危機

→狂乱物価，翌年の経済成長率はマイナスに

イラン革命(1979) ➡ 第２次石油危機で石油価格上昇

■ 大型好景気

❗ 景気の呼称と好景気の背景をおさえよう。

1955〜57年　　神武景気 → 「もはや戦後ではない」(1956年の経済白書)

1958〜61年　　岩戸景気← 技術革新による設備投資

1963〜64年　　オリンピック景気← 東京オリンピック

1966〜70年　　いざなぎ景気← インフラ投資や国民の所得水準向上

第4章：近・現代

■ 戦後の社会と文化

> ❗ 高度経済成長を背景に，社会が変容したことをおさえよう。

- 消費革命 → 1950年代：三種の神器＝電気洗濯機・冷蔵庫・テレビ
  1960年代：3 C＝クーラー・カラーテレビ・乗用車
- 交通整備 → 東海道新幹線開通(1964)
  名神高速道路開通(1965)，東名高速道路開通(1969)
- テレビ放送 → 1953年開始，1960年代に一般家庭に普及
- 国際交流 → オリンピック東京大会(1964)，日本万国博覧会(1970)
- ノーベル賞 → 物理学賞＝湯川秀樹(1949)，朝永振一郎(1965)
  文学賞＝川端康成(1968)，平和賞＝佐藤栄作(1974)

19 高度経済成長と現代日本

グラフをチェック　戦後の実質経済成長率の推移

★1973年の第1次石油危機以降，経済成長率が大幅に停滞していることを読み取ろう。

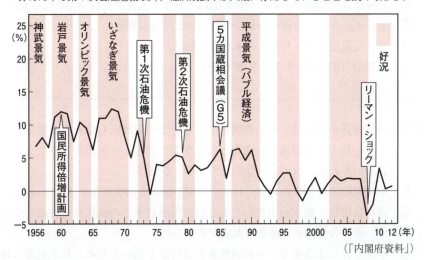

(「内閣府資料」)

▼ 思考力を鍛える POINT

高度経済成長が農村に与えた影響は？

農業の多角的生産を進める目的で農業基本法が制定されたが，兼業農家の増加をもたらし，農家の農業以外の所得を増やす結果をもたらした。また，農村から都市労働者への流出が激しくなり，農村の過疎化が著しくなった。

演習問題

問1 池田内閣期の経済に関して述べた文として正しいものを，次の①〜④のうちから一つ選べ。

① 国際通貨基金8条国への移行や経済協力開発機構への加盟により，開放経済体制への移行が進んだ。

② 「神武景気」とよばれた好景気が長期間続いたことにより，若年層を中心に労働力不足が深刻化した。

③ 農業基本法を制定し，農工間所得格差の是正や農業経営の自立に努めた結果，専業農家は増加した。

④ 急速な円高の進行により，割安となった海外資源の輸入が増加した。

問2 高度経済成長について述べた文として適当でないものを，次の①〜④のうちから一つ選べ。

① 急激な人口移動のため，農村の過疎と都市の過密が社会問題となった。

② 主なエネルギー資源が石炭から石油へと急速に転換した。

③ 電気洗濯機，テレビなどの家庭電化製品が普及した。

④ 先進国首脳会議（サミット）が開かれるようになり，日本もこれに参加した。

問3 国際関係の変化は，経済復興後の日本企業の発展にも様々な影響を与えた。その時々の国際関係の変化と日本企業の動向との関連を述べた文として正しいものを，次の①〜③のうちから一つ選べ。

① 第4次中東戦争の勃発は，日本企業が不況から回復する一因となった。

② 貿易自由化・資本自由化にともない，国際競争力の強化を目的の一つとして，企業合併などの産業再編成がすすんだ。

③ アメリカによる金とドルの交換停止は円安を招いたため，日本企業の輸出は増大した。

問4 1960年代について述べた文として誤っているものを，次の①〜④のうちから一つ選べ。

① 各地で公害や住環境整備の遅れを問題にした住民運動が活発となり，四日市ぜんそくなど公害訴訟が相次いで始まった。

第4章：近・現代

② 湯川秀樹，朝永振一郎らが相次いでノーベル物理学賞を授与され，川端康成がノーベル文学賞を受賞した。

③ 大量生産とスーパー・マーケットの急成長など流通改革に対応して，家庭では耐久消費財，インスタント食品普及などの消費の急激な転換が進んだ。

④ 東京・大阪間の新幹線開通，高速自動車道路網の整備，マイカーの普及など，従来の交通体系が大きく変化し始めた。

19
高度経済成長と現代日本

解答・解説

問1 **正解** ①

① [○] **Up** 国際通貨基金（IMF）と世界銀行への加盟は1952年。

② [×] 神武景気は1950年代半ばの好景気。

③ [×] 農業基本法は1961年池田勇人内閣によって制定されたが，兼業農家が増大し，専業農家が減少する結果を招いた。

④ [×] 急速な円高の進行は，1985年の五カ国蔵相会議（G5）を契機。

問2 **正解** ④

① [○]

② [○]

③ [○] **Up** これらに冷蔵庫を加えたものが，「三種の神器」とよばれた。

④ [×] サミットは，第1次石油危機による世界不況を打開する目的で，1975年に開催されたのが最初。

問3 **正解** ②

① [×] 第4次中東戦争を契機に，OPECは国際戦略として石油価格を引上げ，日本経済は第1次石油危機による打撃を受けた。

② [○]

③ [×] 金・ドル交換停止は円高を招き，日本企業の輸出は不振に陥った。

問4 **正解** ②

① [○] **Up** 高度経済成長の一方で，公害問題が深刻化した。

② [×] 湯川秀樹のノーベル物理学賞受賞は，敗戦まもない1949年。

③ [○] **Up** 高度成長期には，家庭電化製品などの耐久消費財が普及した。

④ [○] **Up** 東海道新幹線が開通した1964年には，東京オリンピックも開催された。

20 　近・現代の思想・学問・教育

知識を整理！

■ 明治初期の啓蒙思想家と著書

❗ 啓蒙思想家の著書を混同しないようにしよう。

福沢諭吉 ➡ 『学問のすゝめ』『文明論之概略』『西洋事情』

中村正直 ➡ 『西国立志編』『自由之理』，イギリス功利主義

加藤弘之 ➡ 『国体新論』→『人権新説』（国権論へ転向）

中江兆民 ➡ 『民約訳解』（ルソーの『社会契約論』訳），フランス自由主義

植木枝盛 ➡ 『民権自由論』，自由民権運動の理論的指導者

■ 日清戦争前後に国権論を唱えた思想家

❗ 国権論者の思想と発行した雑誌・新聞名を混同しないようにしよう。

徳富蘇峰 ➡ 民友社を設立して平民主義を提唱，『国民之友』発行

　　　　　➡日清戦争後に国権論に転向

三宅雪嶺 ➡ 政教社を設立して国粋保存主義を提唱，『日本人』発行

陸　羯南 ➡ 新聞『日本』を発行して国民主義を提唱

高山樗牛 ➡ 『太陽』の主幹となり，日本主義を提唱

■ 人文・社会科学者とその業績

❗ 大正デモクラシーのもと，多様な学問が発達したことを理解しよう。

明治期

田口卯吉 ➡ 文明史論『日本開化小史』を著述

久米邦武 ➡ 論文「神道は祭天の古俗」←神道家・国学者からの攻撃

大正〜昭和初期

柳田国男 ➡ 日本の民俗学を確立

西田幾多郎 ➡ 西洋哲学に東洋思想を加味，『善の研究』

河上　肇 ➡ マルクス主義経済学を研究，『貧乏物語』

森戸辰男 ➡ 「クロポトキンの社会思想の研究」で東大を休職処分

野呂栄太郎 ➡ マルクス主義経済学の立場から『日本資本主義発達史講座』を編纂

268

第4章：近・現代

■ 自然科学者とその業績

❗ 明治期に欧米の近代的科学が導入され，自然科学が発達したことを理解しよう。

明治期

北里柴三郎 ➡ ペスト菌の研究，伝染病研究所の設立

志賀 潔 ➡ 赤痢菌の発見

高峰譲吉 ➡ タカジアスターゼの創製，アドレナリンの抽出

鈴木梅太郎 ➡ オリザニン（ビタミンB_1）の抽出

田中館愛橘 ➡ 地磁気の測定

長岡半太郎 ➡ 原子構造の研究

大森房吉 ➡ 地震計の発明

木村 栄 ➡ 緯度変化の観測でＺ項発見

大正〜昭和初期

本多光太郎 ➡ ＫＳ磁石鋼の発明

野口英世 ➡ 黄熱病の研究

20

近・現代の思想・学問・教育

■ 明治〜昭和初期の教育史

❗ 同志社の新島襄，女子英学塾の津田梅子ら，私立の高等教育機関の設立者もおさえよう。 ▶ **年代** p.277

1872年	学制＝国民皆学をめざして全国に小学校を設置
1879年	教育令＝学制を廃止して自由主義的教育制度を導入
	→翌年，中央集権的内容に改正
1886年	学校令＝帝国大学令・師範学校令・中学校令・小学校令
	森有礼文相が公布，義務教育4年（尋常小学校）
1890年	教育勅語＝忠君愛国を教育の基本→内村鑑三不敬事件
1903年	国定教科書制度＝検定制から文部省著作の国定制へ
1907年	小学校令改正＝義務教育を6年に延長
	→日露戦争後の1910年には義務教育の就学率は98%
1908年	戊申詔書＝日露戦争後の国民道徳の是正
1918年	大学令＝単科大学・公立大学・私立大学の設立を認可
	原敬内閣が公布→以後大学数が急増
1941年	国民学校令＝小学校を国民学校に改称

269

演習問題

問1 近代の知識人に関連して述べた文として正しいものを，次の①～④のうちから一つ選べ。

① 田口卯吉は，文明史論を叙述する立場から『日本開化小史』を著した。

② 加藤弘之は，論文「神道は祭天の古俗」を書いて神道家から攻撃を受けた。

③ 井上哲次郎は，民間伝承を調査・収集して日本の民俗学を確立させた。

④ 白鳥庫吉は，『国体の本義』を編纂して忠君愛国を説いた。

問2 日清・日露戦争当時の思想・文学に関して述べた文として正しいものを，次の①～④のうちから一つ選べ。

① 『みだれ髪』で知られるロマン主義の歌人与謝野晶子は，日露戦争の勝利を情熱的に歌いあげた。

② 高山樗牛は，日清戦争をきっかけとする国家主義的風潮にのって，日本主義を唱えた。

③ 堺利彦・大杉栄・内村鑑三らは，キリスト教徒の立場から日露戦争反対を唱えた。

④ 平民主義を唱えていた徳冨蘆花は，日清戦争を機に国権論に転じた。

問3 1920年代のマルクス主義を代表する経済学者として適当な人物を，次の①～④のうちから一つ選べ。

① 河上肇　　② 新渡戸稲造　　③ 大杉栄　　④ 有島武郎

問4 日本人科学者とその業績について述べた文として正しいものを，次の①～④のうちから一つ選べ。

① 野口英世は原子構造を研究した。

② 長岡半太郎は黄熱病を研究した。

③ 大森房吉は独自の地震計を発明した。

④ 鈴木梅太郎は伝染病研究所を創設した。

問5 初等教育制度について述べた文として正しいものを，次の①～④のうちから一つ選べ。

① 学制の公布によって小学校が創設され，初等教育は無償とされた。

270

第4章：近・現代

② 国家主義的な教育を重視する目的で教育令が公布され，同時に教育勅語が出された。

③ 義務教育制が定められ，日露戦争後にはその年限が6年に延長された。

④ 立身出世と無関係とされた女子は，義務教育の対象からはずされていたため，就学率が男子にくらべて低かった。

解答・解説

問1　正解　①

① ［○］**UP** 田口卯吉は経済雑誌『東京経済雑誌』創刊。『東洋経済新報』の記者であった石橋湛山は植民地政策を批判した。

② ［×］論文「神道は祭天の古俗」を神道家から攻撃されたのは久米邦武。

③ ［×］民俗学を確立したのは柳田国男。井上哲次郎は内村鑑三不敬事件の際にキリスト教を攻撃した哲学者。

④ ［×］『国体の本義』は1937年に文部省教学局が発行。白鳥庫吉は実証主義的な東洋史学を確立。

問2　正解　②

① ［×］与謝野晶子は日露戦争の際に弟を思う反戦詩を発表。

② ［○］**UP** 高山樗牛の作品には『滝口入道』がある。

③ ［×］堺利彦・幸徳秋水・大杉栄は社会主義の立場から反戦を主張。

④ ［×］日清戦争を機に国権論へと転向したのは徳冨蘆花の兄の徳富蘇峰。

問3　正解　①

問4　正解　③

① ［×］原子構造を研究したのは長岡半太郎。

② ［×］黄熱病を研究したのは野口英世。

③ ［○］

④ ［×］伝染病研究所を設立したのは北里柴三郎。

問5　正解　③

① ［×］授業料や学校設立費が有償（国民負担）で，学制反対一揆が頻発。

② ［×］教育令（1879年公布）はアメリカの制度を参考にした自由主義的性格。教育勅語発布は1890年。

③ ［○］**UP** 1907年に4年から6年に延長。

④ ［×］女子も義務教育の対象。

21　近・現代の文芸・美術・生活

知識を整理！

■ 明治期の新聞と雑誌

❗ それぞれの新聞・雑誌の性格を理解しよう。

新聞
『横浜毎日新聞』 ➡ 最初の日刊紙として1870年に発刊
『郵便報知新聞』 ➡ 立憲改進党の機関紙，のちに大衆化
『平民新聞』 ➡ 社会主義の立場で日露戦争に反対

雑誌
『明六雑誌』 ➡ 明六社の機関誌(1874)，啓蒙思想の紹介
『青鞜』 ➡ 青鞜社の機関誌(1911)，女性解放を主張

■ 明治～大正期の日本画と西洋画

❗ 政府の伝統美術保護への転換が日本画再興につながったことを理解しよう。

［日本画］
東京美術学校 ➡ 1887年にフェノロサ・岡倉天心らが設立
日本美術院 ➡ 1898年に岡倉天心が設立→1914年に再興
［西洋画］
明治美術会 ➡ 浅井忠(代表作「収穫」)らが設立
白馬会 ➡ 黒田清輝(代表作「湖畔」「読書」)らが設立
二科会 ➡ 1914年に梅原竜三郎らが設立
［共通の発表の場］
文展 ➡ 1907年に第1回文部省美術展覧会

■ 建築家とその代表建築物

❗ 建築家とその代表建築物を混同しないようにしよう。

コンドル ➡ 鹿鳴館，ニコライ堂を設計
辰野金吾 ➡ 日本銀行本店を設計 ┐
片山東熊 ➡ 赤坂離宮を設計 ┘ コンドルを師とする

272

第4章：近・現代

■ 明治・大正期の新劇運動の拠点

❗ 築地小劇場の設立が，市民文化発展の時期にあたることをおさえよう。

明治期 ➡ 文芸協会(1906)，自由劇場(1909)結成

大正期 ➡ 芸術座(1913)＝島村抱月・松井須磨子らが結成
　　　　　築地小劇場(1924)＝小山内薫・土方与志らが結成

■ 大正～昭和初期の文学

❗ 文学者の思潮と作品を混同しないようにしよう。

耽美派 ➡ 官能的な美を追求
　　　　　永井荷風『腕くらべ』，谷崎潤一郎『刺青』『痴人の愛』

白樺派 ➡ 人道主義を追求，雑誌『白樺』を発行
　　　　　志賀直哉『暗夜行路』，武者小路実篤『その妹』
　　　　　有島武郎『或る女』『カインの末裔』

プロレタリア文学 ➡ 機関誌『種蒔く人』(1921)，『文芸戦線』(1924)
(無産階級文学)
　　　　　小林多喜二『蟹工船』，徳永直『太陽のない街』
　　　　　葉山嘉樹『海に生くる人々』

■ 大正～昭和初期の市民文化

❗ 市民文化の様相を明治期・戦後期の文化と混同しないようにしよう。

生　活 ➡ 男性の間に洋服普及，カレーライスなどの洋食普及
　　　　　デパート発展，和洋折衷の文化住宅，家庭に電灯普及

活字文化 ➡ 総合雑誌＝『中央公論』『改造』，児童雑誌『赤い鳥』
　　　　　大衆雑誌＝『キング』創刊(1925)
　　　　　文学全集＝岩波文庫，円本(1冊1円)
　　　　　大衆文学＝中里介山『大菩薩峠』
　　　　　新聞　　＝発行部数100万部以上の新聞が出現

マスコミ ➡ ラジオ放送開始(1925)

映　画 ➡ 無声映画から発声映画(トーキー)への転換

音　楽 ➡ レコードや蓄音器が普及

職業多様 ➡ 事務系の俸給生活者(サラリーマン)登場
　　　　　女性の職場進出→職業婦人(電話交換手，タイピストなど)

21

近・現代の文芸・美術・生活

273

演習問題

問1 近代の新聞・雑誌に関連して述べた文として誤っているものを，次の①〜④のうちから一つ選べ。

① 『郵便報知新聞』など明治初期に発刊された新聞は，最初は報道・娯楽中心の内容であったが，しだいに政治評論中心にかわっていった。

② 福沢諭吉・西周・森有礼らの結成した明六社は，講演活動を行うとともに『明六雑誌』を発行し，民衆の啓蒙を試みた。

③ 徳富蘇峰は，民友社をつくり，雑誌『国民之友』の発行などの出版活動を行い，平民主義を説いた。

④ 1920年代になると活字文化が大衆に広がり，『キング』などのような大部数の雑誌が現れた。

問2 1910年代から20年代の文化・学問に関して述べた文として誤っているものを，次の①〜④のうちから一つ選べ。

① 細菌学の野口英世が国際的水準の研究成果をあげた。

② 小山内薫が創立した築地小劇場は，翻訳劇を中心とする新劇運動の拠点となった。

③ 文部省は，国家主義教育を強化するために，小学校の教科書を国定化した。

④ 梅原竜三郎らの洋画家が，文部省美術展覧会（文展）に対抗して二科会を結成した。

問3 大正期から昭和初期の市民文化について述べた文として正しいものを，次の①〜④のうちから一つ選べ。

① 洋服の着用，洋風の食生活，文化住宅の建設などの生活様式が地方の農村にまで一般化し，都市と農村の生活格差は縮まった。

② 蓄音器・レコード・ラジオがほとんどの家庭に普及し，テレビ放送が開始されるなど，民衆の娯楽に大きな変化があらわれた。

③ 学問の分野では，古代史研究の津田左右吉，民俗学の柳田国男，哲学の西田幾多郎，ＫＳ磁石鋼発明の本多光太郎らが活躍した。

④ 武者小路実篤らの白樺派や，谷崎潤一郎らの耽美派などにかわって，国木田独歩らの自然主義派が文壇の主流を占めた。

第4章：近・現代

問4 第一次世界大戦後から満州事変のころまでの都市や都市生活の様相を述べた文として正しいものを，次の①〜④のうちから一つ選べ。

① 東京の銀座通りには，レンガ造りの耐火建築が並び，ガス灯がともされ，洋式馬車が行き交った。

② 隣組制度が設けられたり，ぜいたく品の生産・販売が禁止されるなど，市民生活がすみずみまで制限された。

③ ラジオや大衆雑誌が普及し，映画や大衆文学がさかんになるなど，文化の大衆化が進んだ。

④ 都市の家庭では，パン・めん類の需要が伸び，電気洗濯機や冷蔵庫などの耐久消費財が普及した。

21
近・現代の文芸・美術・生活

解答・解説

問1 **正解** ①

① [×] 明治初期の新聞は民権的な政治評論が主，弾圧後は報道・娯楽中心。

② [○]

③ [○] **Up** 徳富蘇峰は『国民之友』を発行。三宅雪嶺は『日本人』を発行。

④ [○] **Up** 大衆娯楽雑誌『キング』の発行部数は100万部を超えた。

問2 **正解** ③

① [○] **Up** 野口英世は梅毒スピロヘータや黄熱病を研究。

② [○]

③ [×] 小学校の教科書が検定制から国定制に改められたのは1903年。

④ [○] **Up** 「麗子像」で知られる岸田劉生は洋画団体春陽会を設立した。

問3 **正解** ③

① [×] 都市を中心に普及した市民文化は農村にまでは広がらなかった。

② [×] テレビ放送の開始は第二次世界大戦後の1953年のこと。

③ [○] **Up** このほかに野口英世による黄熱病の研究などがある。

④ [×] 自然主義派が文壇の主流を占めたのは明治30年代のこと。

問4 **正解** ③

① [×] 銀座通りにレンガ造建築やガス灯が並んだのは明治初期のこと。

② [×] 隣組の結成やぜいたく品の禁止は，日中戦争が長期化した1940年。

③ [○]

④ [×] 電気洗濯機や冷蔵庫は1950年代以降に普及した家庭電化製品。

275

年代を "まとめて" チェック　　→　〜近・現代〜

✅ 変遷を意識して年代を整理しよう

■ 士族の反乱

①佐賀の乱
↓　1874年
②神風連の乱
↓　1876年
③西南戦争
　　1877年

★江藤新平は征韓論をめぐる明治六年の政変で下野し，不平士族に迎えられて佐賀で反乱を起こした。1876年に廃刀令が出ると，熊本で起きた神風連の乱に呼応して，秋月の乱や萩の乱が発生した。不平士族の反乱は，西郷隆盛を首領とした西南戦争の鎮圧によって終焉した。

■ 明治期の東アジア外交

①日朝修好条規
↓　1876年
②壬午軍乱
↓　1882年
③天津条約
　　1885年

★明治政府は，江華島事件を口実に日朝修好条規を結び，朝鮮を開国させた。1880年代の朝鮮政府内では親清派と親日派の対立が激化し，壬午軍乱と甲申事変が発生したことから，朝鮮をめぐり悪化した日清関係の打開を目的として，日清間で天津条約が調印された。

■ 製糸業と紡績業の展開

①大阪紡績会社開業
↓　1883年
②綿糸輸出量が輸入量を上回る
↓　1897年
③生糸の輸出規模世界第1位
　　1909年

★渋沢栄一が設立した大阪紡績会社の大規模経営が成功すると，各地で綿糸の機械制生産が伸び，1897年には輸出量が輸入量を上回った。製糸業では，日露戦争後にアメリカ向け生糸の輸出が伸び，1909年には清国を追い抜いて生糸の輸出規模が世界第1位となった。

■ 地方制度の整備

①地方官会議設定
↓　1875年
②郡区町村編制法制定
↓　1878年
③市制・町村制公布
　　1888年

★大阪会議をきっかけに，明治政府は地方の実情を把握するため，府知事と県令を招集する地方官会議を設置した。さらに，郡区町村編制法・府県会規則・地方税規則の三新法を制定し，1880年代後半には，市制・町村制（1888）と府県制・郡制（1890）を公布して地方制度を整備した。

第4章：近・現代

■ 近・現代の学校教育制度

①学制公布
↓ 1872年
②教育令公布
↓ 1879年
③学校令公布
　 1886年

★明治政府は，フランスの学校制度を模倣した学制を公布したが，画一的な制度に対する批判が高まると，自由主義的な教育令に改めた。しかし，翌1880年には国家主義的な教育令に改正した。1886年には，森有礼文相の下で学校令を公布し，近代的な学校体系を確立した。

■ 太平洋戦争開戦直前の日本

①日独伊三国同盟調印
↓ 1940年
②南部仏印進駐
↓ 1941年7月
③日本軍がマレー半島，真珠湾奇襲
　 1941年12月

★南進策を展開した日本は，1940年，北部仏印に進駐し，同時に日独伊三国同盟に調印した。1941年には南部仏印に進駐して南進策を強化した。衝突回避をはかる日米交渉が決裂すると，日本の陸軍はマレー半島に上陸し，海軍は真珠湾を奇襲して，太平洋戦争が勃発した。

■ 第二次世界大戦中の国際会議

①カイロ会談
↓ 1943年11月
②ヤルタ会談
↓ 1945年2月
③ポツダム会談
　 1945年7月

★連合国は，カイロ会談で日本の無条件降伏までの徹底抗戦と日本領土の処分方針を確認した。また，ヤルタ会談でドイツ降伏後のソ連の対日参戦を決め，ポツダム会談では日本への無条件降伏勧告と日本の戦後処理方針を決定した。

■ 日本の国際的地位向上

①国際連合加盟
↓ 1956年，鳩山一郎内閣の時
②IMF8条国へ移行
↓ 1964年，池田勇人内閣の時
③日本万国博覧会
　 1970年，佐藤栄作内閣の時

★日本は，日ソ共同宣言に調印すると，ソ連の支持を受けて国際連合に加盟した。1964年にはIMF8条国に移行するとともにOECD（経済協力開発機構）に加盟して為替と資本の自由化を進めた。1970年には大阪で日本万国博覧会を開催して，経済と文化の発展を世界に示した。

年代を〝まとめて〟チェック〜近・現代〜

演習問題

問1 近現代における東京の変遷に関して述べた次の文Ⅰ～Ⅲについて，古いものから年代順に正しく配列したものを，下の①～④のうちから一つ選べ。

Ⅰ 市制・町村制が制定され，東京市が設置された。

Ⅱ 東京府が置かれ，その長として新たに東京府知事が任命された。

Ⅲ 美濃部亮吉が東京都知事に当選した。

① Ⅰ－Ⅱ－Ⅲ　　② Ⅰ－Ⅲ－Ⅱ　　③ Ⅱ－Ⅰ－Ⅲ　　④ Ⅲ－Ⅱ－Ⅰ

問2 日中戦争長期化にともなう日本の外交関係について述べた次の文Ⅰ～Ⅲについて，古いものから年代順に正しく配列したものを，下の①～⑥のうちから一つ選べ。

Ⅰ 日本は，援蔣ルートを断ち切るため，フランス領インドシナ北部に進駐した。

Ⅱ 近衛首相は，「国民政府を対手とせず」との声明を発表した。

Ⅲ アメリカが，石油の対日輸出を禁止した。

① Ⅰ－Ⅱ－Ⅲ　　② Ⅰ－Ⅲ－Ⅱ　　③ Ⅱ－Ⅰ－Ⅲ

④ Ⅱ－Ⅲ－Ⅰ　　⑤ Ⅲ－Ⅰ－Ⅱ　　⑥ Ⅲ－Ⅱ－Ⅰ

問3 日露戦争より以前に起こった出来事について述べた文として正しいものを，次の①～④のうちから一つ選べ。

① 日本はドイツに宣戦布告したのち，山東半島の青島を占領した。

② 台湾に漂着した琉球の島民が殺害されたことを理由に，台湾への出兵が行われた。

③ ワシントンで結ばれた条約により，新たな主力艦の建造が禁止された。

④ 日本は，米・英・仏とともに，シベリア出兵を行った。

問4 1950年代の出来事として正しいものを，次の①～④のうちから一つ選べ。

① 日本の経済協力開発機構(OECD)への加盟が認められた。

② 第五福竜丸がアメリカの水爆実験で被爆した。

③ ニクソン大統領が金とドルとの交換を停止した。

④ 極東国際軍事裁判(東京裁判)が開かれた。

第4章：近・現代

問5　1960年代後半の時期に起こった出来事について述べた文として正しいものを，次の①〜④のうちから一つ選べ。

①　アメリカのヴェトナムへの軍事介入に対し，反対運動が広がった。
②　労働運動が高まり，全日本産業別労働組合会議(産別会議)が結成された。
③　重要産業統制法が制定され，カルテルの結成がはかられた。
④　国鉄職員の人員整理が発表された直後，下山事件が起こった。

解答・解説

問1　**正解**　③

　Ⅰ　市制・町村制の制定は1888年，1890年には府県制・郡制公布。
　Ⅱ　1871年の廃藩置県実施によって3府が置かれ，府知事が任命。
　Ⅲ　革新統一候補の美濃部亮吉が東京都知事に初当選したのは1967年。

問2　**正解**　③

　Ⅰ　北部仏印に進駐したのは第2次近衛文麿内閣の1940年。
　Ⅱ　第1次近衛声明は第1次近衛文麿内閣の1938年。
　Ⅲ　アメリカが石油の対日輸出を禁止したのは，日本の南部仏印進駐後の1941年
　　　(第3次近衛文麿内閣)。

問3　**正解**　②

　①[×]　日本が青島を占領したのは第一次世界大戦中の1914年。
　②[○]　**UP**　西郷従道を指揮官に日本が台湾出兵を強行したのは1874年。
　③[×]　ワシントン海軍軍縮条約の調印は1922年。
　④[×]　日本が米・英・仏とともにシベリア出兵を開始したのは1918年。

問4　**正解**　②

　①[×]　経済開発協力機構に日本が加盟したのは1964年。
　②[○]　**UP**　第五福竜丸がアメリカのビキニ環礁での水爆実験で被爆したのは
　　　1954年。
　③[×]　ニクソン大統領による金とドルの交換停止は1971年。
　④[×]　A級戦犯を審理した東京裁判の開廷は1946年。

問5　**正解**　①

　①[○]　**UP**　アメリカが北爆を開始したのは1965年。
　②[×]　日本共産党の指導によって産別会議が結成されたのは，右派の日本労働
　　　組合総同盟結成と同年の1946年。
　③[×]　重要産業統制法が制定されたのは浜口雄幸内閣の1931年。
　④[×]　国鉄総裁下山定則が怪死したのは1949年。

図版を"まとめて"チェック　～近・現代～

■ 明治10年代の銀座の風景

★明治初期の銀座通りの様子を描いたもの。ガス灯や煉瓦造りの建物，乗合馬車や人力車，洋装の人々などがみられ，文明開化の風潮が読み取れる。

■ 欧化政策への風刺

★洋装した男女を写す鏡にはサルが描かれている。条約改正をめざす井上馨外務卿がとった，鹿鳴館を舞台とする極端な欧化政策を，"サルまね"と風刺している。

■ 第1回衆議院議員選挙の様子

★最初の衆議院議員選挙は記名方式であり，立会人や巡査の監視のもとで投票が行われた様子がみえる。有権者は全人口の1.1%のみであり，見物人がいることもわかる。

第4章：近・現代

■ 漁夫の利

★朝鮮をめぐる日清の対立を利用して，漁夫の利を得ようとするロシアの野心を描いた1880年代の風刺画である。水中の魚が朝鮮，橋の上にいる人物がロシアである。

■ 火中の栗

★イギリスに押された日本が，ロシア兵の焼く栗（韓国）を取りに行こうとしている。イギリスの後ろにはアメリカがいる。日露戦争直前の国際社会を風刺している。

■ 船成金

★第一次世界大戦による大戦景気で成長した成金が，靴を探すために，明かりの代わりに紙幣を燃やしている。にわかに金持ちに成った人を風刺している。

第5章　能力別特訓

共通テストでは，知識・理解に加えて，資料から情報を読み取る力，歴史的事象についての思考力・判断力が求められる。第5章では，とくに特徴的な5つの能力を取り上げる。それぞれの攻略法を確認し，実戦的な問題に挑戦しよう。

1 資料読解

★資料読解の攻略法

　共通テストでは，文献史料，絵，統計など多様な資料が出題され，**資料から読み取った情報と歴史的事象との関わりを類推する力**が求められる。

　出題は，主に次の3つに分類できる。

①提示された1つの資料を読解し，読み取った情報について，日本史の知識を用いて判断する問題（本項－問1）

②提示された複数の資料を読解し，読み取った情報について，日本史の知識を用いて判断する問題（本項－問2）

③資料から読み取った情報と日本史の知識で総合的に判断する問題（本項－問3）

【学習方法】

　日頃から諸資料を活用して学習することが重要である。資料から，知識として学習した歴史的事象の推移や差異，相互の因果関係などをより具体的に捉えることを意識しよう。文献史料については，史料の原文と口語訳を対比させて読み，文意を正確につかむ練習を重ねることが大切である。共通テストでは，初見史料の読解を求める問題もあるため，より正確な読解力が必要となる。また，絵や写真を用いた資料問題対策として，教科書や図説に掲載されている絵や写真には必ず目を通し，その解説文を通して理解を深めるようにしよう。風刺画は，作成された背景や意図を意識しよう。共通テストでは，資料の作成意図を考察する問題や，複数の資料を比較して判断する問題もみられる。複数の資料の共通点や相違点を考察する力が求められるため，資料を比較して読み取る学習を習慣化しておきたい。

【解法のポイント】

　文献史料については，設問や注釈も活用し，文意を正確に読み取ることが大切である。史料と歴史的事象の関係を考察する問題では，史料から読み取った情報と知識を丁寧につなげていこう。

　資料問題では，選択文や選択肢から，どのような情報を資料から読み取る必要があるか判断しよう。その上で，時代背景を常に視野に入れながら選択肢を吟味することが大切である。

第5章：能力別特訓

演習問題

問1　次の**資料**は，浜口雄幸内閣の大蔵大臣として金輸出解禁を断行した井上準之助が，金解禁についての考え方を述べたものである。**a～d**の文章を読み，井上準之助が述べている政策のねらい**a・b**と，その政策の結果**c・d**の組合せとして最も適当なものを，下の**①～④**のうちから一つ選べ。

資料

　　金の輸出禁止の為に，我財界が斯くの如く不安定になって居りますから，一日も速かに金解禁を実行しなければならぬのであります。併しながら今日の現状の儘では金の解禁は出来ないのであります。…然らばどうして金の解禁をすることが出来るかと申しますと，用意が要ります。…政府は財政を緊縮する，其の態度を国民が理解して国民も消費節約をなし国民も緊張しますれば，茲に物価も下る大勢が出て来る。輸入も減るだけの状態になります。さうなると，為替相場もずっと上って参ります。…今日，日本の経済界は不安定であります。斯かる時期に金解禁の準備として，政府は財政を緊縮し，国民一般は消費を節約したならば，物価は下落し一層不景気を持来すこともありましょうが，併しながら今日の状態は，全く先の見えぬ不景気であります。吾々はどうかして之を打開しなければならぬと考へるのであります。…今吾々の行かんとする途には坂はある，汗は出ますけれども，此の道は確かな間違ひの無い道である，此の道は最も近道であると考へます。即ち今日の不景気を転回するには骨は折れても，最も確かな道で，最も近い道をとらねばならぬのであります。

　　　　　（井上準之助『国民経済の立直しと金解禁の決行に就て国民に訴ふ』）

a　この資料で井上は，緊縮財政と国民の消費節約により準備をして金解禁を実施することで，物価の引き上げと輸入の振興ができると述べている。

b　この資料で井上は，耐乏を国民に求めて物価の引き下げと輸入の抑制をはかり，その上で金解禁を行えば，不景気を打開できると述べている。

c　金解禁の結果，世界恐慌の影響も受けて深刻な不況となり，輸出が減少して金が海外に流出し，デフレーションが進行した。

d　金解禁の結果，世界恐慌の影響も受けて深刻な不況となり，輸入が減少して金の保有量が増え，インフレーションが進行した。

①　a—c　　　**②**　a—d　　　**③**　b—c　　　**④**　b—d

285

問 2 次の甲・乙は，中世の村落において作成された資料である。甲・乙について述べた文 **X・Y** について，その正誤の組合せとして最も適当なものを，次ページの①〜④のうちから一つ選べ。

甲

契約　桂川要水（注1）今井（注2）の事
　右，契約の旨趣は，此の要水の事に就き，自然（注3）煩 違乱等 出 来（注4）の時は，久世・河嶋・寺戸尤も此の流水を受くるの上は，彼の三ケ郷一身（味）同心せしめ，合体の思を成し，面々私曲（注5）無く其の沙汰有るべし。若し同心の儀に背く郷に於いては，要水を打止むべし。

暦応□年（注6）七月九日

上久世　季継（注7）（花押）

河嶋　安定（注8）（花押）

寺戸　親智（注9）（花押）

（『革島文書』）

（注1）桂川要水：桂川から取水した灌漑用水のこと。「要水」は用水のこと。
（注2）今井：桂川から取水した今井溝のことで，11カ郷に給水された。
（注3）自然：万一。
（注4）煩違乱等出来：事件が起こること。
（注5）私曲：自分の利益のみを考えて不正をすること。
（注6）暦応□年：暦応2年もしくは3年か。暦応は，1338〜42年までの北朝の年号。
（注7）上久世季継：東寺領上久世荘の荘官。
（注8）河嶋安定：山科家領河嶋荘の荘官。
（注9）寺戸親智：仁和寺領寺戸荘の荘官と考えられる。

乙

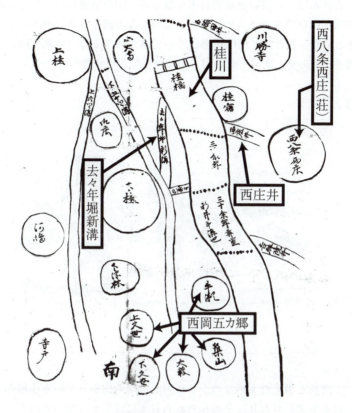

（山城国桂川用水差図案『東寺百合文書』により作成）
（注）この絵図は，1496年に西八条西荘から幕府に提出されたもので，桂川のどの場所から郷内へ取水していたかがわかるように描かれている。○の中は村落の名を示している。

X　甲は，桂川用水の下流にあたる3つの村落が，用水をめぐる紛争が起きた際に協調することを約束した文書で，領主の異なる村落が連合していたことがわかる。

Y　乙は，桂川周辺の村落と用水路の位置を示した絵図で，西岡五カ郷が西八条西荘の取水口よりも上流に新しい取水口を開いたことがわかる。

① X　正　Y　正　② X　正　Y　誤
③ X　誤　Y　正　④ X　誤　Y　誤

問3 Aさんは、日清戦争後の日本を取り巻く国際情勢について考えるため、1904年頃にフランス人のビゴーが描いた次の図をもとに調べ、下のメモをまとめた。図と同じ国際情勢について描かれたビゴーの風刺画として最も適当なものを、次ページの①〜④のうちから一つ選べ。

図

メモ
　悠然と構えた大柄なロシアに対して立ち向かっている小柄な人物が日本を表しており、その後ろから日本にけしかけているのがイギリスである。

第5章：能力別特訓

1 資料読解

①
列強クラブの仲間入り

②
今，何ドルもっているか？

③
内地雑居への準備
ここでは英語を話しましょう！

④
赤ん坊の奪い合い

解答・解説

問1　**正解** ③

　　まずは，浜口雄幸内閣の蔵相井上準之助の金解禁（金輸出解禁）についての考えを，資料から読み取る。井上は，すみやかな金解禁を主張している（資料2行目）。さらに，金解禁を実施するには準備が必要であるとし，その準備とは，政府が財政を緊縮し，国民も消費節約することだと述べている（資料3〜5行目）。また，金解禁の準備により，「一層不景気を持来すことも」（資料9〜10行目）ある，「今日の不景気を転回するには骨は折れても」（資料14行目）と述べていることから，国民に耐乏を求めていることがわかる。1920年代においては，為替相場の下落・動揺が大きな課題であったため，井上は，欧米諸国と同じように金の輸出入を自由にすることで，為替相場を安定させ，国際競争力を強化し，景気の回復をはかったのである。

　a　井上財政は，1920年代において課題となっていた物価高騰と輸入超過の是正をはかったので，誤りである。なお，資料6行目の「物価も下る」「輸入も減る」は，"金解禁の準備"に関する記述である。

　b　資料4〜7行目から，"金解禁の準備"により，物価の引き下げや輸入の抑制を意図していることがわかる。よって，この記述は正しい。

　　次に，金解禁の結果について考える。

　　井上は1929（昭和4）年に発生した世界恐慌の中で，1930（昭和5）年に金解禁を実施した。実態の為替相場よりも円高の状態で金の輸出を解禁したため，アメリカ向け生糸をはじめとする輸出は激減し，輸入超過の深刻化を招いて，正貨である金が大量に流出した。その結果，正貨の保有量が減少し，紙幣の発行が抑えられたためデフレーションが進行し，日本は昭和恐慌とよばれる深刻な恐慌状態に陥った。金解禁の結果について述べた記述としては**c**が正しい。

問2　**正解** ①

　　甲・乙ともに，山城国の桂川用水流域の村々による，用水をめぐる資料である。

　X　甲の資料から，村落の連携の様子を読み取る。甲3〜4行目に「一身（味）同心」「合体の思」とあるように，久世・河嶋・寺戸の3つの村落は，用水をめぐる紛争が生じた場合に協調することを約束している。これに反した場合は「要水を打止む」（甲5行目）つまり用水を止めるとされた。また，署名している3人が，それぞれ領主の異なる荘園の荘官であることが注釈からわかる。

　　したがって，**X**は甲の資料の説明として正しい。

　Y　乙の絵図には，桂川と周辺の村落，用水路が描かれている。「桂川」から分岐しているのが用水路である。ここでは，西岡五カ郷へ流れる用水路のうち，「去々年堀新溝」と示されている部分に注目する。ここから，西八条西荘の用水である

第5章：能力別特訓

「西庄井」よりも上流に取水口をもつ，西岡五カ郷につながる新しい溝がつくられたことが読み取れる。桂川の用水をめぐっては，桂川の西側に位置する西岡五カ郷と東側にある西八条西荘で対立が続いていた。西岡五カ郷が上流で取水すると，西八条西荘に十分な水量が供給されない事態が生じるかもしれない。そのため，西八条西荘はたびたび幕府に訴えを起こしたのである。なお，西岡五カ郷は甲で触れられている「今井溝」の下流に位置する。

したがって，**Y**の記述は，乙の絵図の説明として正しい。

問3 **正解** ④

図の風刺画は，日清戦争後，日露戦争に向かう日本を取り巻く国際情勢を風刺したものである。図と同じ国際情勢を描いた風刺画を選択することが求められている。風刺画から読み取った情報を，歴史的事象に関連づけて考えることが必要である。

日清戦争の敗戦で清国の弱体化が露呈すると，欧米列強による中国分割が激しくなり，ロシアも南下策をとって，朝鮮半島や中国東北部（満州）に進出する動きを強めた。当時，東アジアをめぐってロシアと対立していたイギリスは，日本への接近をはかり，1902（明治35）年に日英同盟が成立した。したがって，ここでは，東アジア情勢をめぐる日本・イギリス・ロシアの3国の関係を表した風刺画を選択する必要がある。④では，日本とロシアが，赤ん坊として描かれた朝鮮を奪い合っている。その背後で両国の様子を伺っているのは，東アジアに権益をもつイギリスである。これは，日清戦争後の朝鮮をめぐる日露間の対立を示したもので，図と同じ国際情勢を描いたものとして正しい。

① 下駄をはいた日本が，テーブルを囲む列強諸国に迎えられる様子が描かれている。日本の背後にいるのはイギリスである。これは，日本が日清戦争の勝利によって国際社会の舞台に躍り出た様子を風刺している。

② ノルマントン号事件（1886）におけるイギリス人船長の対応を風刺している。ノルマントン号事件では，イギリス人船長らは沈没船から脱出したものの，日本人乗客は救助されず，犠牲になった。

③ 条約改正による外国人の内地雑居の開始に向け，英語の必要性が増す警官が，英語を学んでいる様子を風刺している。1894（明治27）年の日英通商航海条約では，居留地の廃止が定められ，1899（明治32）年に内地雑居が実行された。

2　歴史的事象の推移・変化

★歴史的事象の推移・変化の攻略法

　共通テストでは，資料から読み取った情報や習得した知識を活用して，歴史的事象の展開について考察する力が求められる。

　出題は，主に次の3つに分類できる。

① ある主題にもとづき，指定された歴史的事象について，時系列上の位置づけを考える問題（本項−問1）

② ある主題に関係する複数の資料について，資料で述べられている歴史的事象の特徴と組み合わせて年代順に並べ替える問題（本項−問2）

③ ある主題について，時期ごとの特徴を捉えて推移や展開を考える問題（本項−問3）

【学習方法】

　1つの主題に対して，各時代の特徴を正確に捉えることが必要である。そのためには，個々の歴史的事象について年代や時期を暗記するに留まらず，歴史の流れを確実に理解し，教科書を精読して歴史的事象の背景・原因・結果などを掘り下げていく必要がある。とくに，共通テストでは，複数の歴史的事象を関連づけて，推移・変化を考えたり，時系列を判断したりすることが求められる。日頃から，時代ごとの類似点や相違点などに注目し，推移・変化を意識した学習が必要である。ただし，基本知識の習得が前提であり，教科書に掲載されている重要年代については，政治，社会・経済，外交，文化などの分野ごとに整理して，おさえておきたい。

【解法のポイント】

　まずは，問題が求めている主題を見抜き，資料や年表からその主題に沿った情報を読み取ることが大切である。その上で，時代の特徴などから時期を考察する。時期判断に必要な年代をおさえていることも有効な解法であるが，具体的な年代をおさえられていない場合でも，歴史の流れを理解して，歴史的事象の前後関係を把握できていれば判断できるものが多い。普段の学習から，主題ごとに歴史の流れを確実に把握し，時代ごとの特徴を理解しておくことがポイントになる。

第5章：能力別特訓

2
歴史的事象の推移・変化

演習問題

問1　次の資料は土地台帳について説明したものである。下の**A**〜**D**は，土地制度の変遷を時代順に示している。資料の下線部から読み取れる性格をもつ大田文が作成されるようになった時期として正しいものを，下の①〜⑤のうちから一つ選べ。

資料
　国図は，律令制度の下，郡単位で作成され，国ごとにまとめて中央に提出された地図であり，郡や郷の境界，駅路，山野の地形などが示された。その起源は改新の詔までさかのぼるとされるが，全国的に作成されるようになったのは天平期のことである。国図は，律令制度を機能させる上で重要な意味をもったが，班田制が衰退すると次第に作成されなくなった。
　地方支配のあり方は変化していき，国司が土地を基礎に田堵から徴税する体制が構築された。さらにその後，国ごとに荘園・公領を記録した大田文とよばれる土地台帳が作成され，それを基準として一国平均役の賦課が行われるようになった。のちに，<u>各国の守護や国司に大田文の作成が命じられるようになり，貢租賦課の基準とされたほか，地頭補任や大番役などの御家人役の賦課といった諸国行政の基本台帳としても利用された。</u>

A　大宰府管内には公営田が，畿内には官田が設置され，有力農民を利用した直営方式を採用して税収の確保がはかられた。
B　記録荘園券契所の設置と荘園整理が実施され，国司が支配する公領の増加による税収の確保がはかられた。
C　荘園・公領に対する守護の権限が強化され，守護は一国内の荘園や公領の年貢の半分を徴発する権限を認められた。
D　検地の実施により，土地の価値を生産力で示した石高制が確立され，一つの土地に複数の権利が重なり合っている状態が整理された。

① **A**より前　　② **A**と**B**の間　　③ **B**と**C**の間
④ **C**と**D**の間　　⑤ **D**より後

問2　室町時代から江戸時代の日本においては，たびたび一揆が発生した。一揆についての資料Ⅰ～Ⅲと一揆の性格を説明した文ア～ウを組み合わせ，それを古いものから時代順に並び替えた場合，組合せとして正しいものを，下の①～⑥のうちから一つ選べ。

資料Ⅰ

　今日，山城の国人集会す。…同じく一国中の土民等群集す。今度両陣（注1）の時宜（注2）を申し定めんがための故と云々。…両陣の武家衆各々引退し了ぬ。山城の一国中の国人等申し合わせの故也。

資料Ⅱ

　常陸行方・鹿島郡磐城守山領武田郷九カ村等ノ百姓，減免ヲ要求シ府中マデ押し出ス

資料Ⅲ

　近日，四辺（注3）の土民蜂起す。…御徳政と称して借物を破り，少分を以て押して質物を押し請く（注4）。

（注1）両陣：山城国の支配をめぐり争っている畠山義就と畠山政長の両軍のこと。
（注2）時宜：対応策のこと。
（注3）四辺：周囲のこと。
（注4）少分を以て押して質物を押し請く：
　　　　少ない銭で，質入れした品物を強引に引き出すこと。

ア　地侍などの在地領主が中心となり，上級権力者の支配に対抗するもの。
イ　民衆が権力者に対して，実力で債権・債務の破棄の公認を求めるもの。
ウ　農民が広範囲で連合し，領主の悪政や過重な年貢に反抗するもの。

① 〔Ⅰ―イ〕 → 〔Ⅱ―ウ〕 → 〔Ⅲ―ア〕
② 〔Ⅰ―ア〕 → 〔Ⅱ―ウ〕 → 〔Ⅲ―イ〕
③ 〔Ⅱ―イ〕 → 〔Ⅲ―ア〕 → 〔Ⅰ―ウ〕
④ 〔Ⅱ―ウ〕 → 〔Ⅲ―ア〕 → 〔Ⅰ―イ〕
⑤ 〔Ⅲ―ア〕 → 〔Ⅰ―イ〕 → 〔Ⅱ―ウ〕
⑥ 〔Ⅲ―イ〕 → 〔Ⅰ―ア〕 → 〔Ⅱ―ウ〕

第5章：能力別特訓

問3　Aさんは，近世における外交史の展開について，主要な貿易港であった
　　長崎を中心に，次のようにまとめた。空欄　ア　に入る記述として適当な
　　ものを，下の①〜④のうちから一つ選べ。

17世紀前半には，日本人の海外渡航と帰国が全面禁止され，外国船の
入港地が長崎1港に限定される。
18世紀前半には，海舶互市新例が出されて長崎における貿易額が制限
される。
19世紀前半には，　ア
19世紀後半には，日米修好通商条約の調印によって長崎が開港され，
アメリカなどとの貿易が開始される。

---

① キリスト教宣教師や信者を発見するため，長崎で絵踏が開始される。
② 長崎に海軍伝習所が置かれ，オランダ軍人から海軍の技術が伝授される。
③ 唐人屋敷が長崎に設けられ，中国人の居住地が制限されるようになる。
④ 蘭学への関心が高まり，オランダ商館の医師が長崎に鳴滝塾を開く。

2
歴史的事象の推移・変化

解答・解説

問1 　**正解**　③

　まずは，下線部から読み取れる性格の大田文がいつのものであるかを考える。

　資料７～８行目には，地方支配のあり方が変わり，一国平均役を賦課するために，大田文が作成されるようになったとある。一国平均役とは，国内の荘園・公領を問わず一律に課された税で，その成立は荘園と公領を同質化した荘園公領制がとられるようになった11世紀後半～12世紀頃と推定される。

　さらに，９～11行目の下線部には，各国の守護や国司に大田文の作成が命じられ，地頭補任や御家人役の賦課のための基本台帳として利用されたことが述べられている。ここから鎌倉時代を連想したい。守護や国司に大田文の作成を命じたのは，鎌倉幕府である。鎌倉幕府において，将軍は御家人を地頭に任じる形で，本領安堵や新恩給与により所領を保障し，この御恩に対して御家人は平時には京都大番役や鎌倉番役などを勤めて奉公した。したがって，下線部に示された性格の大田文がつくられたのは，鎌倉時代のことであると判断する。

　次に，**A**～**D**の時期を確認していく。

A　平安時代初期，調・庸などの滞納により財政が疲弊した政府は，財源確保のため，823（弘仁14）年，大宰府管内に公営田を，879（元慶３）年，畿内に官田を設けた。

B　荘園が増加して公領を圧迫したことから，平安時代中期，後三条天皇は1069（延久元）年に延久の荘園整理令を発し，記録荘園券契所を設置して本格的に荘園を整理し，公領を増やして財源を確保した。

C　室町幕府は，南北朝の動乱の最中，地方武士動員のために守護の権限を拡大させた。1352（文和元）年の半済令では，守護に一国内の荘園や公領の年貢の半分を徴発する権限を認めた。なお，半済令は当初，地域を限定して１年限りのものとされたが，次第に恒常化・全国化していった。

D　豊臣秀吉は，1582（天正10）年から検地を実施した。一連の太閤検地の下で石高制が確立された。また，荘園制が解体されて，一地一作人制が確立された。

　よって，下線部の性格をもつ大田文がつくられた時期は，**B**と**C**の間に該当する。

問2 　**正解**　⑥

　資料Ⅰ～Ⅲから読み取った内容と一揆の性格ア～ウを組み合わせ，時期を考える。

資料Ⅰ　山城の国一揆に関する史料（『大乗院寺社雑事記』）で，山城の国人（地侍などの在地領主）が土民らと，応仁の乱（1467）の後も対立を続ける守護大名畠山義就と畠山政長の両軍に対して，山城国からの退去を求めた様子が読み取れる。この国一揆の結果，1485（文明17）年から，国人を中心に８年間に及ぶ自治が行われた。

第5章：能力別特訓

国一揆は，国人が中心となり，上級の権力者である守護大名らに対抗した一揆であるため，アが該当する。山城の国一揆は，応仁の乱後の下剋上の風潮の中で発生した。

資料Ⅱ 常陸国で起こった百姓一揆に関する史料で，常陸国の行方郡・鹿島郡の守山藩領に属する村々の百姓が，年貢減免を求めて一揆を起こし，常陸国の府中まで押し出した様子が読み取れる。享保の改革での年貢増徴がはじまった18世紀以降，村を超えて広い範囲で農民が結びつく惣百姓一揆が各地に展開した。惣百姓一揆は，領主の悪政や過重な年貢に反抗して，広範囲で団結した一揆であるから，ウが該当する。なお，**資料**中の「百姓」は，江戸時代の百姓一揆を導く際のヒントになる。

資料Ⅲ 嘉吉の徳政一揆に関する史料（『大乗院日記目録』）で，土民が徳政を求めた様子が読み取れる。徳政とは，中世社会において債権や債務を破棄することで，土一揆の多くは借金の帳消し，債権・債務の破棄を求めたため徳政一揆とよばれる。徳政一揆は民衆が債権・債務の破棄を認めさせる一揆であるから，イが該当する。

嘉吉の徳政一揆は，室町幕府6代将軍足利義教が殺害された嘉吉の変（1441）後，次の将軍の就任にあたり，「代始めの徳政」を要求して発生した。8代将軍足利義政の後継問題を一因とする応仁の乱以前の出来事である。室町時代の出来事は，大きな時代の転換点である応仁の乱より前か後かを意識すると時系列を捉えやすい。

したがって，資料の年代はⅢ→Ⅰ→Ⅱの順序が正しく，正解は⑥となる。

問3 **正解** ④

時間的推移をしっかりと理解し，広い視野で長崎を中心とする外交を考える。ここでは19世紀前半について問われているので，それぞれの選択肢の時期を判断する。

19世紀前半は，文化・文政・天保期に該当する，いわゆる大御所時代である。長崎のオランダ商館を通じてもたらされた蘭学が，医学・天文学などのさまざまな分野でこの時期に大きく発達した。19世紀前半には，オランダ商館の医師シーボルトが長崎に鳴滝塾を，緒方洪庵が大坂に適々斎塾を開くなどして蘭学を広めた。

① 絵踏は禁教政策強化の一環である。江戸幕府が絵踏を導入したのは，鎖国の完成以前の1629（寛永6）年である。

② 海軍伝習所は，幕府の海軍養成を目的として，日米和親条約締結後の1855（安政2）年に，老中阿部正弘による安政の改革の一環として設立された。

③ 1641（寛永18）年にオランダ商館が出島に移された後も，キリスト教徒ではない中国人は長崎への居住が認められていた。しかし，1685（貞享2）年にオランダ船・清船との貿易が制限されると密貿易が増加したため，1688（元禄元）年，幕府は貿易を統制するため，唐人屋敷を設置し，中国人の居住地を制限した。

3 歴史的事象の比較

★歴史的事象の比較の攻略法

　共通テストでは，複数の歴史的事象を比較して共通性や差異を捉える力が求められている。

　出題は，主に次の2つに分類できる。

　①　提示された複数の時期の具体的な様子や事象について，共通性や差異を考える問題（本項－問1・問2）

　②　複数の具体的な事象について共通性を見出し，年表の主題を考える問題（本項－問3）

【学習方法】

　共通性や差異を考える問題については，時代ごとの特色を比較して，その共通点・相違点を明らかにし，その要因や背景を考察する学習が求められる。現在と過去との比較，過去同士の比較というパターンに大別されるが，普段の学習から時代ごとの大きな特色を意識しよう。また，時間的な差異だけではなく，東アジアや日本の各地域などの空間的な差異を意識した学習も必要になる。

　年表の主題を考える問題については，年表中の事象の共通点を見出すために必要な基本的知識を，系統的に把握できているかが問われる。政治や外交といった分野だけではなく，地域・開発・災害・生活などのさまざまな主題に着目し，系統的に整理した学習が必要となる。また，あわせて蝦夷・北海道史や琉球・沖縄史，文化の地方への波及など，地方から見た歴史に焦点を当てた主題も必ずおさえておきたい。

【解法のポイント】

　まずは，共通性・差異のどちらが問われているかを把握する。その上で，問題文や資料から得られた情報を比較していくと効率よく解くことができる。

　年表の主題を読み取る問題については，選択肢で示されている主題が，年表中の事項と合致するかどうかという視点から考えていく。

第5章：能力別特訓

演習問題

A 以下は，近代法について学習した生徒たちが，中世までの日本における「法制」をテーマとして，資料を調査し，発表を行った学習活動の成果である。2つの班の発表資料を読み，下の問い（問1〜2）に答えよ。

A班　発表資料

| 古代における法制 |

資料「弘仁格式序」

> 律令は是れ政に従ふの本たり，格式は乃ち職を守るの要たり。方今（注1），律令は頻りに刊脩（注2）を経たりと雖も，格式は未だ編緝を加へず。…今古を商量し（注3），用捨を審察し，類を以て相従へ（注4），諸司に分隷す（注5）。…上は大宝元年より起こし，下は弘仁十年に迄る，都て式四十巻，格十巻と為す。
>
> （『類聚三代格』）

（注1）方今：この頃。

（注2）刊脩：削って整えること。

（注3）商量：はかり考えること。

（注4）類を以て相従へ：同類のものをまとめること。

（注5）諸司に分隷す：官庁ごとに分類すること。

資料の分析

　この資料では，律令は国家の行政に従う根本であり，格式は職務を果たすための要であると述べられている。律令の改定はいくどか行われたが，格式の整理はこの時まで行われていないことがわかる。

仮説

　あくまでも律令が国家の支配体制の根幹を規定するものであると考えられているが，時代にあわせて律令を改定したり，格・式により補ったりすることで，律令体制の維持がはかられた。

299

B班　発表資料

中世における法制

資料　御成敗式目制定の趣旨（北条泰時書状）

　　この式目をつくられ候事は，なにを本説（注1）として注載せら
るるの由，人さだめて謗難を加うる（注2）事候歟。ま事にさせる
本文（注3）にすがりたる事候はねども，たゞどうりのおすところ
を記され候者也。…かねて御成敗の躰（注4）をさだめて，人の高
下を論ぜず，偏頗なく裁定せられ候はんために，子細記録しをかれ
候者也。この状は法令（注5）のおしへに違いするところなど少々
候へども，…この式目は只かなをしれる物の世間におほく候ごとく，
あまねく人に心えやすからせんために（注6），武家の人へのはから
ひのためばかりに候。これによりて京都の御沙汰，律令のおきて
聊もあらたまるべきにあらず候也。

（注1）本説：よりどころ。
（注2）謗難を加うる：非難する。
（注3）本文：典拠となる漢籍の文。
（注4）躰：きまり。
（注5）法令：律令格式などの公家法。
（注6）心えやすからせんために：納得させやすいように。

（『唯浄裏書本』）

資料の分析

　この資料によれば，御成敗式目は武家社会の慣習を基準として，武家
の人を対象にわかりやすく定められたことなどがわかる。

仮説

1　御成敗式目が制定された目的は，武家社会において増加していた土
　地をめぐる紛争を解決するため，公平な裁判の基準を確立することで
　あったと考えられる。
2　御成敗式目は，武家の人のための法令であると明示することで，公
　家法からの独立を主張しており，のちの室町幕府や戦国大名にも大き
　な影響を与えたと考えられる。

第5章：能力別特訓

問1　中世までの日本における「法制」について，A・B班の学習をもとに，生徒たちは江戸時代と比較して，次のX・Yのような考えをまとめた。X・Yの正誤の組合せとして正しいものを，下の①〜④のうちから一つ選べ。

X　大名に対する根本法典である武家諸法度が時の政治情勢に応じて改定されたのと同じように，律令の規定も社会の変化に応じて修正された。

Y　江戸幕府が禁中並公家諸法度に天皇の行動を制限する規定を設けたのと同じように，御成敗式目は律令を否定して，天皇の権限に制限を加える規定を設けた。

① X　正　　Y　正　　　　② X　正　Y　誤
③ X　誤　　Y　正　　　　④ X　誤　Y　誤

問2　中世の日本における「法制」について，B班の学習をもとに，生徒たちは大日本帝国憲法と比較して，次のX・Yのように考えをまとめた。X・Yの正誤の組合せとして正しいものを，下の①〜④のうちから一つ選べ。

X　大日本帝国憲法が日本国憲法の施行まで改正されなかったのとは違い，御成敗式目は追加法によって規定が改廃された。

Y　大日本帝国憲法が天皇大権を軸にして制定されたのとは違い，御成敗式目は武家社会の道理をもとに，裁判の基準を確立するために制定された。

① X　正　　Y　正　　　　② X　正　Y　誤
③ X　誤　　Y　正　　　　④ X　誤　Y　誤

301

B　SさんとTさんのクラスは,「歴史の論述」の授業に際し,主題を設定し
探究した。

問3　次の年表甲・乙は,SさんとTさんそれぞれが設定した主題に沿って作
成したものである。年表を参考にして,SさんとTさんの主題（Ⅰ）（Ⅱ）
の組合せとして最も適当なものを,下の①〜④のうちから一つ選べ。

【年表甲】

主題＼時代	Sさんの主題（　Ⅰ　）
原始	農耕祭祀で用いる祭器がつくられた。
古代	武蔵からの献上物を記念して和同開珎がつくられた。
中世	博多商人の神屋寿禎により,朝鮮から灰吹法による精錬技術が伝来した。
近世	権力者が,佐渡や石見大森などを支配した。
近代	新貨条例の制定によって円・銭・厘を単位とした新硬貨がつくられた。

【年表乙】

主題＼時代	Tさんの主題（　Ⅱ　）
原始	魏でつくられたともいわれる三角縁神獣鏡が,副葬品として用いられた。
古代	厩戸王(聖徳太子)の死後,その妃が天寿国繡帳を采女たちにつくらせた。
中世	中国の製陶技術の影響により,瀬戸焼などの生産が盛んになる。
近世	宮崎友禅が,友禅染を創始した。
近代	明治政府は,七宝や金工などの製品を輸出し,外貨の獲得を画策した。

①　Ⅰ—産業と人々との関係史　　Ⅱ—交流と人々との関係史
②　Ⅰ—交流と人々との関係史　　Ⅱ—産業と人々との関係史
③　Ⅰ—工芸と人々との関係史　　Ⅱ—鉱物と人々との関係史
④　Ⅰ—鉱物と人々との関係史　　Ⅱ—工芸と人々との関係史

第5章：能力別特訓

3 歴史的事象の比較

解答・解説

A まずは，A班・B班それぞれの発表資料の主旨を把握する。

〔A班　発表資料〕

　資料は，弘仁格式の序文である。資料1～3行目で，律令は国家の行政に従う根本，格式は職務を果たすための要であり，これまでに律令の改定は行われているが，格式の整理は1度も行われていないと述べられている。格とは律令規定を補足・改正する法令，式とは律令の施行細則である。さらに資料3～4行目からは，格式の編纂にあたって，制定当時と今の事情を踏まえて，諸法令について必要か不要を判断し，同類のものをまとめ，官庁ごとに分類したことがわかる。

　平安時代初期には，令外官が設置されるようになるなど，律令体制を社会の変化に対応させることが求められた。そのような中で，法制の整備，すなわち格式の編纂が行われた。嵯峨天皇は，初めて格・式の分類・編集に着手し，820（弘仁11）年頃に弘仁格式を編纂した。こののち，清和天皇の時代に貞観格式（格は869年，式は871年完成），醍醐天皇の時代に延喜格式（格は907年，式は927年完成）が編纂された。これらをまとめて三代格式という。なお，資料の出典である『類聚三代格』は，これら3つの格を分類・集成したものである。

〔B班　発表資料〕

　資料は，鎌倉幕府3代執権北条泰時が弟の北条重時に宛てた書状である。資料3～4行目では，御成敗式目は武家社会の慣習である道理にもとづいていることが述べられている。また，資料6～10行目には，式目は律令の規定と異なる点もあるが，朝廷の命令や律令の規定を改めるようなことはないと述べられている。

　北条泰時が御成敗式目を制定した目的は，承久の乱後に激増した，御家人同士や御家人と荘園領主との間での土地などをめぐる紛争を，公平に裁く基準を確立することにあった。したがって，対象は幕府の勢力範囲のみに限定され，朝廷の支配下では律令の系統を引く公家法が効力をもっていた。しかし，幕府の勢力拡大とともに御成敗式目の効力が及ぶ範囲は広がり，後世の武家法にも大きな影響を及ぼした。

問1　**正解** ②

X　武家諸法度は，江戸幕府が発した大名に対する統制法であり，1615（元和元）年に金地院崇伝が起草し，2代将軍徳川秀忠の名で発布された。以後，将軍の代替わりごとに改定されることが慣例とされており，前半部分の記述は正しい。後半部分についても，A班の発表資料を踏まえると，律令の規定が社会の変化に対応して修正されたとする記述は正しいことがわかる。

Y　禁中並公家諸法度は，江戸幕府が発した朝廷に対する統制法であり，1615（元和

303

元）年に制定された。幕府は天皇の行動を制限して政治に関与することを禁じ，従来は朝廷の権限であった儀礼や官吏の任免，僧侶の称号の任命などについても大幅な制限を加えた。したがって，天皇の行動を制限する規定を設けたとする前半部分の記述は正しい。後半部分については，B班の発表資料を踏まえると，御成敗式目が律令を否定して天皇の権限に制限を加える規定を設けたとする記述が適当でないことがわかる。

問2　**正解** ①

X　大日本帝国憲法の第73条には憲法改正手続きの規定があり，戦後に制定された日本国憲法では，この条文にもとづき大日本帝国憲法を改正する形式がとられた。それまで，大日本帝国憲法が改正されることはなかったので，前半部分の記述は正しい。

　後半部分については，御成敗式目の運用に関する知識を活用する。51カ条から成る御成敗式目は，制定後，必要に応じて修正する追加法を出すことで，長い間，武家政権の根本法典として効力をもった。これらの追加法は式目追加とよばれた。大日本帝国憲法が日本国憲法の制定まで改定されることがなかったのとは異なり，御成敗式目は必要に応じて追加法が出されていた。よって，この記述は正しい。

Y　大日本帝国憲法は，強大な天皇大権を機軸として成立していたため，前半部分の記述は正しい。また，後半部分については，B班の仮説1から，御成敗式目は武家社会の道理をもとにした公平な裁判基準としてつくられたことがわかる。よって，この記述も正しい。

B　問3　**正解** ④

　年表に示された歴史的事象の共通点を見出し，設定された年表の主題が何かを考察する問題である。複数の歴史的事象を比較して共通性を捉える力が求められる。選択肢に含まれるキーワードを確認した上で，年表の個々の記述と照合しながら，主題として適切なものを考えていく。

I　原始のうち，弥生時代には青銅器が祭器として用いられた。古代の和同開珎は，武蔵国から銅が献上されたことを記念してつくられた銭貨である。中世の室町時代において，博多商人神屋寿禎により，朝鮮から灰吹法とよばれる銀の精錬技術が伝えられた。灰吹法が広まると，日本の銀の生産は飛躍的に向上した。近世において，戦国大名や豊臣政権の支配に続き，江戸幕府は佐渡金山や石見大森銀山を直轄して財源とした。近代には，新貨条例にもとづいて1円金貨を原貨とする新貨幣がつくられた。

　したがって，年表甲では，青銅・銅・金・銀に関する出来事が述べられており，主題は「鉱物と人々との関係史」である。

第5章：能力別特訓

Ⅱ　原始の三角縁神獣鏡は，古墳時代前期に副葬品に用いられた銅鏡の1種であり，銅鏡の縁の断面が三角形で，背面には神と獣の姿が彫られている。同じ鋳型から製造されたと考えられる三角縁神獣鏡もあり，一部については魏が邪馬台国の卑弥呼に授けたものとする説がある。古代の天寿国繡帳は，厩戸王（聖徳太子）の妃が采女につくらせた刺繍である。現在は，中宮寺にその断片が残されている。中世の瀬戸焼は，尾張国の瀬戸付近で生産された陶磁器をさす。近世の友禅染は，染物の一種である。創始者とされる宮崎友禅は江戸時代の元禄期頃に活躍した。伝統的な工芸技法により，実用品に芸術的な美しさが融合された七宝や金工の製品は，明治期には日本の重要な輸出品とされた。

　したがって，年表乙では，銅鏡・刺繍・陶磁器・染物・七宝・金工に関して述べられており，主題は，「工芸と人々との関係史」である。

　よって，正解は④である。

305

4 歴史的事象のつながり

★歴史的事象のつながりの攻略法

　共通テストでは，背景・原因・結果・影響に着目して歴史の諸事象相互の関連を考える力や，諸地域世界との交流が歴史的事象にどのように作用したのかを考える力が求められている。

　その出題は，主に次の3つに分類できる。

①歴史的事象について，背景・原因・結果・影響といった因果関係を考える問題（本項－問1）

②歴史的事象の因果関係を，他の諸地域世界との関わりとあわせて考える問題（本項－問2）

③歴史的事象の根拠となるグラフや統計などの資料を考える問題（本項－問3）

【学習方法】

　知識の習得は重要だが，歴史用語を詰めこむ学習に終始することなく，背景・原因や結果・影響などの因果関係に注目し，歴史的思考力を養うことが必要となる。学習の際には，「なぜその出来事が起きたのか」「その出来事の結果どうなったのか」などを意識してほしい。知識を整理する際は，背景・原因や結果・影響，歴史的意義もあわせてまとめよう。また，日本史の学習においても，世界史と関連づける視点をもつことが必要である。

　統計資料や地図などを用いて因果関係を問う問題の対策として，教科書に掲載されている統計資料や地図に必ず目を通し，解説を読んで理解するようにしよう。その際に，背景・原因や結果・影響がどのように統計資料や地図の中で表れているのかに着目しよう。

【解法のポイント】

　提示された歴史的事象の背景・原因は何か，結果・影響は何か，知識も用いて，つながりを意識して考えよう。その際，細部への知識にこだわりすぎず，大局的に捉えた“時代観”を念頭におこう。歴史的事象の根拠となる資料を選択する問題については，資料のタイトルなどにも着目し，何を読み取ることが求められているかを意識しよう。統計資料については，時期ごとの特徴に目を向け，大きな変化が生じた時期と原因を考察しよう。

第 5 章：能力別特訓

演 習 問 題

問1 クラス内で「第一次世界大戦と日本社会の変化」について調べてみることになった。その結果，次の甲・乙の2つの観点があることがわかった。甲・乙とそれぞれの根拠として考えられる歴史的な出来事ア〜エの組合せとして最も適当なものを，下の①〜④のうちから一つ選べ。

4

歴史的事象のつながり

甲　第一次世界大戦後，民衆勢力が台頭し，労働者や農民の権利拡張などを求める労働運動や農民運動が高揚した。

乙　第一次世界大戦期に化学製品の輸入が途絶えたことで，自然科学の分野で独自の研究が開始され，発展した。

ア　労働条件の改善を求めた工場労働者のストライキが初めて発生し，高野房太郎は労働組合期成会を結成した。

イ　日本農民組合が設立され，小作料の引下げを求めた小作争議を指導して小作人の地位向上を求めた。

ウ　科学の研究機関として理化学研究所が設立され，物理や化学の研究で顕著な成果を収めた。

エ　北里柴三郎を所長とする伝染病研究所が設立され，ペスト菌や赤痢菌などの研究が進められた。

① 甲―ア　　乙―ウ　　　② 甲―ア　　乙―エ

③ 甲―イ　　乙―ウ　　　④ 甲―イ　　乙―エ

問2 原始〜古代の日本について学習すると，日本と朝鮮半島が政治的に深い関係にあったことがわかる。朝鮮半島情勢を示した次の地図Ⅰ〜Ⅲを参考に，地図から読み取れる情報の中から正しいものを X〜Z から選び，選んだ情報と歴史的事実 a〜c の組合せとして正しいものを，下の①〜⑨のうちから二つ選べ。

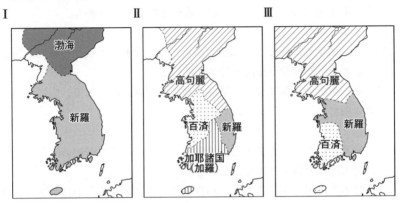

地図から読み取れる情報

X　4世紀の朝鮮半島では，国家形成の動きが進んだが，南部は小国の分立状態が続いた。

Y　6世紀の朝鮮半島では，南下策をとる新羅が勢力範囲を拡大した。

Z　8世紀の朝鮮半島では，渤海に代わり高句麗が半島北部を統治した。

歴史的事実〔a〜cはすべて正しい〕

a　ヤマト政権のもつ，朝鮮半島経営の拠点が失われた。

b　有力豪族である大伴氏が朝鮮半島政策をめぐり勢力を失った。

c　ヤマト政権では，鉄資源を求めて朝鮮半島に進出する動きが強まった。

① X—a　　② X—b　　③ X—c
④ Y—a　　⑤ Y—b　　⑥ Y—c
⑦ Z—a　　⑧ Z—b　　⑨ Z—c

問3　Aさんは昭和初期の高橋財政について学習した。犬養毅内閣の高橋是清蔵相が金輸出を再禁止した結果，円の為替相場が大幅に下落し，それが日本の貿易に大きな影響を与えたことを理解した。また，軍事費と農村救済費を柱とした積極財政を展開したことで産業界が活況を呈し，恐慌から脱出したことも学んだ。高橋財政による恐慌からの脱出を示すデータとして**適当でないもの**を，次の①～④のうちから一つ選べ。

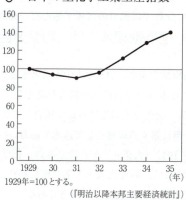

① 日本の重化学工業生産指数
1929年＝100とする。
(『明治以降本邦主要経済統計』)

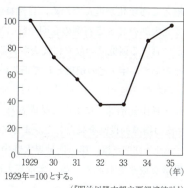

② 日本の輸出額
1929年＝100とする。
(『明治以降本邦主要経済統計』)

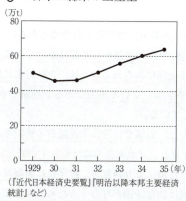

③ 日本の綿糸の生産量
(『近代日本経済史要覧』『明治以降本邦主要経済統計』など)

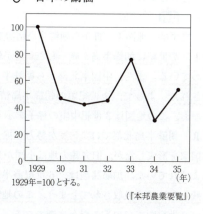

④ 日本の繭価
1929年＝100とする。
(『本邦農業要覧』)

解答・解説

問1 **正解** ③

　まずは，甲・乙の記述について，より具体的な歴史的事象をイメージしてみる。

甲　第一次世界大戦後の日本では，<u>大正デモクラシー</u>とよばれる民主主義的風潮が高まり，国民の政治参加を求める動きとともに，民衆の権利拡張を求める社会運動が高揚した。それは，<u>労働運動・農民運動・婦人運動・社会主義運動</u>などで顕著であった。

乙　第一次世界大戦中，薬品・染料・肥料などの化学分野で，ドイツからの輸入が途絶えて国産化が進んだため，自然科学の分野では独自の研究が進んだ。それは，本多光太郎のＫＳ磁石鋼の発明や<u>野口英世</u>の黄熱病の研究のほか，民間や東京帝大などにおける研究所の設立に代表される。

　その上で，甲・乙の根拠として正しい歴史的事象を，ア〜エの中から考える。

イ　<u>日本農民組合</u>は，1922（大正11）年に日本初の全国的農民組合組織として賀川豊彦・杉山元治郎らによって結成され，第一次世界大戦後に各地で頻発していた<u>小作争議</u>の指導的役割を果たした。よって，甲に関する根拠として適当である。

ウ　<u>理化学研究所</u>は，第一次世界大戦中の1917（大正6）年に設立され，化学分野で顕著な成果を収めた。第一次世界大戦後には，研究成果を工業発展に転化させ，化学工業の発展にも寄与した。よって，乙に関する根拠として適当である。

　アの労働組合期成会の結成は，日清戦争後の1897（明治30）年のことである。エの伝染病研究所の設立（1892）は，明治期の欧米の影響による自然科学研究の発展を背景とする。

問2 **正解** ③・④

　まずは，地図Ⅰ〜Ⅲから朝鮮半島情勢を読み取り，知識とあわせて考える。

Ⅰ　7世紀に朝鮮半島を統一した<u>新羅</u>が朝鮮半島の南部から北部にかけて，広く治めている。また，中国東北部から朝鮮半島北部にみられる<u>渤海</u>は，7世紀末に建国された。よって，8世紀頃の朝鮮半島情勢を示している地図であると推測できる。なお，この地図は8世紀中頃の様子を示している。

Ⅱ　朝鮮半島北部では<u>高句麗</u>が勢力を拡大し，南部では<u>百済</u>・新羅が4世紀半ばに国家を形成したが，旧弁韓の地は小国が分立し，4世紀後半には<u>加耶（加羅）諸国</u>とよばれていた。加耶諸国は，6世紀前半，百済により西部を，後半には新羅により残った地域を吸収されてしまう。この地図は加耶諸国が存在するため，4世紀後半〜5世紀頃までのものだと推測できる。なお，この地図は4世紀末頃の様子を示している。

第5章：能力別特訓

Ⅲ 高句麗の圧迫を受けた新羅が南部で勢力を拡大している。また，Ⅱで述べたように，新羅が加耶諸国を吸収している。よって，この地図は6世紀後半以降のものであると推測できる。なお，この地図は6世紀末〜7世紀初頭の様子を示している。

次にX〜Zが地図から読み取れる朝鮮半島情勢と一致しているかを確認していく。Xは地図Ⅱと，Yは地図Ⅲと一致しているため正しい。しかし，Zは，地図から読み取ることができない。高句麗が7世紀後半に滅亡した後に建国されたのが渤海である。よって，Zを含む⑦・⑧・⑨は不適当であると判断できる。

最後に，X・Yの朝鮮半島情勢が日本の情勢に与えた影響を考える。

a ヤマト政権と関係の深い加耶諸国が，6世紀後半に新羅に滅ぼされ，ヤマト政権は朝鮮半島経営の拠点を失った。これは，Yと関係しているため，④が正しい。

b 大伴金村は，6世紀前半，加耶西部で支配権確立をはかる百済に対し，「任那四県」を割譲したことを批判されて失脚した。この時点では，加耶東部が残っているはずだが，Ⅰ〜Ⅲにそのような地図が存在しない。よって，②・⑤は不適当である。

c ヤマト政権は，4世紀から朝鮮半島の鉄資源と先進技術を求めて加耶諸国と密接な関係を築いた。これは，地図Ⅱ・Xと関係しているため，③が正しい。

問3 正解 ④

高橋財政の結果を確認しながら，「高橋財政による恐慌の脱出」の根拠となるグラフとして，①〜④が適当であるかどうかを考える。

蔵相高橋是清が1931（昭和6）年に金輸出再禁止を断行すると，円の為替相場は下落した。先の井上財政下で産業合理化が進められていた諸産業は，円安を利用して輸出を大きく伸ばした。とくに綿織物の輸出は飛躍的に拡大し，輸出規模は世界第1位となった。②からは，世界恐慌（1929）以降大きく減少していた輸出額が，1933（昭和8）年以降大幅に増加していることが読み取れる。③からは，1931（昭和6）年以降綿糸の生産量が伸びていることが読み取れる。

また，赤字国債を発行して財政支出を増加させ，軍事費と農村救済費（時局匡救費）を2本柱とする積極財政が展開されたことで，産業界は活況を呈した。その結果，1933（昭和8）年頃には世界恐慌以前の生産水準に回復した。①からは，1933（昭和8）年の重化学工業の生産指数が「100」を上回り，世界恐慌以前の水準に回復していることが読み取れる。

①・②・③は，高橋財政の「恐慌からの脱出」を示すデータとして正しい。

④からは，世界恐慌の影響による繭価の暴落が読み取れるが，1931（昭和6）年以降の高橋財政の時期になっても，繭価の安定した上昇傾向はみられない。よって，高橋財政による「恐慌からの脱出」を示す根拠として適当でない。

5 多面的・多角的考察

★多面的・多角的考察の攻略法

　共通テストでは，歴史的事象の多面的・多角的な考察を通して，歴史の展開や歴史的な意義を捉える力が求められる。

　出題は，主に次の3つに分類できる。

①ある歴史的事象への2つの異なる評価に対する根拠を考察する問題（本項-問1）

②示された2つの歴史上の画期・転換点から1つを選び，支持する理由を考察する問題（本項-問3）

③複数の資料から読み取った情報を総合し，多面的・多角的な考察をする問題（本項-問2）

【学習方法】

　日本史を政治史，社会・経済史，外交史，文化史などのさまざまな側面から多面的に捉えることが必要である。通史の学習を終えた後，時代をタテに貫く分野ごとに学習をすることで，歴史的事象のヨコに広がる関連性を整理することができる。ぜひ，自分の頭の中でタテとヨコの歴史を関連づけるよう意識してほしい。

　また，多角的に歴史を考察するということは，さまざまな立場・視点から歴史的事象を見るということである。日本や世界という視点の違いや，立場・考え方の違いにもとづき，歴史的事象を考察することが求められる。歴史的事象を一元的に捉えるのではなく，諸資料も活用して，さまざまな視点から公正に判断する姿勢を日頃から養っておきたい。

【解法のポイント】

　問題文から題意を正確に捉えることが大切である。「歴史的事象の影響の多面性を考察する」，「歴史的事象の評価とその根拠を考察する」，「時代の画期とその理由を考察する」など，どのような視点での考察が求められているかを意識しよう。評価と根拠，画期とそう捉えた理由を問う問題は，歴史的事象を多様に解釈する力が要求されている。複数の資料を総合的に考察する問題では，すべての資料から意味を引き出す姿勢が必要である。

312

第5章：能力別特訓

演習問題

問1　Aさんは，推古朝の政策について調べた結果，XとYの二つの評価があ
　　　ることがわかった。X・Yの評価をそれぞれ根拠づける情報をXはa・b，
　　　Yはc・dから選ぶ場合，評価と根拠の組合せとして適当なものを，下
　　　の①〜④のうちから一つ選べ。

評価

X　東アジア情勢の変化に伴って，日本の国際的地位を明らかにする必要
　　があり，日本独自の権威を確立しようとした。

Y　豪族を官僚化することで，中央集権体制の形成を進めようとした。

根拠

a　朝鮮などの周辺諸国に対する政治的立場を高めるため，日本は中国皇
　　帝に対して臣下の礼をとらない国書を送った。

b　朝鮮半島をめぐる軍事的・外交的立場を有利にするため，中国王朝の
　　冊封体制下に入った。

c　世襲的に政治組織を独占してきた姓の弊害を打破し，豪族個人に冠位
　　を与えて序列を示した。

d　『帝紀』『旧辞』を編纂し，歴代天皇の系譜や事績を記して天皇を中心
　　とした国家成立の歴史を示した。

① 　X—a　　　Y—c　　　　② 　X—a　　　Y—d
③ 　X—b　　　Y—c　　　　④ 　X—b　　　Y—d

問2　Bさんは紡績業の発展について学習している。収集した次の資料ア〜ウをもとに検討し、【論述の要旨】をまとめた。【論述の要旨】の空欄　X　・　Y　に入るa〜dの組合せとして正しいものを、次ページの①〜④のうちから一つ選べ。

資料ア

　政府の奨励時代即ち明治十一年頃から十九年頃までに計画された紡績は、その規模総て二千錘の個人所有のもののみ多く成績も余り香ばしくなかった。それは又皆直接間接に政府の力を仮ったもののみだ。独り大阪紡績会社は民間最有力者を株主とし資本金二十五万円、錘数一万〇五百の大規模で営業も技術も優位を占め、而して最良の成績を挙げた最初の株式会社なのであった。
　　　　　　　　　　（絹川太一『本邦綿絲紡績史』東洋書林）

資料イ

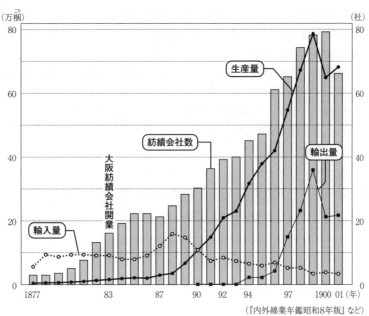

（『内外綿業年鑑昭和8年版』など）

第5章：能力別特訓

資料ウ

　資本家と労働契約を締結して金銭の代りに自己の労働を提供する場合，一定の時間内だけ自由を束縛されて，約束の時間が過ぎれば当然解放されねばならぬことと考えられる。つまり十二時間労働なれば十二時間だけ相手の工場へ我が体を売ったのであるが，それ以上の時間は自分の自由だ。労力の買手はこの時間をまで冒瀆することは出来ないはずだ。深く考察すれば，その十二時間は翌日の準備のための十二時間であるから結局は全然自由ではないが，先ずもって工場労働者も我が家へ帰れば傭主の束縛から逃れるのが当然である。

　ところが他の同業男女工や，または鉄工でも化学工業労働者でも，屋外自由労働者でも，すべての労働者が右のようであるのに，わが寄宿女工に限って左様ではない。彼女はその給料のため売方を約した一定の時間外に，寄宿舎へ帰ってまたもやさまざまな規約の許に桎梏され（注）ねばならぬ。かくのごとく二重の束縛を受けている彼らの苦悩は外観より想像するさえ痛ましい極みだ。　　　　　　　　　　　　　　　　　　　　（『女工哀史』）

（注）桎梏され：自由を制限される。桎梏とは，手かせ・足かせのこと。

【論述の要旨】

　資料ア・イをもとに，　 X 　ことがわかる。他方で，資料ウからは，　 Y 　，紡績工場に働く女性労働者の生活環境が過酷であったことがわかる。当時は労働基準法に相当するものはなく，8時間労働制や週休制など，労働者を保護する最低条件が規定されていなかったのである。

a　紡績業は，1万錘を超える大規模生産を行った大阪紡績会社に刺激されて発展し，日清戦争前には国内の綿糸生産量が輸入量を上回った

b　紡績業は，政府が奨励した紡績機械を用いて生産を開始したことを契機に発展し，日清戦争前には綿糸の輸出量が輸入量を上回った

c　紡績女工は，定められた労働時間外であっても，寄宿舎制度で工場にしばりつけられるなど

d　紡績女工は寄宿舎では使用者の束縛から解放されたが，労働時間が12時間を超えるなど

① X—a　　Y—c　　　　② X—a　　Y—d

③ X—b　　Y—c　　　　④ X—b　　Y—d

315

問3　CさんとDさんは，18世紀以降の江戸時代について，次の年表をもとに，なぜ幕藩体制が動揺したのかを考えた。その結果，18世紀から19世紀前半までの約100余年の間に幕藩体制を動揺させる重大な出来事があり，それが幕府の統治能力を失墜させる画期（ターニングポイント）になったとの結論にいたった。Cさんは，年表中の（ア）の出来事を画期と捉えた。Dさんは，年表中の（イ）の出来事を画期と捉えた。あなたはどちらの考えを支持するか。支持する**出来事**と**理由**を正しく組み合わせよ。**出来事**は下の①・②のうちから，**理由**は下の③～⑥のうちから一つずつ選べ。なお，**出来事**と**理由**の組合せとして適当なものは複数あるが，解答は一つでよい。

18世紀以降の年表

西暦（年）	事項
1723年	幕府が質流し禁令を撤回する（ア）
1732年	西日本を中心に享保の飢饉が発生する
1758年	宝暦事件で神道家の竹内式部が捕縛される
1787年	江戸や大坂などで天明の打ちこわしが発生する
1789年	幕府が旗本・御家人を救済するために棄捐令を発令する
1793年	武家伝奏の公家らを処分して尊号一件が落着する（イ）
1805年	幕府が関東取締出役を設けて犯罪者の取締りを強化する
1825年	幕府が異国船打払令を発令する

出来事
①　年表中の（ア）の出来事　　②　年表中の（イ）の出来事
理由
③　この出来事の結果，江戸への商品輸送量が減少し，株仲間による流通機構が混乱したから。
④　この出来事の結果，土地の売買が進行して本百姓体制の崩壊につながり，農村の分解を進めたから。
⑤　この出来事の結果，協調関係にあった朝廷と幕府の関係に，緊張が生じることとなったから。
⑥　この出来事の結果，勅許を無視した江戸幕府の姿勢に対して，尊王を唱える勢力から強い非難が起きたから。

第5章：能力別特訓

解答・解説

問1　**正解** ①

　まずは，**X**・**Y**の評価の内容を理解することが必要である。**X**は対外政策，**Y**は対国内政策についての評価である。

X　5世紀の倭の五王は，中国の冊封体制に組み込まれて服属し，中国皇帝に倭王として認められることで，国内政治や朝鮮半島政策を優位に進めようとした。倭の五王の時代の後，日本と中国との交渉は途絶していたが，589年に南北朝を統一した隋は，高句麗に出兵するなど周辺諸国に急速に勢力を伸ばした。そうした東アジア情勢の変化の中で，日本は自立した独自の権威を確立しようとしたのである。

Y　6世紀末に推古天皇が即位すると，摂政厩戸王（聖徳太子）と大臣蘇我馬子が中心となって，政治改革が進められた。彼らは，豪族を官僚として位置づけ，天皇を中心とした中央集権国家を形成しようとした。

　次に，**X**・**Y**の評価の根拠となる歴史的事象について考える。

　推古朝は，隋との外交にあたり，従来の姿勢を改めて，隋に臣属しない姿勢で交渉を開始した。隋に臣属しない姿勢を示すことで，隋の冊封を受ける朝鮮諸国に対し，優位性を示そうとしたのである。その姿勢は，遣隋使の小野妹子が携えた国書の中で「日出る処の天子，書を日没する処の天子に致す」と示されている。よって，**X**の評価の根拠として，中国皇帝に対して臣下の礼をとらない国書を送ったという**a**の記述が適当である。**b**は倭の五王の時代の外交姿勢を示した記述であるから，**X**の評価の根拠として適当でない。

　推古朝では，冠位十二階の制を定め，冠位を個人の能力や功績に応じて与え，政治組織を豪族の世襲集団から能力のある官僚集団に再編成しようとした。また，憲法十七条は官吏となった豪族に対する道徳的訓戒として発せられたが，その根幹は天皇に対する絶対的服従にあった。よって，**Y**の評価の根拠として，世襲的に政治組織を独占してきた姓の弊害を打破し，豪族個人に冠位を与え序列を示したという**c**の記述が適当である。**d**の『帝紀』『旧辞』が成立したのは6世紀半ばの欽明天皇の頃であるから，**Y**の評価の根拠として適当でない。推古朝の間に成立したとされる国史は『天皇記』『国記』で，この編纂事業も，天皇を中心とする国家体制の確立をめざしたものと考えられる。

問2　**正解** ①

　複数の資料から読み取った情報を総合して，多面的・多角的に考察する問題である。

　空欄**X**は資料ア・イ，空欄**Y**は資料ウから読み取った情報をもとに判断すればよい。

資料ア 政府が奨励した国産の2000錘紡績は成績が芳しくなかった（**資料ア１～２**行目）が，大阪紡績会社が１万錘の大規模営業で最良の成績を挙げた（**資料ア３～６**行目）ということが読み取れる。大阪紡績会社は設立翌年の1883（明治16）年に操業を開始し，イギリス製機械紡績を導入して大規模生産を展開した。この成功に刺激され，1880年代末には大規模な機械生産を導入した紡績会社の設立が相次ぎ，国内の綿糸生産量は飛躍的に伸びた。

資料イ グラフからは，1890（明治23）年に綿糸の生産量が輸入量を上回り，日清戦争後の1897（明治30）年には，綿糸の輸出量が輸入量を上回ったことが読み取れる。この背景には，綿糸輸出税，綿花輸入税の撤廃など，政府の奨励策による中国・朝鮮向けの輸出増加がある。

資料ウ 紡績工場の寄宿舎に収容された農村出身の未婚女性は，低賃金で，長時間労働を強いられていた。**資料ウの12行目**から，女工たちは，寄宿舎に帰ってからもさまざまな規約に制限されて自由がなかったことが読み取れる。

　次に，論述の要旨にある空欄**X・Y**に入る適切な記述を考える。

X 資料ア・イから判断して**a**の記述が正しいことがわかる。**b**の前半部分の記述については，**資料ア１～３行目**から，政府の奨励下での紡績業はふるわなかったことがわかる。後半部分に関しても，**資料イ**から，綿糸の輸出量が輸入量を上回ったのは，日清戦争後の1897（明治30）年であるとわかる。よって，**b**は適当でない。

Y 資料ウの３～４行目に「十二時間労働なれば十二時間だけ相手の工場へ我が体を売ったのであるが，それ以上の時間は自分の自由だ」とあるが，10～11行目で「わが寄宿女工に限って左様ではない」と否定されているので，**c**の記述が正しいことがわかる。**d**の労働時間が12時間を超えていたことや，寄宿舎で使用者の束縛から解放されたとする記述は，**資料ウ**からは読み取れない。

問3 **正解** ①—④ もしくは ②—⑤

　示された歴史の２つの画期のうち，支持する１つとその理由を選ぶ問題であるから，年表中の（ア）と（イ）のいずれの出来事を選んでもよい。まずは，（ア）と（イ）の出来事について確認する。

（ア）　18世紀に入ると，生活に困窮した農民は，自分の田畑を富裕な農民に質入れし，金銭を借りることでしのいだ。しかし，多くは借金を返すことができずに，質に田畑が流れたため，実質的な土地売買が横行することとなった。８代将軍徳川吉宗は，農村政策の一環として1722（享保７）年に質流し禁令を発し，以後の質流れの形での田畑の売買禁止と，質地を取り戻す条件を定め，質流れ地の増加を防ごうとした。しかし，質流れによって田畑を失った農民たちは，この法令により田畑を無償で取り戻せると解釈し，田畑の返還を求めて質地騒動を展開した。幕府は，質

第5章：能力別特訓

地騒動が全国に波及することを警戒し，翌年に質流し禁令を撤回した。

（イ）　18世紀後半，光格天皇は，父親である閑院宮典仁親王に太上天皇の尊号を贈ろうとしたが，寛政の改革を実施していた老中松平定信はこれを拒絶した。その後朝廷は再三要求をくりかえしたが反対され，朝廷の使者である武家伝奏の公卿が処罰されるなどしたため，天皇も要求を断念した。これを尊号一件という。定信は，尊号一件に関する混乱や，11代将軍徳川家斉との対立もあり，事件後に老中を辞した。

　次に，歴史の画期となる歴史的事象の意義を考察し，その理由について考える。

④　質流れ禁止令の撤回は，田畑の質流れを通じて実質的に田畑の売買を進行させ，本百姓体制の崩壊につながった。また，地主による田畑の集積を容認することとなり，農村ではこれを契機に階層分化が進んでいった。よって，（ア）を支持する理由としては，④が適当である。

⑤　尊号一件は朝廷と幕府との関係に緊張を生み，これ以後朝廷の幕府に対する強い姿勢が顕著になった。よって，（イ）を支持する理由としては，⑤が適当である。

　理由の③は天保の改革時に出された株仲間解散令，⑥は幕末に井伊直弼が無勅許で調印した日米修好通商条約に関する記述である。よって，いずれも（ア）・（イ）を画期として捉える理由としては適当でない。

掲載写真所蔵・提供一覧（数字は掲載ページ）

【第1章】 13：火焔型土器（十日町市博物館蔵），弥生土器（島根県埋蔵文化財調査センター蔵，島根県立古代出雲歴史博物館提供），高杯（田原本町教育委員会蔵），16：石包丁（佐賀県提供），大足（伊豆の国市蔵），田下駄・田下駄使用例（静岡市立登呂博物館蔵），65：両界曼荼羅図　胎蔵界（東寺蔵／便利堂），平等院鳳凰堂扉絵（平等院蔵），72：周防國玖珂郡玖珂郷延喜八年戸籍残欠（石山寺蔵），紀伊国桛田荘絵図（神護寺蔵），73：法隆寺金堂釈迦三尊像（法隆寺蔵／飛鳥園），菩薩半跏像（中宮寺蔵／飛鳥園），興福寺仏頭・興福寺阿修羅像（興福寺蔵／飛鳥園），観心寺如意輪観音菩薩像（観心寺蔵／飛鳥園），平等院鳳凰堂阿弥陀如来像（平等院蔵）

【第2章】 97：松崎天神縁起絵巻　牛耕（山口県防府天満宮蔵），121：東大寺南大門（東大寺蔵／©00884AA　E-Photo Graphica），円覚寺舎利殿（円覚寺蔵），128：天狗草子絵巻　僧兵と天皇の使者（東京国立博物館蔵　Image：TNM Image Archives），伯耆国東郷荘下地中分図（東京大学史料編纂所蔵），蒙古襲来絵詞（宮内庁三の丸尚蔵館蔵），129：一遍聖絵　第四巻第三段　備前福岡市［清浄光寺（遊行寺）蔵］，山王霊験記絵巻　借上（和泉市久保惣記念美術館蔵），真如堂縁起　応仁の乱　足軽の場面（真正極楽寺蔵）

【第3章】 181：唐獅子図屛風（宮内庁三の丸尚蔵館蔵），富嶽三十六景　神奈川沖浪裏（The Art Institute of Chicago蔵），188：阿国歌舞伎図（京都国立博物館蔵），琉球中山王両使者登城行列（国立公文書館蔵），二日町村傘連判状（白山文化博物館蔵），189：尾張名所図会　結城縞織屋の図（国立国会図書館蔵），築地反射炉図（公営財団法人鍋島報效会蔵）

【第4章】 280：東京開化名勝京橋石造銀座通り両側煉化石商家盛栄之図（神奈川県立歴史博物館蔵），紳士と淑女が社交界にお目見え・第1回衆議院議員総選挙（※），281：魚釣り遊び（※），火中の栗「中央新聞」明治36年10月13日（国立国会図書館蔵），船成金（灸まん美術館蔵）

【第5章】 287：東寺百合文書　山城国桂川用水差図案（京都府立京都学・歴彩館　百合文書WEB），288：イギリスに後押しされて（※），289：列強クラブに仲間入りした日本・メンザレ号の救助・警察官の英語の勉強会・ロシアと日本の奪い合い（※）

※は，横浜開港資料館蔵

ハイスコア！共通テスト攻略　日本史B

2020年4月1日　初版第1刷発行

著者	本間朋弘
発行人	藤井孝昭
発行	Z会
	〒411-0033　静岡県三島市文教町1-9-11
	TEL 055-976-9095
	https://www.zkai.co.jp/books/
装丁	犬飼奈央
印刷・製本	図書印刷株式会社

© 本間朋弘 2020　★無断で複写・複製することを禁じます
定価はカバーに表示してあります／乱丁・落丁はお取り替えいたします
ISBN978-4-86531-282-9 C7021